16

教师成长卷

于漪全集

上海教育出版社

2009年，在上海市杨浦高级中学与学生交流

首期语文名师基地学员课间小憩

21世纪初,倾听名师基地学员交流

学员相约为80岁生日祝寿

出版说明

《于漪全集》是基础教育领域首部特级教师的全集,也是上海教育出版社为特级教师出版的第一部全集。它的出版,对于传承、弘扬和建设新时代社会主义文化,对于以教育自信创建自信的教育具有重要意义。

《于漪全集》收录了于漪在不同时期发表于全国各类期刊和出版于多种图书的论文、讲话、序跋等作品。难免挂一漏万,故对写作时间和文章出处不一一注明,留待日后修订逐步完善。同时,对原发期刊编辑部、图书出版单位一并致谢。

全集由上海市教师学研究会组织有关教师、专家编辑。于漪的教育思想植根于教学实践,是理论与实践的有机融合和生动阐述。有时一材多用,是为了从不同角度阐释相关问题,为读者呈现丰富的不同历史阶段的思考成果。

全集以"一辈子学做教师"为线索,根据文章内容,共分 8 卷 21 册,从基础教育、语文教育、课堂教学、阅读教学、写作教学、教师成长、序言书信、教育人生八个方面多维度展现于漪来自教育第一线的理论研究成果,力求树立当代教育家的典型形象。

目录

感情的锤炼	1
怎样做一个班主任	7
平凡的岗位,神圣的职责	34
在学生心中播下理想的种子	39
改革天地十分广阔	44
为人师表要德才兼备	47
育人与做人	51
怎样调动学生学习语文的积极性	55
在教学实践中提高青年教师素质	84
宣传尊师一定要实事求是	88
教师节随感	90
做到日有长进	92
我时时记着	94
神圣的召唤	96
不懈地追求	98
抚今思昔,不忘育人	101
怎样做一个中学语文教师	103
老师,我永远记着您	132
可贵的是红烛精神	138
拨动学生心弦	141
难在自我塑造	145
奉献,教师的天职	148

灿烂阳光下的一次倾心交谈	156
对未来的同行说几句知心话	166
昭苏万物春风里	172
老教师指导下的青年教师培训	
——中国教师师徒帮带事例	180
做知识的富有者	192
在浪潮中搏击	195
爱国主义铸师魂	198
要真心与阅读为伴	202
随笔三则	205
追求卓越,让青春在教坛上闪闪发光	209
怎样提高语文课堂教学效果	213
论中学语文教师	220
中、英、美师带徒职初培训模式比较研究	253
信念·感情·功底	264

感情的锤炼

批判反动的"两个估计"的大会在愤怒的讨伐声中结束,我心情激动地走出会场。突然,身后挤上来一个青年同志,跑到面前紧握着我的手说:"老师,你还认识我吗?我就是你教过的调皮鬼啊!"

"小周!"我怎么忘得了!我仔细端详他,还是那模样,瘦高个儿,浓眉毛下一双忽闪忽闪的大眼睛,只是脸上少了点稚气。他陪伴我走了好几条马路,话匣子一打开就没个完。当他说到自己过去那"大花脸"的作业本和逃避做值日生的情景时,笑得前俯后仰。临别时他特别郑重其事地对我说:"老师,你为我们操心,我们都记得。不管'四人帮'怎么污蔑、挑拨,我心里可一直是尊敬老师的。"我胸中一阵热,想起自己处境最困难时他曾两次托人捎信问好,我一时找不出合适的话回答,只感激地看了看他。

学生心中有老师,老师心中装的也是学生啊。进中学时,小周确实够淘气,从头到脚都得给他上"规矩"。帽子戴得别致,帽舌不是歪在耳朵边,就是耷拉在颈子后。我一次一次地说,他总算戴正了。可有时背着我,帽子又歪了。特别是他性子毛或十分得意的时候,帽子歪得就更厉害。上起课来,一双长腿总伸得远远的,常和前座的同学发生纠纷,弄得桌子、椅子嘎吱嘎吱地响。最使我伤脑筋的是他那练习本。他在本子上乱涂乱画,一页上就歪歪扭扭地写几个字。找他谈,他还挺有"理由",说:"本子是用的,涂涂画画也是用,用完再买。"说得多轻巧,他哪儿体会到物力维艰的道理。针对他的思想,我给他分析了节约的意义,进而讲述养成良好学习习惯的重要,并教他怎么横平竖直,把字写端正。他舌头一伸,给我做了个鬼脸,俏皮地说:"道理还不少呢!我看我的字蛮好,倒着看更好。"他虽这么说,可还是改了不少,伸胳膊甩长腿的字少了,团团杠杠也少了。我很高兴,表扬了他。

谁知没过几天,他又出"毛病"了,不仅字写得蚕豆么大,而且交上来的本子都是卷了页的。发本子时我有意观察,只见他拿到手翻一翻就一卷往裤子口袋里塞。我走到他旁边轻轻地说:"这样会把本子弄坏的。""没关系。"他回答得又快又响。不多久,本子的封面脱开了,边上也裂开了"嘴"。灯下,我把本子一页一页地贴好,剪齐,装上封面。第二天上课,我装作不在意,和往常一样请同学把本子传递下去。本子传到他的座位,见他一怔,低下了头。课后,他主动来找我,红着脸说:"谢谢老师。"我问他为什么要把本子揣进裤袋,他直率地回答:"方便,放书包麻烦。"原来如此。"战士非常爱护自己的武器,总把枪擦得亮亮的。为什么呢?因为要随时准备对付敌人。学生呢,要努力学好文化,就应该爱护书籍、簿本。"他似乎听懂了我的意思,眼睛睁得大大的,高兴地说:"老师,回去我把书都包好。"我赞许地点点头。

不知什么时候他爱起画画来了,作业本上出现了新花样:花儿、鸟儿,车啊、船啊,最多的可算是人头像了,高鼻子的、长胡子的,中国的、外国的,进步还蛮快,线条也有点儿美。怎么办呢? 画画是好事,但不能什么本子上都画啊。跟他谈,又不听。他说看到本子就手痒,想画。消极禁止是不行的,一定要积极引导。我告诉他我也喜欢画,开始他有点儿吃惊,说:"你又不是美术老师!"我笑着问:"你呢?"他害羞地笑了。"喜爱画是好事,可以开阔眼界,丰富知识,陶冶性情,锻炼观察能力,提高审美能力,好处多得很,我也说不全。"他听得很有兴味。我请他到家里看画册,向他介绍好的画,请美术老师辅导。共同的语言多了,谈起来很热火。就在不断地评论画、分析画的过程中,他领悟到画画要讲究"像",讲究"美",作业本也要"像"个作业本,也要讲究"美",菜是菜,饭是饭,不能总"一锅煮"。心窍终于打开了,从那以后,除了封面封底点缀些花饰外,本子像个本子,里里外外都整齐了。记得有一次他疑惑不解地问我:"老师,这些细小的事,本子、帽子、扫帚、抹布……你都管,不嫌烦吗?"

"烦"是"烦",问题在如何对待它。教育工作具体、烦琐,一件件,一桩桩,看来事小,但件件都穿在培养事业接班人的线上。培养下一代的工作十分精细,细琢细磨,才见成效。没有那股不怕烦的劲儿,不可能精细地按照党的教育方针把学生塑造成合格的人才。

如今,小周已是美术教师。看到他,勾起我对往事的回忆,加深了对"烦"的理解和认识。

"我怎么如此无能呢?连这么几个小小的标点符号都教不会小边。""究竟是他的脑袋不行,还是我没有尽到责任?"我思前想后,焦躁不安。

第一次批改小边的作文,我忍不住笑出声来。办公室里的老师问我为什么笑,我回答:"一个学生写的是古文。"他们把本子拿去看,也禁不住大笑起来,因为这篇作文从头到尾居然没用一个标点符号。我虽觉得好笑,心里却很着急。第二天课后,我请小边到办公室来,问他过去写作文用不用标点符号,他摇摇头。我把标点符号的名称、用法挨个给他作了辅导,并嘱咐他以后写作文或做其他练习都要注意运用,他点点头。

我以为这样教很细致,以后他运用时最多出现些小差错,补补课就能解决问题。事实否定了我的想法。他的作文是用了标点符号,但乱点一通,该点不点,不该点乱点,弄得文章支离破碎,不成句,不成篇。学生学习上的问题反映了教师教学中的缺陷。我意识到自己对小边的个别辅导不符合传授知识的规律。既然他不掌握这方面的知识,我倾盆大雨地给他灌注,岂不是造成他脑子里糨糊一盆?于是,我内疚地再次请他到办公室来,先着重教逗号和句号。他听得很认真。最后,我问他:"懂了吗?"他又点点头。此后,我在教课文时,针对小边以及其他学生的情况,加强了标点符号的教学,特别强调正确使用标点符号在表情达意方面的作用。

可是,小边这次作文又使我傻了眼。前几次作业中标点符号的使用虽不完全恰当,但还是用了。这次作业又回到第一次的老样子,所不同的只是在最后用了一个句号。

原因究竟何在?我努力排除焦躁不安的情绪。作文讲评我先把他写的文章读给大家听,我一口气不停顿地读,读得上气不接下气,脸憋得通红。有同学开口了:"老师,停一停再读吧。""不能停啊,我要忠实于作者的原意,作者没有断句,我怎么能停顿?"我的话逗得他笑了,课后他才向我吐露了心里话。他说:"会不会用标点符号又不代表水平,看报看小说,人家是看内容好不好,句子美不美,谁去看标点符号?你总是说重要重要,举了好些例子教我,我也觉得用和不用是不一样的。做作业时我想用,但总是别扭,手发抖,不知用哪个好,索性不用。"我问他为什么文章末尾又用呢,他说:"文章完了,用句号没有错。"我又问他为什么前几次也用。他乐了,告诉我:"我是先把文章写好,然后再加标点,猜猜差不多,就给点一个。"谜底原来在这儿,怪不得他总是不把标点符号点在格子里,也怪不得我总捉摸不透他用错的规律,他不是把标点符号作为文章的有机部分,而是作为外加的东西。

一席话让我恍然大悟。我太糊涂啦!他不重视标点符号的具体思想,我不了解;他长期缺少严格训练,养成不用标点符号的习惯,我没有充分地重视;他学习中遇到具体困难,我又未及时进行有效的帮助。粗粗糙糙,没尽到心,也没尽到力。不了解,不细心,不知心,教时怎么可能有的放矢？怎么可能取得良好的效果？

知识的传授，教过不等于教会。教过容易，教会是很难的，思想、感情、能力、方法的培养，都要下一番苦功夫。教师一定要教会学生，绝不能走过场。

周记本上，好几个同学向我提出了批评，特别是小曾，意见尖锐锋利。我看了，脸上一阵火辣辣。

事情是这样的：课间操时，班级队伍排得整整齐齐，唯独小许嘻嘻哈哈，东歪西晃。我提醒她几次，她仍无所谓，弄得同学都盯着她，影响做操的正常进行。我很火，脱口而出地说："你又不是'十三点'。"（"十三点"意思即傻瓜）这一说，她倒安静下来了。我明知这样说不对，不尊重同学，但觉得已收到"效果"，也就不放在心上了。可是，学生却没有放过我，小曾在周记本上就是这样写的："我们班上只有姐妹，没有'十三点'。你说学生是'十三点'，你的感情到哪里去了？老师要给学生做榜样，今天你给我们做的不是好榜样。"批评得如此直率、干脆，一点儿也不拐弯。

"感情""榜样"，"榜样""感情"，这几个字反复不断地在我的脑海里闪现。我对小许真的没有感情吗？不，我不承认。为了处理她和同学之间的一次次小纠纷，我不知找她谈了多少次话，打比方，讲道理，好言相劝，启发她和同学搞好团结；为了帮助她克服脾气不好的缺点，我不厌其烦地进行家庭访问，甚至当她父亲感到束手无策，告诉我"她是马蜂窝，不捅也要蜇人"时，我仍坚持发展的观点，一分为二的观点，坚信她能克服缺点，健康成长；为了调动她内在的积极因素，我特别注意发现她的优点和长处，她胆子大，声音响亮，就请她朗诵、领读；她肯动脑筋，喜欢提问题，就及时表扬鼓励；她喉咙痛，给她送药；她生病，我上门探望……凡此种种，没有感情能做到吗？我从心底希望她把身上的"虫"捉掉，早日成才啊！

然而,学生是最公正、最好的评论员和鉴定员。教师的一言一行、细枝末节都逃不出他们敏锐的目光。尽管自己平时也教育学生不要歧视后进的或缺点较多的同学,要亲近他们,热情帮助他们,看到并学习他们的长处。可一遇到事情,火一来,就把这些都忘了。言为心声,脱口而出的话正是真情的流露,反映了自己对小许的感情确实存在问题。为什么会这样呢?感情的杂质在哪儿呢?细想起来,"杂"就"杂"在一个"厌"字。进行教育顺利时还好,不顺利,"厌"字就"蹦"出来了。扪心自问,自己思想深处觉得这个同学不好办,事情多,反复多,批评容易"跳",表扬马上"飘"。有了"厌"字作祟,当然磨破嘴、跑酸腿也无济于事,教育效果必然微乎其微。

教育学生,教师的感情要纯真,不能有半点儿掺假。我不仅要以向小许公开道歉的实际行动来改正自己的坏"榜样",更要牢记此事,引以为戒。

热爱学生是教师的天职,是做好教育工作的基础与前提。没有这个基础,师生就缺少共同语言,感情就不能融洽,教育就难有成效。教师对学生的感情要纯真、要深厚,切不可有"烦、难、厌"的情绪,一定要丹心一片,与学生心心相印。

纯真的、深厚的师生感情来自对党的事业的无限热爱,靠的是在实践中的自觉锤炼。老一辈无产阶级革命家对革命事业情深如海,对革命接班人以火热的阶级感情进行传、帮、带,是我学习的光辉榜样。

怎样做一个班主任[①]

老师们、同志们：

我们语文教师和班主任有不解之缘，长期以来，语文教师总是担负班主任工作。事实上，班主任工作跟语文教学是可以互相促进的，怎样做一个班主任跟怎样做一个语文教师，这两者之间有密切关系。下面就谈谈我在这方面的粗浅体会。

一、我是怎么爱上教师这个平凡而又十分有意义的工作的

话得从 30 多年前讲起。那是我在初中二年级的时候，当时，我这个学生不太老实，比较调皮，不太知道读书的重要，在课堂上专爱看小说。我的语文教师是个很好的老师，对我的教育和影响是很大的。他是个年轻的男老师，戴着眼镜，文质彬彬，讲起课来引人入胜。我记忆特别深的就是他讲鲁迅先生的《故乡》这一课，讲得有情有景，非常生动。他是这样讲的："少年闰土，这个十一二岁的小英雄，是怎么出场的呢？天上是蓝色的夜空、金黄的圆月，地上是碧绿的瓜地，一望无际的沙滩。在这个蓝天、圆月、碧绿的瓜地的美景当中，出现了一个十一二岁的少年英雄。而这个少年英雄的出场是动态的，因为他手握钢叉，向

[①] 本文是 1980 年 12 月 11 日作者在四川省中小学语文教师研究会成立大会暨首届年会上的发言。作者以语文教师的视角谈班主任工作的实践与心得，对理解教师专业发展的完整性颇有启示。

偷瓜的敌人——猹,奋力刺去。在月光的照耀下,钢叉闪闪发光,与少年英雄脖子上的银项圈的光,交相辉映。"他用生动的语言,给我们这些少年学生描绘了一幅夏夜的美景,听着听着,我自己也好像融入了画中。可是,当他讲到中年闰土的时候,声音低沉下来了,他说:"就是这样一个生气勃勃的少年英雄,如今却变得像石刻的人一样。他的脸上全无表情,额头上有了很深的几条皱纹,本来红活圆实的手,现在皲裂得像松树皮一样了。"接着他又给我们分析了为什么少年闰土跟中年闰土判若两人?是什么使得他有如此巨大的变化?他的眼里噙着泪水,他的声音是那么感伤,听课的同学都非常激动。

就在此时此刻,我对教师崇敬的感情油然而生,心想:教师是多么了不起呀,能够使学生从无知到有知。过去我有个习惯,恐怕现在我们的学生也是这样的吧。新学期来到的时候,教科书发下来,最感兴趣的就是语文,因为别的书看不懂,就爱看语文教材里有哪些好看的小说、散文。比如《故乡》这一课,我自己也看过,但体会不多,不懂得其中的奥妙,老师却不同,他看得很深,讲解得那么生动,把我们都深深地感染了。从那个时候开始,我就有了一个愿望:长大后想当教师,做一个教师是多好啊!受这位语文老师的影响,我高中毕业以后,就考了教育系。报考时,家里没有人指导我,父亲早逝,母亲是文盲,我以为做教师就应读教育系,因为我不懂。我之所以做教师,应该说是那位语文教师在我心田撒播的种子。

果真,毕业以后,我就当了教师,回想起这段经历,感到自己的想法真是太天真、太幼稚了。早在唐朝的时候,文起八代之衰的韩愈就讲过:"师者,所以传道、受业、解惑也。"而我当时只晓得当老师就是授业,当然这个理解非常片面。由于党的教育,老教师的言教身教,同志们的帮助,我逐步认识到教师这个工作是十分光荣的。当我把教师平凡的工作和我们伟大的无产阶级革命事业联系起来的时候,我觉得自己的思想升华了,立足点也高了,认识到世界上,在太阳光底下还有如此光荣的事业。我曾经这样想:社会是要发展的、进步的,如果没有教育,没有教师,人类宝贵的精神财富,谁来传给下一代?社会怎么发展?有时候在工作当中碰到困难,我想到老一代的革命家、无数革命先烈茹苦含辛、舍生忘死,给我们打下了红色江山。他们以自己的生命点燃的革命火焰,必然越烧越旺。革命的事业就好像操场上的接力赛跑一样,要一个接一个把接力棒传下去,我们人民教师就担负着传递革命接力棒的重任。要我们的事业兴旺发达,要我们的红色江山万古长青,要我们的国家永远摆脱剥削压迫,真正实现我们的伟大理想,就需要我们教师来传递这个革命的接力棒。这是关系到千秋万代的工作,难道还不光荣,还不高尚吗?

再从一个学生成长的角度来讲,我觉得小学当然很重要,因为这是人生的开始;到大学,世界观已经形成;而中学这个阶段,学生正介于似懂事未懂事之间,是一个人的世界观形成的非常关键的时期。对一个人来讲,青少年时代记忆力最强,求知欲最旺盛,是学习知识、吸取精神营养的黄金时期。在学生的这样一个黄金时期里,祖国和人民把他们的教育重任委托给我们,把祖国的希望交给了我们,这是对我们最大的信任、最高的奖赏。有时候我看到学生,我就觉得肩上的担子很重。刚上中学的学生,还是比较幼稚的,我个子比较高,有的学生比我矮一个头还多一点,这时,我跟他们讲话是低着头的;可是在不知不觉当中,我跟他们讲话就不用低头,已经可以"平起平坐"了;又在不知不觉当中,他们的腿长了几寸,裤脚管接了一次又一次,这时,我再跟他们讲话,就要抬头仰视了。我满怀喜悦的心情把他们接到中学里来,我又怀着依依惜别的深情把他们送出我们的学校。我领悟到中学阶段非常重要,是学生长知识、长觉悟、长身体的关键时期。在人生的道路上,五六年的时间短暂得很,我们教师做学生的工作只算是一阵子,可是,这一阵子确实影响学生一辈子。学生的理想、志愿,他们的意志、作风、能力都是在中学阶段形成的,这一点已为无数的事实所证明。很多人获得成就,都跟中学教师的辛勤培育分不开,陈景润之所以成为摘取数学皇冠上明珠的勇士,是因为中学老师给他撒下的科学种子。中学阶段思想政治工作做得怎样,文化教育进行得怎样,确实影响一个人的一辈子,这在"文化大革命"中看得很清楚。如果思想政治工作很强,在风浪中学生的脚就站得稳。如我校高中有个班级,没有一个学生胡搞,没有一个搞打砸抢的;而有的班级,学生就胡搞,就搞打砸抢。这说明中学阶段思想政治工作是十分重要的。中学阶段既然是对人的成长起着如此重大的作用,当然,我们教师的工作就很有意义了。

在"四人帮"统治时期,确实是豺狼当道,可是我在那风风雨雨当中,对教师工作意义的认识又深了一层。原来我们学校的教学秩序很好,校园里真是书声琅琅,但在"十年动乱"期间,近百年工人运动当中形形色色的非无产阶级思潮,都登上我们的政治舞台表演了一番,我们的学生受这些思潮的影响危害是很深的。也就在此时此刻,我更加意识到我们作为教师的责任,把学生培养成为无产阶级的接班人的重要。要用无产阶级的世界观来武装、塑造学生可不简单,因为我们面对着各种封建思想、法西斯思想、利己主义等形形色色的资产阶级思想侵蚀。有一次,我看了电影《闪闪的红星》之后想得很多:为什么胡汉三要处心积虑地杀害小冬子?就是因为他要扼杀革命的后代,没有了革命的后代,也就没有了我们的革命事业。我又联想到帝国主义分子杜勒斯临死的时候,把他复辟的希望寄托在我们的第三代、第四代人的身上,如果我们的下一代都像张铁生、朱克家那样,那么,杜勒斯之流的梦想岂不要实现,我们革命先烈的鲜血岂不是付之东流了吗?也就是在此时此刻,我意识到我们做教师的一定要在各种各样的封建法西斯思想、资产阶级思想的包围中,坚定不移地把我们的学生培养成为革命的后代。

这个任务是非常艰巨的。

粉碎"四人帮"之后,我们急切地希望国家能够很快治愈创伤、兴旺发达起来,也认识到国家要兴旺发达,科技是关键,而科技要进步,教育是基础。我觉得我们教师的工作,就像盖楼房,砌的是埋在土中的基石,虽然它不像科学成果那么显眼,但如果没有埋在土中的基石,就没有高入云天的大厦。我们的工作确实是非常平凡的,一节一节的课,一次一次的班会,和一个一个同学的谈话,如此而已,没有什么惊人之处。然而,如果我们要盖10层、18层楼房,基础不打牢固是盖不起来的。我们就是从事人的基础建设,根子扎得正不正、深不深,影响到一个学生能不能成才,能不能成大才。任何一个科学家、文学家、各条战线的先进人物,他们都有广博、深厚的基础,我们就是要为学生打下这样的基础。所以,尽管我在"十年动乱"当中,受到很大的冲击,戴了无数的"桂冠",我却始终没有动摇过做教师的信念。因为我觉得教师是塑造人的灵魂的工程师,我们所献身的教育事业关系到祖国的现在和未来;我们现在教得好不好,关系到我们学生的思想水平、文化水平、健康水平,关系到10年、20年以后我国各条战线是否有合格的建设人才。我们今天把工作做好了,10年、20年以后我们的社会主义建设事业就大有希望。我们的工作与社会,与"四化"建设是呼吸相通、休戚与共的。正因为我们的工作是平凡的,又是很有价值的,所以我就深深地爱上了它。如果要我再次选择职业的话,我仍然是坚定不移地选择做一名中学教师,因为我的最高的理想就是做一个合格的中学教师。

二、忠诚党的教育事业,力争做一个名副其实的人民教师

我们国家的教师与资本主义国家的教书匠是不一样的。我到日本去访问了二十几天,走了十几个城市。日本教师的经济待遇比我们高,可是他们没有摆脱像我们旧社会的教书匠那样的处境。我们"教师"的

前面冠以"人民"二字,同他们就大不一样,因为"人民"二字,寄予了人民的深情厚谊和殷切期望。日本的中学教师跟校长的关系,是雇佣与被雇佣的关系。他们一所中学只有一个校长,一个教头(即教务主任),其余都是教师,没有我们那么多官。他们的老师,一星期要上二十三到二十四节课,见到校长都是毕恭毕敬的。我碰到很多日本朋友,他们都跟我讲:"我们的教师当然也好,可是他们就不像你们这样,把心都贴在学生身上。"所以要真正符合人民教师的称号,做人类灵魂的工程师,那是很不简单的。由于党的多年教育,我体会到教育者要先受教育。要把学生培养成才,就得严格要求自己做一个名副其实的人民教师。希腊神话里,普罗米修斯这个神话故事对我很有启发。普罗米修斯把火种从天上偷到人间,因为他心中渴望着光明,宁可自己受天帝的惩罚,也要把光明送到人间。教育工作是非常艰苦的,要把学生培养成才,教师心中也要揣着一团火。法国文学家罗曼·罗兰在《约翰·克利斯朵夫》中说:"要散布阳光到别人心里,先得自己心里有阳光。"教师要把学生培养成才,对自己就得严格要求。在党的长期培养教育下,我不断地要求、锤炼自己,我觉得要做好一个班主任,做好一个教师,有八个字很重要。这八个字是"方向、感情、干劲、方法"。

(一) 方向

只有方向正、方向明,我们才不会走到歧途上去,言教身教才能够对学生起潜移默化的作用。我们是社会主义时代的教育工作者,培养的学生是社会主义的建设者和捍卫者,与资本主义国家不同,绝对不能够培养出那种有奶便是娘的人。因此,我们就要对我们的国家、民族和社会主义建设采取高度负责的态度。

由于"十年动乱",人们的心灵创伤很重。现在的学生对我们的社会是不太信任的,小学生好一些,中学生比较突出。他们对什么问题都不容易相信,要思考。要思考,不轻信这也是好的。但是不轻信不等于不要信真理,如果连科学的共产主义的真理都不相信了,连对我们祖国的前途、民族的命运都没有信心了,那真是悲哀!我觉得做一个班主任,一定要让我们的学生心中充满光明,充满美好的希望。如果一个青年对前途丧失希望,那是成不了才的,臧克家《有的人》诗里,有一句富有哲理的诗句:"有的人活着他已经死了,有的人死了他还活着。"我觉得如果我们的青少年感觉到没有希望,那我们的教育就失败了。我们一定要让学生在纷繁复杂的社会现象中,感到我们祖国有前途、我们的"四化"建设大有希望;否则,这个学生就会非常苦闷,就不可能德智体全面发展。要学生对我们祖国的前途充满希望,教师自己就得对祖国前途感到有信心、有希望。我们的学生生在新社会,长在"十年动乱"中,他既不懂得资本主义,也不懂得社会主义。加上宣传的片面,就误认为资本主义什么都是好的。只看到资本主义国家科学技术发达,而没有看到他们的阴暗面。学生缺乏生活经验、社会经验,加上宣传教育中的问题,因此他们的思想又活又乱,是是非非弄不清楚。

我自己在粉碎"四人帮"以后,也有一段时间是很糊涂的。"四人帮"被粉碎了,我跟广大教师一样心情舒畅,这下好了,高兴得很。我们非常向往"文革"前17年的学校教育,当时教学秩序好,学生听话,教师教起来也很带劲。我们的国家现在要百废俱兴了,很快就可以改变面貌。其实,这是不懂得辩证法。我们国家经过"四人帮"长时间的破坏,在经济上面临崩溃的边缘,在政治上受到严重的损害,在思想上创伤深重,怎么可能在短时间内就改变面貌呢?好像一个垂危的病人,要他恢复健康,一定要有相当一段时间的调理。我自己看待粉碎"四人帮"之后的建设事业,正像鲁迅先生在30年代所批评的那样,是带着小资产阶级的浪漫色彩的,幻想在一个早上,百花盛开,鸟语花香。建设跟革命一样,是伴随着艰苦,伴随着奋斗的。鲁迅先生不是讲了吗?不是革命成功了以后,请你诗人、文学家来吃牛油面包,而是自己要艰苦奋斗。

我们现在的学生,思想很活跃,很能当评论员。我那些学生写起文章来是非常尖锐的,比如,一个学生写了一篇文章《让座》,他写道:"我乘公共汽车,一上去就三脚并两步,抢个位子坐下来。不一会儿,一个妇女抱着孩子上车了,售票员就讲:'哪个同志让一让座。'车上没人吭声。我想,我应该让,但是又想一想,坐着舒坦,站着吃力,所以我也就不让了。车到站我就下车了。可事后我想到这件事情,感到我这个思想不大好,接着又马上否定了自己。我想我思想不好,那么车上坐座位的人思想都不好吗?在这些坐座位的人里,说不定还有当官的呢,那么他们为什么不让座呢?他们的思想也不好吗?其实这一类的事情,我已经碰到不止一次了,我不能解释这个问题。"他作文的最后一句话是:"于老师,请您解答。"这是考考我呀。学生的这类文章是很多的,比如有一篇讽刺开后门的,题目是《菜场一角》,就塑造了一个黄鱼西施的形象。他写得很妙,文章说:"柜台外面排了好多人,大家急得不得了,对售货员说:'你快点开秤,我们要上班,来不及了。'那个售货员黄鱼西施在柜台里头慢条斯理地一条一条地分鱼,大的、小的分得很清楚,对人们的呼声根本不搭理。外面的人就讲:'你快一点呀!'她骂道:'你眼瞎掉啦,你没看见这里还在整理嘛?'"然后文章又写道:"那边挂着一个牌子,写的是服务公约,买鱼的人就讲:'你这个服务公约上是怎么讲的?'黄鱼西施说:'那个跟我无关。'一会儿,有一个妇女挎了个篮子根本不到外面排队就直接进去了,黄鱼西施笑脸相迎,把大个儿的黄鱼拣给她了。又听她们喊喊喳喳讲:'你晚上到我家里来拿衣服。'买卖就在柜台里边成交了。"这个学生目光的敏锐,大大超过五六十年代的学生。我们的住房不是很紧张吗?有个学生就塑造了一个工厂里管房子的科长,对他的语言和抽烟卷的神态写得惟妙惟肖。甚至对老师,有时学生也有评论。我们有一个班级,因为教师生病,没办法,临时找了一个中学未毕业的老师来代课。学了《聪明人和傻子和奴才》一课之后,我要求学生写一段对话,一个学生写得很精彩。他说:"一个老师来了,年纪很轻,发髻梳得很高,油光可鉴,非常标致。她开口了:'同学们,今天我们上《活板》,作者是沈括同志。'同学们哈哈大笑。老师一愣,她过长的脖子扭了几扭,就说:'你们笑什么?'同学讲:'沈括同志,那么还有李时珍同志啰!'于是这个老师感觉到了,说:'哦,我说错了。'此时老师稍微谦虚了一点。接着她就在黑板上写,大概一个什么字写错了,下面又是哈……哈……笑得课堂上不可收拾。老师就讲了:'你们都在笑什么呀?有什么好笑的?你们怎么样……'老师骂了一句粗话。"学生接着写道:"想不到如此粗话,会出自打扮得这样标致的年轻教师之口,我们愕然了。"现在的孩子是很不好教的,他们的目光非常敏锐,我们要教这样的孩子树立信心,让他们对前途充满希望,那么自己确实心中要布满阳光。孩子因为目光尖锐,很容易做评论员。我们上海的学生胆子也非常大,他们的评论可多了。比如有一次,我给他们上《反对自由主义》,我就讲:"我们应该开展批评与自我批评。"有的同学就讲了:"你们老师开展批评与自我批评吗?"我当然真人面前不说假话,我说:"我们现在确实是很少批评,包括共青团内和党内。为什么呢?因为我们的光荣传统、我们的优良作风被破坏了。所以在咱们这一代身上要重新恢复和发扬。"他说:"你们老师还开展批评呀?其实,老师在课堂上讲的是一套,回去也不一定就是这一套。"学生是很厉害的。他说:"我们隔壁就是两个老师,他们跟人家吵架,嗓子特别响,因为他在课堂上练出来了。"这样的孩子确实很不好教。因此,怎么样把这样的评论员变成战斗员,这点很重要,当然我不是说不允许他们评论。在评论中培养他们辨别是非的能力,这是好的。但是,还得让他们懂得,自己有重任在肩,要除旧布新,而不能老是客观地去评论,这个也不好,那个也不好,还得看到好的。从整个形势来看,短短的三四年时间,就能够破除现代迷信,这就是了不起的大事呀!比如说,有些课文我现在就不教,在过去，我根本就不知道有问题，也不敢不教。比如初五册《什么是知识》这一课怎么教？老人家讲：世界上的知识只有两门，就是生产斗争知识与阶级斗争知识，而社会科学和自然科学则是阶级斗争知识和生产斗争知识的结晶。就是说，社会科学就是阶级斗争。但是阶级斗争的概念应比社会科学的概念还要小，这怎么教？因此，我就不教。我们教《坚持和发扬毛主席倡导的学风》一课，一个孩子读到一半他不读了，我问他为什么，他说："这个句子不通。"在过去我当然不敢再问了，现在我就说："请你讲讲看，有什么不通。"他说："这个句子怎么通呢？'这样就出现这样动人的情景'，一个句子里用两个'这样'，怎么行呢？"我就跟他说："那么你改改看。"这个学生就改为"于是就出现这样动人的情景。"我就再引导一下：如果前面"这样"不改，改掉后面的"这样"呢？学生又改为"这样，就出现如此动人的情景"。经过推敲，改得不是很好吗？所以，怎么样把学生教得坚持真理，坚信前途，自己就要思想解放，不能束缚在现代迷信的圈子里。既要鼓励学生当评论员，更要鼓励他们当战斗员，立志除旧布新；既看到问题，更要看到形势在向好的方面发展。我们国家受了很重的创伤，儿不嫌娘穷，我们总不能老是当评论员，在母亲的伤口上撒盐，应该想到要给母亲医治创伤。这就要从积极的方面着手，下决心立志成才来建设我们的国家。

要教学生成为有一定文化知识的人，自己也得有较多的文化知识。要让学生在知识的汪洋大海中扬帆远航，自己就得在知识方面不断充实。做班主任，自己的课一定要上得好，否则，班主任的工作就要七折八扣。只有课上好了，学生才会对你尊敬、信任、有感情，你这个班主任做思想政治工作就有了非常有利的条件。我开始做班主任时，也不明了这一点。有的班级很乱，老是带不好，往往是班主任的课压不住阵脚，因而班主任的工作也很难奏效。为了上好课，开始我就在"熟"字上下功夫。我是打着辫子出来做老师的，很年轻，上第一节课时心慌得很,两条腿都发抖,也不敢看学生,讲稿写了许多张,一会儿就讲完了。新教师的课往往时间会多出来,老教师的课总是讲不完,这好像是一个规律。为了把课上熟,我长年累月地下功夫。我把每天要教的课,每一句话都在脑子里像过电影一样过一遍,开头讲什么,当中讲什么,最后讲什么,板书哪些,我都是背得很熟的。为了纠正自己的语病,我就训练自己的语言,一句就是一句,不能有多余的口头禅。教师的语言不能有语病,特别是语文教师的语言,要很精练,很完整,要成为学生的模范。为了上好一堂课,自己就要做好充分准备。比如,我到学校有半小时路程,每天走十几分钟,然后再坐一段车。我坐车是经常坐过站的,因为我在车上想问题,过了站,再往回跑。年轻的时候,为了把课上好,我就是这样来做的,逐步逐步地就具备了教课的起码条件。所以,我觉得做一个教师,要给学生传授知识,要为建设祖国服务,为人民服务,这绝不是一句空洞的口号,而是具体的行动,是实实在在的真本领。只有平时在长年累月的教学工作中不断提高自己的真本领,才能够做好学生的工作,才能够教好业务课。"锲而不舍,金石可镂",只要功夫深,总是可以做到的。

(二) 感情

师生之间一定要心心相印,"心有灵犀一点通",如果是这样,工作的效果就大不一样。我觉得教师的工作和别的职业不一样,教师的世界观每天都要在学生面前亮相,你的觉悟、你的作风、你的思想、你的知识,都是要在学生面前亮相的,来不得半点虚假。我们每天教学,站在课堂上,都要受到五十几双小眼睛的监督,是在众目睽睽下进行工作的。学生的观察非常细微,如果你上课有点打愣了,他就感觉到,大概你的课备得不够熟;如果有点不高兴,他就会想:可能老师家里发生了什么事情。所以,做教师就有个锤炼感情的问题。我自己做了很多年班主任,我觉得做班主任有三个关不好过。

第一关：烦。班主任工作是非常繁杂的，繁杂的工作很容易使人烦躁。在"文化大革命"以前做高中的班主任还好一些，因为学生的组织能力比较强，团支部、班委会就差不多能把工作挑起来，老师只需指导指导，出出点子就行了，现在就很不一样了。"四人帮"统治时期，我们中小学的班主任，岂止是老师，还要兼任派出所所长、粮管所办事员等工作，简直是无所不包。我有时候讲笑话：我们班主任的部下，不仅是几十个学生，连课堂的桌子、板凳、扫帚、畚箕、黑板擦，全是我们的部下，都要管，都得管好，因为要通过管好这些事来培养学生的良好习惯。我这个人性子很急，火气很大，家里人常笑我，性子急不适合做老师，做老师就要耐心、细心。确实，我看到许多烦琐的事情，心里就急得慌。其实，学生的事情有千件万件，都把它穿在培养接班人这根线上，再烦也觉得快乐，烦得有意义。比如，我们要培养学生的卫生习惯、文明习惯，班主任要管打扫卫生。开始，我觉得真烦死了，连扫地都要管。后来我发现扫地也是很有学问的。我仔细观察了一下孩子们扫地。现在一些孩子，特别是独养儿子，娇生惯养，到了初中还没有洗过一块手帕，没有为他人服务的习惯，不愿扫地，拿着扫帚，几下就完了，地没扫干净，灰尘到处弥漫，他是扬着扫的。这就得教他怎么扫，告诉他要把扫帚压在地上，由前往后，或由后往前，要怎么样才扫得最干净。这里有一个培养学生的好习惯、好思想的问题。这样一想，那就很有意思了。再如扫完地之后排桌子，有的孩子老是排不齐、排不好，要求他排得整齐划一，就培养了他做事认真的习惯、兢兢业业的态度。所以把这些事都穿在教育人这根线上，那就很有趣。我们上海，在东海之滨，天亮比这儿早，学生早上 6 点多就到学校，12 点才放学，这么长的时间，学生们很饿。粉碎"四人帮"以后，有时候上午课间我就给学生代买面包或馒头充饥，仔细观察，这里也很有趣。比如，班上的同学要登记买面包或馒头，有几个孩子就不登记。有一次，我发现一个没有登记的孩子拿着七分钱,一下课就赶紧奔到伙房里去买。因为学生太多,五十几个班的学生一下子都到伙房去买怎么得了。后来我做了了解,问他为什么不登记,他说:"我不饿。"不饿为什么又要拿几分钱自己去买呢?很显然不饿是假的。再一了解,才知道这个孩子的妈妈不了解儿子的心情,说早上泡饭吃多一点,吃两大碗,半上午不要再吃了。十三四岁、十四五岁的娃娃,怎么会不饿,铁都吃得下,看见人家吃,他不饿吗?做班主任的心就是要很细,我跟他家长联系,说明了道理,家长把一块几毛钱交来了。那个孩子吃到面包,喜笑颜开;我这个做老师的心,好像吃了蜜糖一样甜。这样解决了问题,不仅那个学生不会老是看着别人吃,而且对学生的身体健康也有好处。

以上这些,看起来都是琐碎事,很繁杂,但却很有意义,认识到这一点,便可以克服烦躁情绪。

第二关:难。要让学生掌握知识是很难的,要对学生进行思想教育的难度就更大了。由于时间关系我就不讲了,在后面与其他问题结合起来举些例子谈谈。

第三关:厌。烦和难这两点还比较容易过,最难过的就是"厌弃"这一关。有些孩子爱调皮捣蛋,实在难以教育,很容易厌弃他们,有一件事情,我可以说是终生难忘。"文化大革命"中我带过许多乱班,一面说我是修正主义教育路线的吹鼓手,一面又要我带班;那边贴我的批判大字报,这边又叫我去带乱班。69届我带过一个班,一个学期不到,班主任换了九个,乱得一塌糊涂,我就是这个班的第九任班主任。过去我们这个学校,纪律是比较好的。我第一次到这个班去,把我吓了一跳,只有四个学生,另外的人都没有了,看到的第一个节目是女孩子打架,打耳光,这个我是见所未见,闻所未闻的。后来又带70届、75届,我带的75届一个班,有11个独养儿子,这样的班级是很难教的。特别是生了三个女孩子,最后是个男孩子的独养子就更难教。我国几千年的封建思想,男尊女卑,独养子家长非常宠,这些孩子往往都不大听话,好打架,姐姐都要让着点。

我带的乱班,学生一天到晚打架,打到什么程度呢?男孩子打,女孩子也打,真叫我疲于奔命啊。有一次,我上完语文课,还没有回到办公室,数学老师刚去上课,有人又打起来了,几个学生把我喊去,进教室一看,桌子椅子都推倒了,灰尘弥漫,扫帚飞舞,男女混合双打,我和数学老师拼命拉架,简直不得了。一个学期,几乎每天不到晚上九十点没办法回家。一天到晚家访,经过一个多学期下来,班级才逐渐好起来。班里有个女孩子特别厉害,我简直没有办法。这个女孩也有优点,讲话很响亮,对语文也蛮重视,可是不能表扬,一表扬马上就闯祸,比男孩子还厉害。你批评她,她不理睬你,眼睛斜着,用那种鄙视的眼光来看你,使你很难受。批评也不是,表扬也不是,怎么办呢?我跟家长联系,一次又一次地家访,她父亲讲:"我没有办法,这个孩子像马蜂窝一样,不碰她还要来蜇你呢。""老师,你看着办吧,不行的话,你就送她去教养。"实际上他是在摊牌,就是说,没办法了。

为了教育这个女孩子,我到居委会去联系过,这家在里弄里很有名,可说是一门三"杰",她妈妈就很厉害。居委会主任讲:"没办法,她的妈妈来联系什么事情,说声不行,马上就躺在地上打滚。"她姐姐也是这样,非常泼辣,姐妹两个睡一张床,两人吵着吵着就打起来,从床上打到床下,可以打上一个小时,很有恒心。我感到真是没有办法,我讲:"我这个做老师的是'黔驴技穷'啦!"有一次做操,大家都站得很好,她却像个旋转的陀螺,一会儿在这里捅一捅,一会儿到那里捅一捅,我提醒了她很多次,她也不睬我。这时我就很火,我说:"你又不是十三点。""十三点"是上海人骂人的话。同学们都骂她十三点,我还叫同学们不要骂,我讲出这个话,很后悔,我想当老师的怎么可以骂学生呢?但是这一骂,很有效果,她不乱动了,老老实实地把操做完了,于是我想压服还有点道理。结果,下文就多了。因为我主张教学民主,学生每周都要写周记,可以谈自己的进步,也可以给老师提意见。这样一来,就有好些学生给我提意见了,别的我都不大记得,其中有一个学生提得非常尖锐,现在还留在我的记忆之中。他说:"我们班只有阶级姐妹,没有'十三点',你骂学生为十三点,你的阶级感情到哪里去了?你自己想想看,你还像个老师吗?""啊哟",好厉害呀!很尖锐,也很中肯,所以我就在班上读了他的周记,又作了检讨。我说:"我为什么会脱口而出骂她呢?脱口而出往往是自己的心里话,言为心声嘛。因为我讨厌她。我一再要学生对缺点多的同学不要歧视,不应该骂人,可是我这个老师,上梁不正,没有做好,你们要吸取教训。"我从这件事想起小时候老人给我讲的一个故事:古时候有个当官的,他的侄儿和儿子都生病了,他为了表示自己没有私心,晚上不睡觉,一夜要到他侄子房间里去看几次,以表示对侄子的关心。又为了表示对儿子不偏爱,就不去看他的儿子,回到房间以后,倒头便睡了。由于他的心是挂在儿子身上的,他尽管没有去看,却老是睡不着。这个封建文人、封建官僚,他也有自我修养、自我解剖,他觉得自己的感情,对子、侄还是有区别的。由此我就想到自己,对学生的感情是不能掺假的,一定要锤炼自己纯真的感情,一掺假就会暴露出来。所以对好的学生和缺点多的学生,都要一视同仁,感情纯真。

另外还得处理好对待自己的孩子和学生的关系。我有一个独养儿子。工作二三十年来,我长期繁忙、劳累,究竟怎样处理好1与50、1与100的关系,这对我们做班主任的来说,也是一个考验。别的不说,比如我自己的孩子两次病危。一次是暴发性的痢疾,接到医生通知,我思想斗争了,我也是人嘛。但我想到我还有几十个学生和两个班的课,因此没有请一节课的假,还是教完了课到晚上才去看孩子。还有一次是儿子得了败血症,很危险,医生半夜找我和他父亲谈话。医生说:"这个孩子看来是没有希望了,你们要做好准备,我们把最好的药都用上了,现在唯一的办法，就是输健康男子的血。"他又问："你们有几个孩子？"我说："就一个。"他讲："无论如何你们要做好准备。"就是在这样的情况下，我也没有缺过一节课。所以做了几十年的教师，除了自己生病住院以外，我是从不请假的。我觉得儿子是我的后代，学生是我们祖国的下一代，他们都是祖国的未来，对他们都应该全心全意。有的时候真是劳累得不得了，晚上在医院里，我和孩子的父亲轮流照看，如果我照看下半夜，第二天一清早根本不回家，就直接到学校去。学生能体会老师感情，班主任工作就能够做好。所以我觉得锻炼自己的纯真感情，处理好1与50、1与100的关系，是很重要的。能不能做好一个人民教师，不是凭口说，而是靠行动。

（三）干劲

我究竟是做一个开拓者、建设者，还是做一个坐享其成的人？我们许多革命先烈，为了下一代，愿意把牢底坐穿。今天，我们国家不再是过去那样了，可是有没有一个继续艰苦奋斗的问题？如果今日不艰苦奋斗，哪里有来日的兴旺发达？因此，决不能做一个坐享其成的人，而要做开拓者、建设者。育树苗，要精心才行，天天耕耘，天天浇灌；育人才，更是要尽心尽力，不尽心不尽力，那是没办法把人才培养出来的。所以长期以来，我觉得做班主任一定要三勤、三到。三勤就是口勤、脚勤、手勤。做班主任就得有张婆婆嘴，经常提醒，找学生谈话，一个学期不下百次。我们不仅要管理，还要教。要经常家访，了解学生周围的情况，要把班上的工作都做好，黑板报要出好，卫生工作要做好，小评论要搞好。所以口要勤，脚要勤，手要勤。还得三到，就是眼到、口到、心到。班主任的目光要非常敏锐，心要非常精细，要能够透过学生的心灵窗户看到他心里想些什么。比如上课的时候，你提出个问题，有的孩子估计自己回答有点把握，你的目光要敏锐，要能发现他，并把他喊起来请他回答出来，这样他就很高兴，就有了信心。这就要靠心到、眼到。心到才能够了解学生是怎么想的,这就需要察言观色,所以也要眼到。对我来说,工作发挥干劲有两个最大的困难,一个是身体,一个是时间。我的身体很坏,长期以来病很多,胃溃疡,吐过很多次血,我的血管里流着很多同志的血包括解放军同志的血。有时上课,上着上着就吐血,昏倒。我患了肝炎,差点死了,因为我平时不爱看病,以为是胃痛,没管它,结果拖得很重了,只得躺下来,滴水不进,又动手术。前年我也差点死了,因为血供不到脑子里,我的眼睛突然完全看不见了。我以为再不能做老师了,心里很难过。住了一段时间医院,虽说现在治好了,可是头一直都是很晕的,脑子经常处在缺氧状态,没办法,主要靠意志在工作。"十年动乱"中,我挨整,小黑板用细铅丝吊着,挂在我脖子上,罚跑,跑得脚肿得像萝卜一样。因此,身体受到很大的影响。尽管身体状况如此,我觉得还是应该向革命前辈学习,要以献身精神来做好我们的教育教学工作。一个人的生命是有限的,能够为祖国、为培养人才贡献一份力量,是我的愿望,是我的义务,也是我的光荣。比如1969年,上海很多人都下乡了。在那么一种动乱的情况下,我前面讲了,我是69届一个班的第九任班主任,我要把学生带下乡,真不容易,那是靠拼命呀。一次夜里,一个女孩生病了,发高烧腿不能动,由于我们上海郊区那时也很落后,赤脚医生都很少,所以就只好把学生从住地背到镇上去看病,要背近十公里路。那个学生个子又是蛮大的,跟我差不多,我和另一个女生两个人轮流背。在北风呼呼的冷天,把她背到镇上,我身上的棉毛衫、毛线衣都湿透了,两眼直冒金星,但孩子及时得到治疗了,我觉得这是自己应尽的义务。因为那么多家长把孩子交给我,孩子生病了,我得负责任。学生呕吐,我不怕脏,不怕累,给他打扫,洗衣服。像这类的事是很多的。

有干劲,还要能持久。我开始出来工作的时候,是满腔热情,可是要持久却很不容易,这里有一个意志的问题。长期以来,由于自己的基础差，总觉得不懂的东西很多，上课要做到左右逢源很难，因此工作、学习总是坚持一日早、中、晚三班，我连花时间去看电影也舍不得。其实，语文教师应该思想开阔，多看些电影，但是时间很紧，总觉得有做不完的事情，星期天也是一清早起来就干活。我觉得只有这样，全身心地扑在教育工作上，生活才是充实的，有意义的。如果说我一辈子做教师，能在社会主义的大道上真正起到一颗铺路石的作用，就算是不虚度此生。奥斯特洛夫斯基的名言，对自己的教育是很深刻的，什么是生命的意义，既懂得了它，那就要以献身的精神，干劲十足地去工作。

（四）方法

教育人要讲方法。我当班主任最早只知道"管"，实际上做班主任工作不仅是"管"，还得"教"。管理是个组织工作，要组织得细，组织得周密才管理得好。当班主任既要管又要教，这里就有很多学问。我在做班主任工作当中，有很多教训，唯心主义、形而上学是不少的，吃了苦头以后就逐步琢磨到这样做是不对的，那样做才是好的，特别是对现在的学生，我觉得有几点更为重要。

1. 要滴灌不能猛浇

我们现在的学生是有创伤的，"四人帮"给我们的国家、民族造成的灾难，物质上还能够估价，它可以用数字计算，听说有人作了初步统计，损失是 5 000 多亿元，但我认为"四人帮"最毒的一点，就是摧残我们的心灵，包括老年、中年、青少年，而对青少年尤其严重。一个青年最宝贵的是青春之火，可是"四人帮"就是把一盆又一盆的冷水泼在我们青少年的青春之火上。五六十年代我教的学生，听领导、先进模范人物的报告，他们是很感动的，经过团支部讨论、班级讨论后，马上就有行动。我记得焦裕禄的事迹在《人民日报》发表后，在早读课上，我就给学生读，读到感人的地方，如焦裕禄为了改变兰考的面貌，忍住肝癌剧疼的情况，很多男孩子都流泪了。可是现在要学生激动，那简直是难得不得了,好像看破红尘一样,激动不起来。没有青春之火,哪里来的希望?怎么能够奋发有为呢?这个问题非常重要,革命理想教育是非进行不可的,但这个教育比五六十年代要难得多、复杂得多。所以,我们现在的教师,特别是中学语文教师和班主任的工作是高难度的,比如跟学生讲道理,你就不能够泛泛而谈,要具体,见解要精辟,要超过他。这就要求我们懂得很多,科学技术在飞速发展,你的知识就要跟上去,难度确实很大。现在对学生作一次、两次报告是不解决问题的。过去的学生看电影非常激动;现在有的学生看电影却不激动,他有他的看法。比如看《今天我休息》,他不去学主人公全心全意为人民服务的精神,他还说:"没有的呀,这都是戆大呀!"上海话"戆大"就是四川话"傻瓜""呆娃子"的意思,我觉得我们语文教师做班主任是最有利的,因为我们可以利用文学作品的巨大感染力,让它点点滴滴地对学生的思想进行渗透,就是点灌,这很起作用。比如讲古诗词、古代散文和现代优美的散文,就可以让学生通过作品,饱览祖国壮丽的风光,让学生懂得祖国的山山水水、草草木木,都是浸透了我们中华民族的智慧和心血。滴灌是很重要的,比如过去我们组织学生给烈士扫墓,比较简单,扫完墓回来,要求学生写一篇文章就完了,但现在要求就细致得多才有可能取得好的效果。上学期清明节,我们组织学生去龙华扫墓,我想:怎么才能让学生有收获呢?我先组织他们学了一篇文章,是《文汇报》上登的一篇散文诗《赠你一束山茶花》,写得很好。其中有一段是"燃烧",写道:"当我从烈士纪念馆走过的时候,当我从生气勃勃的生命面前走过的时候……"我就抓住那个"生气勃勃"启发学生,烈士已经牺牲了,怎么还是生气勃勃的呢?作者说烈士就像一块煤,投入了革命的熔炉里,烈士的生命就是这样在燃烧。作者还有一句发人深省的话:"你的生命,是燃烧,是冒烟,还是发臭?"我先用这个作品打动学生的心弦,临行之前,又布置了以下几个题目请他们思考:当你走进龙华墓地,看到墓地景物的时候,你想些什么？当你听到国际歌奏起了"这是最后的斗争"时，你又想些什么？当你瞻仰这一块又一块的墓碑，一个又一个的烈士遗容的时候，你的心潮又是如何的呢？学生带着这些问题去瞻仰，回来后把看到的、听到的、想到的互相交流之后，再写一篇文章《在烈士墓前》。这样就比原来简单组织一下效果要好，有的文章写得很有感情。有一个孩子，在烈士墓前，想到了刘少奇主席被迫害致死。他说：他本来不敢讲，现在敢讲了。小学三年级的时候，一天，他的一个同学突然慌里慌张地奔到他家里来，问他什么事情，这个同学就从口袋里拿出一张撕开了的照片，这是报上登的一张刘少奇的像，他们两人吓坏了，说刘少奇是叛徒、内奸、工贼，要打倒的，怎么手里有这个像，要是被人知道了，不仅要株连九族，自己还要被打成小反革命的呀！"四人帮"的迫害有多深哪！结果两个孩子偷偷地把这张照片分两个地方埋在新村的地里。这个学生写道："这以后，我放学在新村玩，只要看见有孩子在埋着照片的地方玩，我都要把他们赶走，那时候我也不知道刘少奇是好人坏人，总归这里埋着东西，不许孩子在那儿玩。后来党中央宣布给刘少奇同志平反，我高兴得不得了，我一清早爬起来，掘开土，把照片拿出来粘在一起，用个小镜框框上，把这作一个永恒的纪念，一个人家里轮流摆一星期。"写得还是很感人的。就这样做也还有问题。有一个孩子写得也还好，可是有几段是抄作文选上的，我看了以后确实很生气，就是这样还没有动他的心哪！因此我在作文讲评时用了这两篇文章，讲了"真情与假意"。后来我又找他个别谈，给他的评语写了很多。我说："你想想看，你又不是不能写，为什么去抄别人的，你就是不肯动脑筋吧。我们的目的，并不是要写一篇什么样的文章，而是要做一个什么样的人。一篇文章如果没有真情的话，文字写得再好也是假的，也是没有价值的。"后来很多学生讲："我们没有看到过于老师这样激动。"所以，我觉得现在的教育工作确实是高难度的，对教师的要求很高，要滴灌，不能猛浇，因为学生是受过伤的,就像严霜打过的幼苗,要点点滴滴地灌,猛灌要浇死的。

2. 要引导,不要压抑

学生确实是既幼稚又无知,他有时候不遵守纪律,调皮,做错事,并不一定是有意的。对他们的那些不良习惯,就是批评十遍,也往往不解决问题。在这里,更重要的是启发诱导,告诉他们应该怎么做才是对的。我们学校原来是师范学校,校舍很好,可容上千学生住读,所以过去这个学校高中全部住读。我曾教过这样一个学生,非常调皮,很不守规矩,天天给我添麻烦。他调皮到什么程度呢?他把一盆水倒在别的同学被子里,然后把被子盖上,人家晚上睡觉才发现床铺是湿的。他经常捣蛋,觉得好玩,十六七岁了,坐没个坐相,老是和坐在他前面的同学发生矛盾,前推后搡的,因为他的两只脚老是爱伸到前面同学的座位底下,去敲人家的凳子。我找他谈话,我说:"每个人都有自己的座位呀。"他说:"你不看看吗?我个子高,腿长啊,我的脚就要伸到人家位子上去,这有什么稀奇呀!"我说:"对,我这个做老师的还没有发现你的腿很长,我给你量一量有多长呀!"然后我说:"这样吧,你的腿比别人长一点,我们把位子排得宽一点,你就可以不侵犯人家了。"这个同学的基础比较差,所有的老师都向我告状,说他的作业潦草,作业本一塌糊涂,画着花、人头,有时还画个警察、卓别林,真是中外古今,无所不有,本本作业本如此。于是我又跟他讲,这是作业本,不是美术本,你把每个作业本子都变成美术本是不行的。但是讲了没有用,我想还是自己不得法,老是批评他这不对那不对怎么行呢?有一次,我对他说:"这个星期六你跟我回家去。"他说:"干什么?"我说:"你很喜欢画画,爱画画就是有艺术才能,我也很喜欢画画,我家里美术册子很多,你跟我一道到家里去看看吧。"他说:"你还会画画?你是教语文的嘛。"看得出他很高兴,就跟我一道去家里看画册,看了以后我说:"你看,这些画都是专门画在美术册子上的。我送你一个本子,你专门用来画画。"我又说:"你原来那样子画，把自己的精力都分散了，现在把它画在一个本子上，前后还可以比较嘛。"这样，他很得意，从此就改掉了在练习本上乱涂乱画的坏习惯。"文化大革命"中，他曾一再托别的同志带信给我说"于老师，你要保重身体"，使我很受感动。现在他已经是美术老师了。粉碎"四人帮"以后，一次在一个大礼堂里，我批"两个估计"的时候，他到台上来找我，他说："于老师，你还认识我吗？我就是那个最调皮的，你不知道跟我谈了多少次话的学生。"我说："怎么会不认识呢？我这个做班主任的，隔几十年都记得，学生的事情就是我的心上事呀！"我做老师一个很大的本事就是记得学生的名字。所以我认为对学生要引导，不要压抑，不要随便挫伤学生的积极性，压抑是解决不了问题的。

3. 要全面，不能片面

一定要全面地看待学生。我开始做老师，看到好的同学，简直就觉得是朵花，什么都好；看到缺点多的学生就觉得这里有毛病，那里也有毛病。其实做老师是很忌这一条的。比较好的同学基础好，那就更应该在他的基础上严格要求，才能不断提高；对差的同学，就特别要注意他身上的优点，所谓差，就是他优点少，缺点多吧。因此他那一点优点就是非常宝贵的，要十分爱护学生心中追求上进的积极性。教师绝对不能代替学生成才，只能引导学生成才。师傅领进门，修行在个人嘛。要把功夫花在学生的优点上，让他发扬自身的优点来克服缺点。所以这就要讲辩证法。

我曾经教过75届一班，我是老教师，自告奋勇带了这个没有干部的班。当时六班有个小同学，他的小学老师的评语讲他一贯骄傲，那个班的老师说他应付不了，把这个学生给了我。我说好吧。还没有入学我就去家访，我一看，是一个很好玩的小男孩子，戴了一顶毛线帽子，因为那时候是春季入学。我就对他讲："你分配在我们学校，在我们班里。你在小学里学了好几年了，你那个小学怎么样？"他跟我讲的第一句话，用上海话讲的:"阿拉小学老师没水平啦。"用普通话来就是"我们小学老师没水平的"。我一听就哈哈大笑起来,笑这个孩子非常天真、幼稚,他怎么想就怎么讲,同时也觉得他骄傲的毛病确实很重。我就说:"你刚刚离开小学就讲小学老师没有水平,你以后一离开中学,一定讲我们中学老师是没有水平的。"他一发现自己说漏嘴了,马上讲:"不是,不是,中学老师是有水平的。"真是天真得可爱。这个孩子,通过小学老师的辛勤劳动,摸准了他这个缺点,但没教育过来。对这个孩子的教育,我真是难得不得了。在班级大乱的时候,他听课是很认真的,学习成绩也比较好,但我很少表扬他,因为他骄傲。我每次发成绩单,都要找他谈话。就是这样不失时机地做工作,他的毛病仍然要发作。有一次补课,我那个时候,照样还要求德智体全面发展,我想我反正是"修正主义教育路线"的吹鼓手,就吹吧。所以每个星期六,教师开会的时候,班里就补课,培养小干部给同学补课。那天是补数学,班主席是个数学课代表,由他来讲,七道数学题讲了六道都是太平无事,讲到第七道,这个同学讲不出来了,吊黑板了。于是那个小家伙就站起来说:"不懂嘛就不要讲。装什么懂呀!"这一下课堂就乱起来了。刚一结束同学就来找我,当时我想,晚上去家访吧,又一想,现在就找他谈还不行,一定要让他想一想。我对找我的同学说:"这样,你们给我带张条子回去,要他明天早上7点以前到办公室来回答三个问题:一是解释'骄傲使人落后,虚心使人进步'是什么意思? 二是什么叫与人为善,今天你是不是采取了与人为善的态度? 三是今天数学的补课拖下来了,这个损失怎么补偿?"第二天一早,7点不到,我正在拖地板,小家伙来了,在门口喊"报告老师",因为我要求他们讲礼貌,进老师办公室一定要报告。他已经知道闯祸了,要挨批评了,并向我作解释。我说:"你不要跟我兜圈子,我只要你讲一条,你当时这样讲你是怎么想的? 怎么想就怎么讲。"结果他就讲了:"我跟他小学同学,我是个干部,他还不过是个小组长,现在他倒是班主席了。本来他语文也不好,现在好了,你当老师的表扬他,我就不服气。他怎么可以超过我呀?"我说:"哟,他怎么可以超过你!你这个小骄傲,我们要大家都好,人家有优点你要学习呀,你怎么能够看到人家的优点就不服气呢?你就这么骄傲,这么看不起人!这个是不行的。"我又跟他讲:"我们党在历史上吃骄傲的亏是太大了,一骄傲就脱离实际,白区党的力量几乎是百分之百的损失。你脑子里这条虫不捉掉,你怎么成才呀?"后来他写了一篇很好的周记,挖得很深,写了很多,从国际国内写到自己的成长道路,以及什么道理使他有这么一个根子。我说:"现在你能认识得很好,不要跟我作检讨,我这个老师是不要学生作检讨的。你在哪儿闯的祸,你就到哪儿去讲,到了班上不要兜圈子,老老实实给同学讲。"于是,他就在班上讲了自己当时是怎么想的,要大家不要学这个坏样子。接着他又说:"因为我捣乱,骄傲的毛病发作,使同学们第七道数学题没有学好,我现在给大家补课。"这是好多同学都不容易做到的。我教了这个同学两年后,我就去带别的乱班了。到现在他还经常来看我,还跟我们学校团委书记讲:"于老师对我很严格,我很感谢她,她真正是培养了我。"

对差的同学也不能鄙视,"十年动乱"我就教了很多差班,跟很多"小流氓"打交道,经常担惊受怕。我带的77届,500多人,这批学生在小学是学黄帅,进中学时传达的第一个文件就是马振扶事件,课堂乱得不得了,第一堂课就把脑袋打开花了。有二分之一的班主任都哭过,不仅女的哭过,男的也哭过。比如上体育课,体育老师是个高中毕业生,上山下乡,又经过半年培训来教课的。他是上海郊区崇明人,"什么"说成"哈(hà)",学生就给他取绰号,他喊立正,那些调皮学生就讲"崇明哈(hà)",课简直没办法上下去,我得去压阵。我找学生谈话,有个学生讲:"你找我谈话,我就跳楼。我跳楼你就成了马振扶事件第二。"真是担惊受怕。学生告我的状,先到《文汇报》,后到过去的区革委会,就是还没有打我。有一次这个学生真的跳楼了,我当时想,这一下可完了,真的成了马振扶事件第二了,谁知道跳下去还平安无恙。原来我们学校校舍很好,全是红漆地板,"文化大革命"中破坏得很厉害,把地板撬掉了,后来铺的水泥板。办公室在二楼。拆下来的地板堆在办公楼外面,他早就观察好了地形,男孩子像孙悟空一样,灵活得很,地板堆起来有弹性,像弹簧一样,所以跳下去安然无恙。但是我被吓坏了,出了一身冷汗,多少年都是担惊受怕的。

我还教过一个小偷,是74届的学生,上学两年了,老师也不认识他,他经常旷课。他偷的技术高明到什么程度呢?一个同学跟他从家里一道到学校交学费,同学的六块钱学费早已到了他的身上了。家长没办法管,他一天到晚就拿着一根铁棒打群架,涂改粮票,五两可以改成五斤,后来他转变了还告诉我,他是怎么干的,到公共汽车上是怎样摸人家的皮夹子的,怎么望风,等等。这个小青年被腐蚀成这样子。开始我们这个班的学生不要他,说:"于老师,不要接他,我们这个班好不容易由乱班变成了先进班。你无论如何要顶住。"我说:"我是教师,没办法。如果说我们班级经不起这样一个人来,这说明我们的工作做得差。"后来这个学生终于来我们这个班,可又见不到他。我们像霸王请客一样,连拖带拽把他拉到教室里来。我们跟家长讲好,每天6点我们去接他,我们不接,家里就不许他出来,晚上我们专门送,真是陪太子读书。这个学生读到中学了,书包没有,书没有,书发下来就卖掉抽香烟,一天两包香烟,手都熏黄了。我这个做老师的,好像多了一个儿子一样,给他买书,买铅笔盒子,好不容易使他在教室里坐了两个月,有点进步了。

被资产阶级思想腐蚀的孩子,看到真是令人心酸、心痛。这个学生初到班上站无站相,坐无坐相,九扭十八弯,人像铜丝扭的,脊梁骨都不直;跟他讲话,你眼睛盯着他,他不敢看你,他的眼睛一直是恍恍惚惚的,腐蚀的心灵是多么可怕啊!有一天,他跟家里发生矛盾,吃早饭的时候,他的父亲问三角尺怎么不见了,并且骂了他。他说:"我们于老师讲的,不可以骂人。"他的父亲就火了,说:"我不可以骂你呀?我是老子,你是儿子,我还要打你呢!"说着啪啪两个耳光,这一下他又跑掉了。他原来就是这样,只要家里一管就跑到防空洞里去躲起来。上海挖了防空洞,没有人管,成了小流氓蹲的地方。他一跑,家长就去找,找回来后又百依百顺,下次就更坏。我了解到这种情况就跟家长讲:"你们这样管教,实在不大得法,如果今天找到了,我要把他带回我家去。"当时我的思想斗争也是很激烈的,心想:把他带回家去,不就是把一个小偷带到家里吗?我家只有三口人,我跟我爱人都有工作,我爱人不在家,到干校几年了,家里只有一个还没有长大的孩子。这下好了,熟门熟路,要给偷光了怎么办?他有一帮子人啦。但又一想,教育人要真心实意,如果我不能使他转变,那是我工作的失败,家里偷光了活该。于是我下定决心,还是把他带回家了。当天晚上下着雨,这个学生从头到脚都湿透了,几个同学跟我一道,拖啦拽啦上了公共汽车,到了我的家里,跟他谈了以后又去做饭吃,一直折腾到晚上九十点,我的胃痛死了。在谈话中我发现了,我的很多话他不懂,他的很多话我也不懂。比如我说:"你这个人,意志太薄弱了。"他说:"你讲的什么东西,我根本不懂。"他是不懂,我讲得太文绉绉了。我只好打比方,我说:"你抵抗力差,就像我的身体不好一样,办公室有个老师患感冒,我马上就被传染了。"他说:"哦,这个嘛,我就懂了。"他又说:"我什么都不好,老师呀,你也不要在我身上花心思了,我这个人反正也好不了。"我说:"你了不起呀,你有个了不起的优点,就是承认自己不好,有这一点就说明你有进步的可能。"我也就根据他这样一个优点,逐步地去做转化工作,现在这个孩子已经在工厂工作了。前年我生病,他听到了,急得要命,到医院来看我,他说:"于老师你可不能死,你还要教学生哪!"我说:"还早呢,我还不会死。"所以就是这样差的学生,只要看到他的优点,以他的优点来克服他的缺点,也还是可以逐步进步的,总不会做社会的渣滓。当然,差生的反复是很多的,要做好工作也不容易。

三、要言教更要身教

最后讲一讲,要言教更要身教,前头讲了很多都是言教,可是身教更重要。行动就是命令,要学生做到的,老师一定要做到,自己做不到,言教是无力的。比如,组织学生大扫除,自己不扫的话,学生有的时候就马虎了事。我带乱班,没有别的本领,就是身教。比如扫地,有个学生就看我,扫完后他讲:"嗯,还不错,这个老师还跟我们一块扫地。"他是老气横秋地评论的。我带的 75 届一班,学生体质很差,班里秩序又乱,我就进行训练,早上排队训练纪律,不到一刻钟有的学生就晕倒了;组织全班去扫墓,也有人走着走着就躺倒了。我想这些学生年纪这么轻,就像我这样的一个身体,将来怎么担负"四化"建设重任呢?我下决心带学生锻炼。我每天早上 6 点到学校,陪学生一起长跑,我跑不动,就跑跑走走。这样把学生组织起来,一年半的时间,这个班就练出了一支长跑队伍。原来晕倒的那个学生,还在学校和区的长跑竞赛中名列前茅,学生的体质普遍增强了。所以身教是很重要的,行动到哪里,工作效果就到哪里。

我做班主任工作,跟搞教学一样,教训很多,碰了很多壁,吸取了一些教训,离当好班主任、做好语文教师还差得很远。但是,我有这样一个决心,就像探索语文教学道路一样,"路漫漫其修远兮,吾将上下而求索"。今天把这些粗浅的体会向同志们汇报,浪费了大家许多时间,讲错了,请同志们批评。

平凡的岗位，神圣的职责[①]

我开始教师生涯至今，已近 30 年，除最近两年之外，一直担任班主任工作。每当我看到一群群来自祖国各地的历届毕业生回到母校来探望的时候，我的心中就会涌起一股暖流，更感到自己岗位的重要，职责的神圣，浑身增添了无穷的力量。

我总有这样一种感觉：在学校里工作，只有当了班主任，才能真正体会到当教师的幸福。学生来到学校，受到许多教师的关心、培育。但是，班主任担负着对学生全面的教育工作，和学生接触最多，能够全面关心、照顾学生的思想、学习、身体和生活，所以一般来说，学生对班主任的感情，以及班主任对学生的影响，都要远远超过一般任课教师。我有不少学生，每当他们回到母校的时候，总要怀着感激的心情回忆中学时代所受的教育。对于当年的班主任老师，他们更是感到终生难忘。有些 50 年代的毕业生，直到今天，他们自己在工作中碰到了困难，或在家庭中发生了纠葛，还要找我商量，要我给他们出点子、想办法，希望得到我的鼓励和帮助。有些毕业生，甚至在恋爱婚姻问题上，也来找我当参谋……

有人说："班主任老师是造就新一代的雕塑师。"我很赞成这一说

[①] 在教师专业发展中，作者一直强调班主任工作对教师成长的意义："只有当了班主任，才能真正体会到当教师的幸福。"

法。特别是经过"十年浩劫",我的体会就更深了。我经历过这样一个严酷的场面:1966年深秋的一个下午,我被几个"红卫兵"带到教学大楼三楼的一个窗口。他们挥舞着"小红书"对我说:"你这个黑旗手,妄图用封资修来毒害我们小将,还活着干什么! 死吧,跳下去!"当时,我对批斗、挂牌、游街、罚跪等,都已习惯了。可是,我万万没想到还会发生这样的事,我感到不可思议。但晚上我仔细一想,发现那些起劲地批我、斗我的学生,几乎都是刚进中学,稚气未脱,他们年幼无知,对各种思潮还缺乏辨别能力,而那些受过我多年教育的学生就不同了,他们不是在我挨批斗的时候,送来同情、鼓励的目光,就是过后暗暗给我倒上一杯水,或写来一张纸条,叫我要"多保重身体"。想到这些,我心中既充满了信心和希望,又感到自己还未尽到教育的责任,不禁在心里默念着:"即使为了有一天能把这些迷途的羔羊召唤回来,我也不能死!"就这样,我终于以一个共产党员的信念和一个人民教师对自己事业的责任感,顽强地活下来了。当然,这中间少不了受各种侮辱、折磨,但当我一走出"牛棚",回到讲台上,我还像从前一样尽心竭力。

有人对我说:"你还没有被斗够呀!"

我说:"宁可以后再挨斗,也决不放弃教师的责任!"

不久,学校安排我去带一个全校闻名的乱班。这个班级已经换了八个班主任,我是第九个了。我第一天踏进这个班级时,学生就用敌视的目光注视着我。这些孩子无论对哪一个教师,都如同仇敌。我想,再不把这些孩子引上正道,也许还会有人被他们逼着去跳楼。我暗暗下了决心,一定要当好这第九个班主任,用党的温暖、用正确思想去把他们"挽救"过来! 于是,我整天泡在孩子们中间,谈心、家访、补课,参加他们的游戏、娱乐,努力去探索他们心灵的奥秘,寻找他们身上闪光的东西,扶植先进,帮助后进……师生经过三个多月的共同努力,"乱班"的帽子终于摘掉了。现在,这些学生都早已走上工作岗位,不少人还被评为先进工作者。有时候他们回母校探望,总怀着内疚的心情对我说:"于老师,我们过去是太幼稚了,要不是您及时教育引导,我们真不知要变成什么样的人了。"我从这些过去的学生身上体会到,班主任不仅是学生"灵魂的雕塑师",而且在这些学生离开学校踏上社会之后,还能成为他们的思想伴侣,在无形中影响和鼓舞他们走上正确的人生道路,并为祖国和人民做出贡献。我想,我们班主任老师的最大幸福也莫过于此了。

班主任的岗位是崇高的,职责是神圣的,但要做好这工作也不是一件容易的事情,这里面大有学问。根据我自己多年的实践,我感到应该注意以下几点:

一是要真心实意爱学生。有人说:"爱是教育的润滑剂。"在党的长期教育下,我深切体会到,热爱学生是人民教师的天职,我们要把热爱事业、热爱未来的强烈感情倾注到教育对象身上,对他们满腔热情满腔爱。没有爱,可以说也就谈不上教育。培养人的工作,细致复杂,没有深厚的感情,就不可能做到尽心尽力。我以前班上有个女孩子,平时坐没有坐相,站没有站相,还经常在外面打架,家长也"驯服"不了她。一天做早操,我一看到她那摇摇晃晃的样子,就打心眼里生气,便冲着她说:"你又不是'十三点'!"这一"骂",她站好了。但我对那个女孩子的"讨厌"情绪,马上被好些学生看出来了。他们向我提出了尖锐、中肯的批评:"我们班上没有'十三点',老师,你的感情到哪里去了?"孩子们的批评,使我醒悟了。我在全班作了认真的检查。那个女学生十分感动。这样师生之间的对立情绪也就消除了。这件事使我真正懂得了对全班同学要一样看待,一样热爱,这是做好班主任工作的前提。

二是要加强自身的理论、思想和道德修养。法国文学家罗曼·罗兰曾这样说过:"要散布阳光到别人心里,先得自己心里有阳光。"班主任老师几乎每天都在接受学生严格的监督,他们的一言一行都会对学生起潜移默化的作用。因此，我们自己首先要具有高度的社会主义觉悟和一定的政治理论修养。只有这样，我们的教育工作才会有鲜明的思想性，才会给学生以真正的感染力。否则，就很难从根本上教育好学生。长期以来，我一直在这方面下功夫，努力使自己的行动有一个正确的指向。同时，我也处处注意以身作则，严格要求自己，凡要学生做到的，自己带头先做，真正做到"为人师表"。

此外，钻研业务，上好课，也是做好班主任工作的基础。课上不好，在学生面前就不会有威信，教育效果也会打折扣。我虽是大学毕业，但学的不是中文专业，开始在语文教学上有不少困难。我就边教边学，紧扣教学任务，在掌握语文基础知识和基本能力方面下功夫，不偷懒，不走捷径。我学习哲学、文学、史学，尽量把知识面拓宽，做一个真正称职的人民教师。

三是要把班主任工作作为一门科学来研究。教育工作既有很强的思想性，又具有高度的科学性。一个班级四五十个学生，各有各的思想、性格、气质、爱好等，要使他们每个人都能健康地成长，班主任老师就要学点心理学、教育学，针对各个学生的特点，研究教育方法，做好教育工作。

在这方面，我曾犯过两种毛病。第一种是看问题片面，把"好"与"差"绝对化；第二种是不懂得审时度势，拿五六十年代的教育方法来套七八十年代的学生。从教育学生的许多事例中，我体会到"好"与"差"不是绝对的。只要细心观察，细加研究，就会发现有些好学生尽管学习努力，尊师守纪，但思想深处常常隐藏着疵点。班主任同样需要对他们提出严格的要求，因势利导。对表现差的同学，则特别要注意发现他们的优点，因为他们身上缺点多，优点就显得更加可贵。对他们的教育要讲究分寸、火候：轻了，他们常常无动于衷；重了，有时会走向反面。因此需要做些"分解动作"。比如，有些学习困难的学生喜欢抄人家的作业,可先要求他们抄后弄懂,再请同学、老师帮助他们做,最后要求他们自己做。这样逐步提出要求,促使他们从量变到质变,逐步巩固提高。

另外,值得注意的是,我们现在的教育对象与过去的学生不同,思想活而乱,见识广而杂,不轻信,不盲从,不满足现状等。开始,我对这些特点视而不见,采取的传统教育方法老对不上号,效果甚微。在事实面前碰了壁,我才领悟到教育不能再搞"我讲你听"了,要引导学生自己去思考、议论、比较、辨别,分析事物,探索真理。比如,有一次在教完鲁迅先生的《一件小事》之后,我布置学生记一件自己耳闻目睹或亲身经历的小事。有个学生在题为《让座》的作文中,写了这样一段话:"我不让座,那别人呢?车上说不定还有什么当官的呢,难道他们的思想觉悟也和我一样?再说,这种事我碰到不止一次,已经好几次了。对于这个问题,我自己不能回答。于老师,请您解答。"确实,在"十年动乱"期间,我们党的优良传统和良好的社会风尚给破坏了。学生作文中反映出不满情绪是很自然的。怎样帮助他们解决呢?我就和学生一起分析、议论,讲清道理,找出产生这些问题的历史根源和社会根源,进而指出青年学生所肩负的改造社会的重任,使学生受到了一次深刻的教育。

总之,要做好班主任工作是不容易的,但只要我们忠诚党的教育事业,热爱这平凡而又崇高的工作,真正把它作为一门科学来研究,是大有可为的,也是一定能做好的。

在学生心中播下理想的种子

春节,一些历届毕业生来看望我。他们在回忆中学时代所受的教育时,颇有感触地对我说:"老师,以后你还应多教《文天祥传》,让现在的青年学生懂得什么叫中华民族的浩然正气。文天祥富贵不能淫,贫贱不能移,威武不能屈,多么令人敬佩!现在我们学习、借鉴外国的先进科学技术,我们的脚跟要牢牢站在社会主义的土地上!……"这些学生离开中学虽已十多年,但对当年学校对他们进行的理想教育,至今不能忘怀。这使我深刻认识到,要把学生造就成"四化"建设的合格人才,教师必须在他们心里精心播下革命理想的种子,教育他们把正人生的方向盘,向着建设具有高度物质文明与精神文明的社会主义现代化强国的伟大目标奋进。

俗话说:"人无志不立。""志"——志向,也就是理想。事实表明,一个青年学生只有立下了为祖国、为人民奋斗终生的雄心大志,才会有强烈的事业心和持续前进的动力,才会在将来对国家和人民做出贡献。但是,人们的理想不是生来就有的,它是人们在社会实践中,在各种客观因素作用下,逐步确立起来的。而教育就是其中具有重要意义的一种因素。青年学生敏感、好奇,富于幻想,憧憬未来,易于接受外界事物和各种思想的影响,正处于世界观形成的重要时期。在这一时期,对他们加强革命理想教育,将会对他们一生的发展产生积极的影响。

我们可以想一下:"十年动乱"毁灭教育,给青少年造成的最大创伤是什么？不就是抹去了他们心灵中理想的光辉吗？什么"实惠"啦，"及时行乐"啦，这类低级庸俗的思想、趣味，使一部分人变得目光短浅，苦闷彷徨，甚至有人走上犯罪道路。我们班主任有责任用革命的理想拂去青少年心灵上的灰尘，帮助他们逐步树立理想信念。然而，有的同志说，现在学生纪律差，搞理想教育是"远水"救不了"近火"。我在实践中体会到，像纪律这类具体问题固然要抓，但头痛医头，脚痛医脚，只是在"治标"上下功夫，其结果往往事倍功半。"治标"还须"治本"。只有教育学生懂得人生的意义，树立理想、信念，思想上有了主心骨，他们的自觉性才会加强，自制力才会提高，这样学校的其他各项教育才容易收到效果。

那么，怎样进行理想教育呢？我认为可以从以下几个方面着手抓起。

（一）进行英雄形象教育

仰慕英雄，喜爱听英雄的故事，容易受英雄形象感染，这是青少年的一种心理特点。而英雄的一生就是树立崇高理想并为之奋斗的一生。因此，用英雄的榜样来教育学生，便容易使学生从英雄身上实实在在地体会到什么叫革命理想，什么是生命的价值，怎样才能使青春放出光辉。

开展学英雄活动，我很注意事先的周密计划，努力做到一环扣一环，逐步深入，使英雄的榜样牢牢地扎根在学生心中。比如，我给学生讲周总理的光辉一生，讲他的无私的品格、谦逊的美德、非凡的才能、盖世的功勋，以此来感化、教育学生。在周总理逝世和诞生的纪念日，我常和学生一起满怀深情地悼念总理，学习总理。我们的纪念活动有这样一些内容：播放《周总理，你在哪里》的歌曲，用激越的歌词、感人的音乐旋律扣人心弦，让学生懂得人民深切缅怀总理，是因为总理与人民血肉相连；组织学生观看《敬爱的周恩来总理永垂不朽》的纪录片，忆总理为中华民族崛起而奋斗的一生,使学生意识到自己肩负的使命,并以总理为榜样,干工作像吐丝的春蚕,兢兢业业,到死方休,做人像点燃的蜡烛,从头亮起,一生光明;师生一起吟诵《天安门诗抄》和赵朴初同志的《金缕曲》……经过这一系列的教育活动,学生的眼睛明亮起来了,青春的火焰点燃了。有的学生写下了这样的感受:"我深深感动了,这不是普通的教育课,这是揭示人生真谛的课,我将永志不忘!""人的生命是短暂的,但要在这短暂的时间里活得有意义,有作为,就要为'四化'做贡献。"

又比如,在开展向秦鸿钧烈士学习的活动中,先让学生观看影片《永不消逝的电波》,评论主人公李侠崇高的革命气节、可歌可泣的献身精神,然后请秦鸿钧烈士的夫人韩慧如老妈妈讲述烈士的生平事迹,对革命后代提出殷切的期望。之后,又开展了扫烈士墓活动,举行了学习座谈会。这样,秦鸿钧烈士的崇高精神品质和顽强斗志留给学生的印象非常深。

英雄人物的豪言壮语、名诗、警句,是他们发自肺腑的心声,往往言简意赅,有巨大的感染力,教师可对学生作有感情的朗读,或要求他们背诵、学习和讨论。这对丰富学生的精神生活,提高他们的思想境界,都是很有益的。

(二) 加强"四个坚持"的教育,引导学生学一点社会科学理论,使他们认识人类历史发展的必然规律,树立起无产阶级革命事业必胜的信念,这是理想教育的又一个重要途径

崇高的理想总是以对社会和人生的正确认识为基础的,认识越深刻,树立的理想就越牢固。记得"十年动乱"前,我们对学生进行过系统的马列主义基本原理教育,使学生的革命理想建立在科学理论的基础上。但是,后来由于林彪、江青反革命集团阉割、歪曲、篡改马列主义、毛泽东思想,破坏社会主义,弄得马列主义面目全非,社会主义真假莫辨，导致今天一部分青年丧失信仰和理想。再加上国家长期的"闭关自守"，现在一开放，国外的东西大量进来，学生的思想难免发生一点混乱。因此，指导学生有计划地学习马列主义基本原理，掌握思想武器，澄清认识，这对于他们确立远大的理想，具有十分迫切而重要的现实意义。

中学生具有一定的阅读能力和理解能力，可以指导他们自学一点马列主义原著，如《共产党宣言》《社会主义从空想到科学的发展》《关于正确处理人民内部矛盾的问题》等，这有助于学生了解和领会马列主义的基本原理。另外，还可以指导学生学一点历史知识，特别是近百年的中国革命斗争史，这也有助于学生领会"只有社会主义能够救中国"这个真理，从而帮助他们树立共产主义信念。理论学习还应该联系社会实际。我常抓住学生比较关心的关于科学技术、生活水平、民主自由等问题，采取摆事实、讲道理的方法，拿社会主义与资本主义进行比较，耐心诱导、鼓励学生开展讨论、畅所欲言，使他们分清现象和本质、主流与支流，克服思想认识上的片面性和表面性。我感到这样做，比用简单的"是即是，非即非"来压制不同意见，或回避学生的思想问题，要有益得多。

（三）培养学生的求实精神，引导他们"从我做起，从现在做起，从点滴做起"，一步一个脚印，向着四个现代化的目标，向着伟大的共产主义目标前进

这里，让学生弄明白理想与现实的关系是很重要的。今天，在我们伟大祖国，有着优越的社会主义制度、巨大的经济建设成就，中国人在世界上已能挺直腰杆，扬眉吐气……这一切都是我们的前人梦寐以求的理想。而前人的理想转化为今天的现实，正是历代志士仁人不怕牺牲、前仆后继、英勇奋斗的结果。同样，要实现四个现代化，我们就得进行比我们的前人更加艰苦的斗争。因为我们要最终消灭生活中一切不合理的现象,极大地提高社会生产力和人们的思想觉悟、道德品质。要实现这样宏伟的理想,对我们每个人来说,就得有渊博的知识、高度的才能和强健的体魄。而这些条件必须从学生时代起,靠认真刻苦的学习、锻炼来创造。这些道理要让学生有足够的认识。但更为重要的是,班主任老师还要善于引导学生将这些道理自觉地贯彻到日常的学习、工作与体育锻炼中去,使他们经常想到自己肩负的历史使命,始终保持旺盛的热情和斗志。总之,我们要持之以恒地对学生进行革命理想教育,用我们的汗水、心血把他们培养成为人民所需要的有理想、有道德、有知识、有体力的一代新人。

当然,要塑造学生的灵魂,教师就得塑造好自己的灵魂。孩子们的目光是极其敏锐的,他们会观察你的言行,会掂你的分量,会窥测你的内心深处。班主任几乎每天都在教育对象面前进行世界观的"亮相"。血管里流出来的是血,水管里流出来的是水。要使理想教育取得良好效果,班主任老师自己必须树立革命理想,脱离低级趣味,对革命事业一往情深,坚韧不拔;对工作勤恳认真、一丝不苟;对学习孜孜以求,不断进取……这就是我们通常说的教育者必须先受教育。

改革天地十分广阔

　　一般地说,语文教改试点的学校条件比较好,由这些学校先行摸索和总结出一些教改经验来,有利于推动面上学校语文教改的开展,这一工作也是很有意义的。但是,语文教学改革不能只局限在少数学校、少数教师身上,要开阔眼界,看到面上的一般学校。那里有为数众多的教师,数量庞大的学生,那里蕴藏着极大的教与学的积极性。如若充分重视,认真调动师生内在的积极性,切实研究一些亟待解决的问题,不仅从整体上可以加快教改的步伐,而且能实实在在地逐步改变目前学生语文水平低的严重情况。因此,一般学校如何改进语文教学是值得研究探讨的。

　　一般学校有没有条件进行改革呢?回答是肯定的。每个学校有自己的特点,每个语文教师有自己的长处,有的教师几十年从事语文教学实践,深知底细,备尝甘苦。只要解放思想,增强信心,努力进取,扬自己之长,充分运用本校本人的有利条件,改革是很有可为的。鸡窝里能够飞出金凤凰,一般学校可以,也必然会出教改的好经验。在这方面,有些客观条件差但主观上立志改革并着手改革的城乡学校已提供了明显的例证。当然,改,不是脱离学校与学生的实际,而是采取唯物主义的态度,摸清情况,实事求是,在现有的基础上进行。根据已经具备的条件,可就教学中某些具体问题进行点点滴滴的"小改",也可围绕某一方面的问题进行较有计划、较有系统的"中改",条件如许可,也可在教材体系、教学方法、师资队伍等方面进行总体性的"大改"。无论怎样改,都必须从师生实际出发,以提高教学效率、提高教学质量为依归。

一般学校急不急需进行改革?急需,十分急需。目前学生语文水平低下,一般学校尤为突出。造成这种情况的原因是多方面的,有"四人帮"长期破坏遗留的影响,有社会上重理轻文思潮的冲击,再加上经过重点学校的择优,学生程度差就可想而知了。尽管如此,我们不能否认我们教学中确实存在问题。学生对学好语文的重要性缺乏应有的认识,对学习语文不感兴趣或兴趣甚微。一句话,我们的教学还缺乏"吸引力",学生上课常常思想分散,恹恹欲睡。能不能在"吸引"上多做些研究,多下些功夫呢?

语文课很容易上"糊"。一个一个词,一个一个句子,讲解时似乎很清楚,可是一堂课下来,一篇课文下来,和在一起就"糊"了。好似一碗甜羹,胡桃、西米、蜜饯与淀粉和在一块儿,堂堂课如此,篇篇文章如此,学生吃得发腻,觉得老一套,老样子,差不多,学习的积极性受到压抑。能不能"分而食之",努力改变"糊"的情况呢?深入钻研教材,洞悉来龙去脉,研究学生实际,做到每堂课目的单一,每篇课文重点突出,钉子一个一个敲,稳扎稳打,循序渐进,使学生课课有所"得",从根本上调动学生学习语文的积极性,彻底改变语文课上与不上一个样的状况。

语文课很容易上"干"。比如,划分段落、概括大意、归纳主题思想等,常常就知识讲知识,不能显现语文学科固有的有血有肉的特点。"干",讲几条筋,学生就感到索然寡味,体会不到语言文字表达思想感情的妙用。统编的语文教材50%以上是文学作品,应该说这些作品是有情有趣的。在运用这些教材传授知识、培养能力的时候,是否可以讲究一些情趣,作一番相应的课堂设计,来吸引学生的注意力,培养学生学习的兴趣呢?教师的教学用语也颇值得研究。鲁迅先生讲课妙趣横生,具有极大的吸引力,岂不是我们学习的榜样?国外对青少年的教育进行研究,很重视启发学生的学习兴趣,创造种种条件激发学生的兴趣爱好。本来知识不一定板着面孔教,也不一定板着面孔接受,学生有了兴趣,思维进入积极状态,可以在愉快的气氛中理解、吸取,印在自己的心上。

语文课很容易"灌"。学生程度愈差,教师愈容易"灌";愈"灌",学生水平就愈难以提高。"灌",往往是由于对学生的知识与能力缺乏足够的估计;"灌",往往出于良好的愿望,想多讲一些,多教一些,结果越俎代庖,学生处于被动状态,能力得不到及时的必要的训练。学生是有知识储备的,即使在语文能力方面有这样那样的不足与缺陷,也不能误认为是"零",是"空白"。是否应充分认识学生已经具备的知识?是否应充分估计他们接受新知识的潜在能力?如果教学过程中着力于让学生"动"起来,动眼、动脑、动口、动手,课堂成为师生共同活动的场所,学生就可以学得专心,学得巩固,知识就会由少而多,听、读、说、写能力就会由弱而强。

以上仅就课堂教学的某些情况而言,即使如此,改革的天地已十分广阔,可研究探索的课题门类众多,有志于语文教改的同志大有用武之地。

一般学校教师与学生两方面的积极性都调动起来,一定会展现出十分美好广阔的前景。面上改,点上改,点面结合,相得益彰。广大教师都动脑筋,想办法,致力于改革,教学质量就会提高,师资队伍就会很快成长。大家齐心协力,共同探索语文教学规律,涓涓细流,汇成大河,建立语文教学科学体系指日可待。

为人师表要德才兼备

我们教育工作者在建设精神文明中担负着特别重要的责任。我们的责任是培养新的一代成为德才兼备的人才。这就要求学生在学校学习期间，在思想境界、道德品质和文化素养上都打下良好的基础，牢牢树立起革命的理想，立志为社会主义事业献身。

要求学生做到的，教师自己先要努力做到。教师必须对社会主义事业有坚定的信念，不断学习，加强修养，使自己逐步具有崇高的思想境界、高尚的道德品质，并认真研究教育科学，探索教育教学规律，满腔热情地担当起培养年轻一代的光荣任务。教师要为人师表，就要具备种种为人师表的条件。

为人师表的问题，在一部教育史上讲了几千年，许多教育家为此提出许多具体要求。尽管提法不一，但归结起来，最基本的不外是思想品德和学识才能两个方面。就是说，教师的"德"与"才"都要能够做学生的榜样，既要有高尚的品格，又要有真才实学。

学生与教师接触中，是以教师的一言一行来衡量教师的，他们很看重教师的表率作用。教师若事事以身作则，说到做到，在学生心目中就是诚实可敬的榜样；若讲的是一套，做起来另一套，在学生心目中的"表"就树不起来，难以尊敬。因此，教师能真正为人师表，首先在人格上要"表里俱澄澈"，做到在学生看来是个里里外外通透的、可尊敬的、高尚的人。古人也很讲究这种修养。北宋司马光曾经自言："吾无过人者,但平生所为,未尝有不可对人言者耳。"

当然,我们今天讲的品德修养与司马光时不一样,因为时代大不相同了。人的思想行为有其社会性、时代性(在阶级社会里还有其阶级性),社会不同,时代不同,人们言行的指导思想也不同。以司马光而言,他"居处有法,动作有礼",他的一言一行都遵循儒家的礼法,在儒家的思想和道德的规范之中,因而他认为自己的一生是光明磊落的。当时的人也正是以儒家的礼法标准去衡量他,才认为司马温公是可以为人师表的。

今天讲为人师表必须具有我们时代的内容。其核心则是高举社会主义旗帜,以社会主义道德品质、爱国主义准则为指导思想。我们教师的思想言行都要遵循这个规范,做到表里俱澄澈。

教师在文化素养上也要做学生的表率。教师要有真才实学,精通业务。要做到这一点,关键在于有锲而不舍的学习精神。

在我争取做一个称职的语文教师的过程中,深深体会到学习的重要。我大学读的是教育系,毕业后一度在中学做历史教师,后因工作的需要才改教语文。在教学工作中,我每前进一步都很艰辛。我有许多不足的地方,其中包括自己的学识肤浅,修养不够。

刚担任语文教师时,我最着急的是如何把课上下来,在课堂里站住脚。我听其他教师的课,学习他们的好经验,备课时也借助有经验教师的教案和课堂实录。教案和课堂实录使我上课有所依归,亦步亦趋向有经验的教师学习,学到不少马上用得上的东西。就这样,我依葫芦画瓢,居然在语文课上站住了脚。

可是,每当静下心来扪心自问,我总感到不踏实、不满意。语文学科的"门"究竟在哪儿,心中无数;教与学中的一连串问题常在脑中纠缠,"剪不断,理还乱",说不出个道道儿;课上经不起学生问,一问就"昏",多问就"倒"。自己深切地感到课虽上了下来,但脚下是飘的,心里是虚的；自己越来越认识到离开真正上好课，有效地提高学生的学习质量，路途还很遥远。学习别人的好经验，博采众长是重要的。但自己必须有相应的基础；自己无扎实的基础，浮在面上学一点程式，最多只能"治表"，心中不亮堂，不通透。弄得不好，有时会变成轻重颠倒，舍本逐末。

记得小时候有人评述木华写《海赋》的事。晋代人木华，写了一篇《海赋》，很有气势，其中用了许多"氵"的字。有人就评论说：《海赋》可贵处就在于作者在没有今天运用辞书方便的情形下，能用上许多"氵"的字，写了如此广阔、壮丽、气势宏伟的文章。这说法无疑是似是而非的，但当时我很相信。后来我不相信了，因为我手头经常有一本辞典可翻查，但永远写不出那种好文章来。其实，木华之所以能写出《海赋》，是与其思想情操、广阔胸怀、学识修养、文字能力分不开的。于是我认识到提高教学能力不能只顾表面，只顾治标，还得认认真真地"治本"，认认真真抓学识方面、教学能力方面的基本建设。所谓治本，就是有计划有目的地学习，使自己具备一点真才实学。

懂得这个道理，工作再忙，我总是千方百计挤出时间学。"学然后知不足"，学起来就不能自已。深入进去，其乐无穷。许多似识非识的字，似懂非懂的问题，通过学习，拨开迷雾，心中亮堂起来。有计划地读一些书，广泛地涉猎，注意知识的积累，经历较长的时间，再钻研教材时，目光要敏锐得多，分析综合能力增强。此时此刻上课，心里踏实了，捉襟见肘的情况减少，得心应手的情况开始出现。这也就是人们常说的"一桶水"与"一勺水"的关系吧。一个学识干瘪、枯竭的教师不可能带领学生在智慧的海洋里扬帆远航。

教师的学习、教师的智力生活一刻也不能停滞。我在苏霍姆林斯基《给教师的建议》一书中读到以下一段话："如果教师的智力生活就是停滞的、贫乏的，在他身上会明显地在教学教育工作中反映出来……教师不尊重'思想',学生也就不尊重教师。然而更加危险的是,学生也像教师一样不愿意思考。"这段话经常提醒我:我的智力生活是不是停滞的、贫乏的?我是不是不愿意思考,以致影响到学生也不愿意思考?

时代在不停地前进,停滞就是落后。近几十年来,新的知识不断涌现,学校各门课程不仅不断增添新知识,而且课程的结构也在逐步变更。这一切都要求教师抓紧学习,使自己的知识不断增进与更新,才能不断增长。

今天,我们党发出了努力建设高度社会主义精神文明的号召,赋予了教育工作者新的任重而道远的职责,在为人师表上提出了更高的要求。我们要加倍努力,在品德和学养上都达到"表里俱澄澈"的境界,无愧于为人师表的光荣称号。

育人与做人

在上海的某中学发生过这样一桩事:一位班主任老师看到报上登载的关于一位老工人把万元存款上缴国家的报道后,心情很激动,她认为这是一则教育学生的好材料,于是就在班上组织了"假如这位老工人是我的父亲……"的学习讨论。有一位学生忽然问老师:"假如这位老工人是你的父亲,你会怎么想?"老师毫无思想准备,只好实事求是地作了回答:"我也会想不通的……"老师一言未了,学生哗然。这场讨论只得草草收场,非但没有起到教育作用,反而引起了学生的思想混乱。

这位老师在学生面前说了实话,这当然比言不由衷要好。然而这句实话及其引起的后果,确实也说明了一个问题:提高教师的思想政治素养是一件刻不容缓的事。

教师的思想政治素养是构成师资质量的一个重要内容。我们现在常用一句通俗的话来概括教师的职能,叫"教书育人"。"教"与"育",最后都落实到"人"字上,即培养什么样的人。这里就不能不包含有思想政治方向问题。上海一所重点小学有一位成绩优秀的女学生,人问她为什么用功读书,她说:"成绩好,小学毕业可考上重点中学,重点中学毕业就能进大学,大学毕业好出国。"再问她为什么要出国,她的回答是"外国吃得好,穿得好,玩得开心"。孩子是幼稚的,但如果对孩子的思想、对他们憧憬什么样的人生道路的问题无知无觉,不闻不问,甚至有意无意地助长他们的错误念头,那我们教师不就是犯了一个极大的错误吗？

　　培养人，有一个思想政治方向问题。而这个思想政治方向，又只能由教师自身的思想政治方向来决定。正如列宁在谈到学校课程的思想政治方向问题时所指出的："在任何学校里，最重要的是课程的思想政治方向。这个方向由什么来决定呢？完全只能由教学人员来决定。"我们知道，教师与学生朝夕相处，他们的世界观，他们的思想意识，他们对生活和社会的态度，他们的理想、信仰和追求，总要通过他们的言行表现出来，影响全体学生。这点往往是觉察不出来的，也不是任何"监督""领导"、规章制度所能制约的。育人只能由做人来决定。正因如此，提高教师自身的思想政治素养尤为重要。

　　教师的思想政治素养，细分起来可以包括许多方面。但我们不妨概括为这样两点来说一说：一是正确的政治信仰；二是政治理论素养。

　　正确的政治信仰，就是爱国爱民，拥护社会主义制度，拥护中国共产党的领导。人总是有信仰的，而不同的信仰会给人生涂上不同的色彩。陶行知先生虽然是美国资产阶级教育家杜威的门生，但他一生追求真理，赞同中国共产党的政治主张，为大众的幸福而献身，被誉为"伟大的人民教育家""一个无保留追随党的党外布尔什维克"。山东省实验中学有一位化学教师，1952年大学毕业后当了3年教师，由于有"海外关系"，被作为"肃反对象"，1958年"整风补课"中被打成"右派分子"，进了劳动教养所。在以后的整整20年中，接二连三的沉重打击、长期的非人折磨，他是怎么熬过来的？用他自己的话说，就是靠正确的政治信仰。他认为，他的一些亲人都在国外，中华人民共和国成立前自己之所以不随亲人出走，是为了留下来报效祖国。现在，祖国把自己培养成了大学生，毕业后才为人民工作了几年，不要说壮志未酬，就连人民的养育之恩都还未报答呢！他"坚信党，坚信自己的问题迟早会得到公正的解决，总有一天会重返教育岗位"！他"挺直腰杆做人，坚信未来是光明的"。虽然身处逆境，但他每天晚上仍然看书，查资料，他的心不时飞向讲台，只要看到、听到一点学校的负面信息，心里就像刀扎似的难过。因此，当彻底平反之后，他一恢复教学工作就感到很顺手。可见，在这位老师的心目中，信仰是实实在在的东西：它好像一团火，照亮了他人生的路程。从前辈教育家陶行知到今天的一位普通的人民教师，他们不同的生活道路向我们揭示了一条共同的真理：作为学生的引路人，作为知识、真理和信仰的传播者，教师先得用坚定正确的政治信仰来为自己的生命增添光和热。

那么，坚定正确的政治信仰从哪里来？记得拉法格说过，马克思坚定不移的共产主义信仰并不是从对工人阶级的同情中来的，而是他深刻地研究了全部人类历史的结果。我们的政治信仰，只有同马克思主义的真理结合在一起，才能变得坚定而充实。因此，学一点马克思主义的理论，是提高教师的思想政治素养的必由之路。

中小学教师所教的学科，一般可以分成两大类，一类是社会科学，一类是自然科学。而这两类科学知识，都离不开一定的哲学思想的支配。社会科学自不待言，就说自然科学吧，正如恩格斯所指出的："不管自然科学家采取什么样的态度，他们还是得受哲学的支配。问题只在于：他们是愿意受某种坏的时髦哲学的支配，还是愿意受一种建立在通晓思维的历史和成就的基础上的理论思维的支配。"我们如果真想高屋建瓴地掌握自己所教学科的知识，就应当用辩证唯物主义与历史唯物主义的科学理论来武装自己的世界观。

我们的教师还有一个学习教育理论，进行教学改革的任务。而这同样离不开一定的哲学思想的支配。我们知道，无论哪一种教育理论，都是以一定的哲学思想为基础的。教学改革，也不是随意出点子、想花样。重要的在于坚持唯物观点，从学生的实际出发，在于尊重辩证法，妥善处理教改中所涉及的种种关系。比如语文学科教学的改革，它涉及学科内部种种关系的处理,如知识与能力、智力的关系,读与写的关系,听说与读写的关系,现代文与文言文的关系,现代文中各文体之间的关系,教材与教法的关系,等等;还涉及外部种种关系的处理,如与数学、物理、化学学科的关系,与政治、历史、地理学科的关系,与音乐、美术学科的关系,与课外阅读和课外活动的关系,等等。学科教学改革是如此复杂的多面体,只有以唯物辩证法为指导,才能全面地辩证地分析问题与处理问题,取得教学改革的成功,在教学上有所建树。

从前有人提出过这样的口号:人民教师应当成为马克思主义者。初听起来,这要求似乎是高了。但如果从教师自身的进步与工作的需要两方面来仔细想想,是有深刻道理的。但愿我们都立志去做个马克思主义者吧,这样才能跟上现代化的步伐,洞察世界,走向未来,在时代的挑战中立于不败之地。

怎样调动学生学习语文的积极性[①]

在"重理轻文"思潮的影响下,当中学语文教师是十分不容易的。要教学生学语文,爱语文,学有所得,学有兴趣,非得研究一点教学艺术不可。我自己改行教语文以后,经常有一种苦恼。什么苦恼呢?就是自己非常重视语文,而学生却不能理解教师的心情。好像有这么一种情况,就是教者十分有意,而听者似乎无情。如果教者有意,听者无情,教和学就不能很好沟通,教者和听者就不能心心相印,就会影响教学质量的提高。过去,我曾有这样一种情况,就是自己站在讲台上,滔滔不绝,口若悬河,可是学生并未完全吸收。学生听着老师的讲述,有的人思想在天空遨游,有的则昏昏欲睡。看起来,自己确实重视了教,而对学生的学,却是忽视了。教师不仅要教在课堂上,更重要的是要教在学生的心上。"教"的效果,要在学生的知识、能力和智力的发展上反映出来。早先,自己往往埋怨学生不重视语文,不好好听讲;后来反躬自省,才感觉到自己是对教和学之间的关系缺乏认识,才领悟到教一定要教得学生学有兴趣,学有所得,才算教好了,否则就是无效劳动。

做教师就是要学生学。要学生学,一定要教得学生自己要学,要把教师要他学跟他自己要学结合起来。只有这样,才能把无效劳动变为

[①] 20世纪80年代"重理轻文"思潮严重,作者作为长期耕耘在中学语文教育园地的优秀代表,从时代发展的特点出发,对关注学生语文学习的动力提出了富有实践意义的策略与建议。

有效劳动,才能使教和学有机地结合,提高教学质量。也只有这样,课才能上得生动活泼,学生的语文能力才能得到培养。粉碎"四人帮"以后,我为了调动学生学习语文的积极性,在以下几个方面初步做了一些探索。

一、要认识和研究八十年代学生的新情况,新特点

我们的教学要取得成果,一定要坚持唯物主义,坚持从学生的实际出发。我们现在教育的对象究竟是怎么样的呢?开始我并不清楚,现在也还是若明若暗。粉碎"四人帮"以后,特别是批判"两个估计"以后,我有一个非常天真的想法。我想,"十年动乱"期间,学校被弄得乌烟瘴气,现在好了,又可以回到"文化大革命"前17年那个书声琅琅的境地了。我对这17年间正常的教学秩序、亲密的师生关系,非常怀念。我认为那时候的教育质量是好的,教师的心情是愉快的。总而言之,"文革"前17年的教学经验都是行之有效的。事实并不然,因为时代在前进,社会在发展,硬套五六十年代的那一套教育方法,不加改进地来教现在七八十年代的学生,越套问题就越多,越套自己的心情就越不舒畅,越感到教起来不顺手。党的"三中全会"召开之后,领会了"三中全会"的精神,我发现自己脑子里形而上学的东西很多,思想很僵化。我没有看到时代的特点,而是照搬过去的方法,来教现在的学生,那当然要碰壁了。

有几件事情给我的教训很深。我接了新的初一班级以后,教到一篇课文,就是《赵劳柱说家史》,课文后面有一道练习题,要求学生写一篇作文,题目是《和赵劳柱比童年》。看了这个练习题目,觉得初一学生的记叙能力不强,议论就更难了,而写《和赵劳柱比童年》这样的文章,里面得有议论,一下子要让学生议论,是议不好的。所以,我跟同年级的老师商量以后就改了一个题目,叫作《我的幸福的童年》。谁知这个

题目一出,有个孩子就问我:"老师,我的童年又幸福,又不幸福,该怎么写?"我问他:"为什么你的童年又幸福,又不幸福呢?"他告诉我:"我有气喘病,几乎有三分之二的时间是在气喘病中度过的,所以我是又幸福,又不幸福。"当时我还以为是个别现象,就对这个孩子说:"那就照你自己的情况写吧。"可是没有想到,下课以后,好些同学围在我身边讲:"老师,这个题目我们不会写。你想,我们是1966年生的,一生下来就是'文化大革命',一生下来就是'造反有理',还幸福吗?我们的童年已经被林彪、'四人帮'糟蹋了,这一点你考虑过没有?"听了孩子们这番话,我很心酸。按理讲,生在新社会的孩子是有幸福的童年的。可是,他们的幸福的童年确实被断送了。而我却是在按老规矩办事。我只是想:既然是生在新社会,长在红旗下,就应该有幸福的童年。我把林彪、"四人帮"在"十年动乱"期间,在青少年身上造成了创伤这样一个历史事实忽略掉了。自己出的题目不符合实际,学生就要叫苦,就写不出来。国庆时,我又出了一个题目叫作《歌颂祖国》让学生作文,随便他们从哪个角度来歌颂,学生都叫不会写。要是"文化大革命"以前,60年代的高中学生来写,会是洋洋洒洒,很有感情,很有文采。可是现在的孩子讲:"我们写什么呢?我们不懂得国家的历史,不懂得国家的地理,究竟写什么,我们不知道。"这些实际情况给我的教训很深刻,使自己逐渐认识到,我们现在的教育对象,跟"文化大革命"以前是很不同的。我们不能够采取刻舟求剑的办法来教现在的学生。一定要认识新情况,研究新问题,这样才能做到有的放矢地进行教学。现在80年代的学生,他们的思想是"活而乱",思维非常活跃,超过五六十年代的学生。胆子很大,不像过去的学生那么循规蹈矩。他们经常对现在的情况问题、老师讲的话采取怀疑的态度、不相信的态度。他们不随便地轻信,遇到问题总要打破砂锅问到底。有的学生看起来是孩子的面孔,孩子的身体,可是讲起话来,很有点"看破红尘",甚至愤世嫉俗,这是过去教学所没有碰到过的。这个"活"和"乱"又搞在一起,不大分得清楚哪些是正确的,哪些是错误的。比如我们最近让学生写论文,有一个题目是《人都自私吗?》有个学生写道:"人都自私吗?人都是自私的,没有一个人是不自私的。为什么?因为每个人要吃饭,要穿衣,每个人首先要考虑自己的温饱,所以每个人都是自私的。"很显然,这里他把每个人生活的必要条件跟人的思想状态混为一谈了,如果不掌握学生的这个特点,教师上课讲的许多话,学生是不愿听的,因为他觉得你讲的那一套是空的。学生的话,如果有错,要给他细细地分析过滤,哪些是对的,哪些是错误的,要把它分析清楚。

现在的学生的另一个特点是见识广而杂。这些孩子跟五六十年代的孩子比,见识广得多。50年代的学生认为半导体技术是了不起的了,在世界上也是很先进的。现在却连小学生也知道电视机,不仅知道,还会使用。至于现在的中学生知道的东西就更多了,什么电脑、宇宙飞船、洗衣机、电子计算器等,有的还会装电视机。个人文化水平的提高,知识的广博,是跟科学技术的发展相适应的。从这一点讲起来,现在的孩子聪明得多,见识也广得多。但是,他们的见识很杂,并不都是正确的东西。比如他们还在读小学的时候就学黄帅,批《三字经》,连垃圾箱里的东西都搞来了,什么封建的、法西斯的、资本主义的,各种各样的东西都呈现在他们面前,真是纷繁芜杂,光怪陆离啊!学生的见识很广,而我们中学语文课的内容又是古今中外,无所不包,其中涉及科学技术知识方面又有一定的比重,这就要求我们教师懂得的东西要多,否则就不能适应学生的需要。加之学生学习语文的情况和过去又有不同,因为"十年浩劫",使小学、中学都受到很严重的破坏,学生语文知识和语文能力都差,没有受过系统的、循序渐进的培养教育。这同今天的要求相比,差距很大。一个班级里学生语文水平高低悬殊,几乎是高的可以当低的的老师,而无知的又无知到了极点;有的学生书看得相当多,有的却少得可怜。学生之间这种极大的差距,给我们的教学带来了很大的困难。

现在的学生还有这样一种情况,就是他们该懂的东西没有很好地学。比如"五爱"教育本来在小学就应该接受,可是"十年动乱"期间,"四人帮"把这些都取消了,使学生缺少了"人之初"的基本教育。对于不该懂得的东西,他们又懂得太多了。现在十三四岁的学生,在生活方面比有些老师懂得还多。上海不是讲家具有多少条腿吗?我们讲不清楚,可有些学生却讲得非常清楚。现在的学生虽是孩子的面孔、青少年的身体,却往往有成人的思想。而这成人的思想里,往往又打上"四人帮"流毒的烙印,什么"看破红尘""实惠思想",等等。这就造成特定历史时期的特定的教育对象。学生生活上过早成熟,而应该具备的又没有具备,这是一些很特别的情况,这是由特定的历史条件造成的。学生不轻信、不随意地接受老师的教育,往往采取怀疑的态度,这就更加大了我们教育的难度。所以我们现在进行的语文教学,是高难度的工作,这是由我们教育对象的种种特点决定的。

既然我们的教育对象特点是如此,我们在教学过程中,就要清醒地认识他们,掌握他们的特点,扬其长,避其短。比如,他们的思维活而乱,那就应发扬他们思维活跃的长处,对他们"乱"的部分进行梳理,让他们走上正确的轨道。只有扬其长,避其短,才能有的放矢地进行教学,而不是闭起眼睛捉麻雀。学生是有求知欲的,对语文也是如此。从主观上讲,学生还是希望自己把语文学好,能够读得好一点,写得好一点,多学一点东西。他们爱思索,能思索,善思索,这是80年代学生一个最大特点,而这一点又是很可贵的。我们只有充分认识到这一点,对学生有一个正确的基本估计,才能够在这个基础上循循善诱。绝不能因为现在的学生情况不一样,特点不一样,就说现在的学生不如五六十年代的学生。尽管他们有些方面该具备的没有具备,在这些方面不如五六十年代的学生,但是他们的思维,他们的见解,却远远超过了五六十年代的学生。我们在进行教育和教学时,就要把工作建立在这样一个基点上。要调动学生学习的积极性,首先必须认清这一点。

二、上课要精心设计,在吸引上下功夫

对学生的上述特点,我们怎么样去抓住它并加以引导呢?我认为上课要精心设计,在吸引上下功夫。要调动学生学习语文的积极性,一定要培养他们爱好语文、学习语文的兴趣。因为兴趣是学习的先导。学习有了兴趣,就会去学、去读、去写。兴趣的培养,不是凭教师空喊道理,架空地讲学习语文的重要性,那样做,学生是反对的,他们不喜欢。为了培养学生学语文的兴趣,教师必须把课上得有吸引力。现在不是存在"重理轻文"的现象吗?怎么样让学生摆脱"重理轻文"的束缚,而能够文理齐重,互相促进呢?这就要求我们语文教师花更多的气力,花更大的功夫把学生吸引过来,把课上得有吸引力,抓住学生的心,像磁石吸住铁一样。要如此,教师上课前就要做好充分准备,要精心设计,巧作安排。我在这方面是从以下几个角度去摸索的。

(一) 抓住导入课文的环节吸引学生的注意力

"导入课文"是课的起始阶段,要很好地设计,以便吸引学生的注意力。这一点,我是受了很多启发才意识到的。世界上有一些很有名的小提琴家,他们拉提琴,弓一上弦,第一个音就拉得非常准确,非常悦耳,非常动听,能抓住观众的心。功夫是很深的啊!高尔基也讲过,写文章,开头是很难的,就像一首乐曲的定调。我们上课也是这样,一堂课头开得好,那就可以抓住学生的注意力,把他的思维引入积极状态。比如同是鲁迅先生的文章,讲课时开头就完全可以不一样。讲《孔乙己》这一课,我就设计了这样一个开头。我说:"凡是读过鲁迅小说的人,几乎没有不知道孔乙己的;凡是读过短篇小说《孔乙己》的人,几乎

都在心底留下了这个旧社会苦人儿的形象。据鲁迅先生的学生孙伏园回忆,鲁迅先生在他所写的小说中最喜欢《孔乙己》。他为什么那样喜欢《孔乙己》呢?孔乙己是怎样一个艺术形象?鲁迅先生运用了怎样的鬼斧神工之笔塑造的?仔细学了,可得到回答。有人说,古希腊的悲剧是命运的悲剧;莎士比亚的悲剧,是主人公性格的悲剧;易卜生的悲剧,是社会问题的悲剧。而鲁迅先生写的这个孔乙己的一生,是悲惨的一生,是悲剧的一生。一般说来,我们看了悲剧以后,会难过地流下眼泪,可是读了《孔乙己》以后,会使你感到眼泪流不出来,是往肚里流,你会感到心里阵阵伤痛。孔乙己悲惨的一生究竟是怎样一种悲剧呢?是命运的悲剧?是社会的悲剧?还是性格的悲剧?学了这篇文章以后,可以找到正确的答案。"我设计的这个开头,能造成两个悬念。这两个悬念能使学生全神贯注地进入学习的状态,跟着老师理解课文内容。

《藤野先生》一课,是另外一种形式的课文。我在教授这课时,设计了这样一个开头:"《藤野先生》选自《朝花夕拾》,先请同学们试讲一下什么叫'朝花夕拾'。"有的同学回答说:"早上开的花,晚上来采或是拾起来,就是朝花夕拾。"于是我又问了:"××老师教你们的时候,曾教过一篇文章,也是从《朝花夕拾》散文集里选来的,同学们记得是哪一篇吗?"大家回答说:"是《从百草园到三味书屋》。"我又接着讲:"《从百草园到三味书屋》是回忆鲁迅先生童年时代的事。这篇呢,也是回忆性散文。它是写鲁迅先生青年时代东渡日本留学时候的事,是鲁迅先生从记忆中抄出的。"这时,我出示了几张照片。第一张是1926年鲁迅在北京时照的。由于北洋军阀的迫害,鲁迅先生离开北京到了厦门。我又出示第二张照片,这是鲁迅先生在厦门大学执教时的照片。接着我讲了《藤野先生》一文记叙的是鲁迅先生二十几岁时东渡日本留学时候的事。这时我出示了一张1904年鲁迅先生学生时代的照片。这张照片一拿出来,学生一下子都全神贯注了。因为他们看过的是鲁迅先生四五十岁时的照片,还没有看到过他学生时代的照片。紧接着我向同学们介绍了当年鲁迅先生东渡日本留学,寻求救国救民真理的时候是怎样的,这篇文章又如何记录了他在日本求学时弃医从文的思想经历。虽然同样是鲁迅先生的文章,可是由于文章的特点不一样,设计也就不一样。

有的开头可以造成悬念,让学生思索,看究竟是怎么回事。有的呢,可以创造一种意境。如教朱自清先生的《春》,就要创造一种意境,让学生很好地体会。我是这样说的:一提到"春",人们眼前就会展现阳光明媚、万象更新、生机勃勃的景象。关于春天的描绘,文人笔下很多。诗人杜甫在《绝句》中是怎样描绘的?同学们背诵:"两个黄鹂鸣翠柳,一行白鹭上青天。窗含西岭千秋雪,门泊东吴万里船。"王安石在《泊船瓜洲》里又是怎样描绘的?同学们齐背:"京口瓜洲一水间,钟山只隔数重山。春风又绿江南岸,明月何时照我还?"接着我又引导学生背诵苏舜钦的《淮中晚泊犊头》,体会关于春雨春潮的描写。这样学生初步进入春的意境。我教这篇文章时正好是阳春三月,于是我让学生想一想阳春三月是什么样的大好春光;你每天背着书包上学的时候看到了哪些春景?鸟儿是怎么叫的?花儿是怎么开的?杨柳怎么吐絮?所有这些,你们注意了没有?观察得仔细不?为了引入课文,我对学生说:"现在我们来看看朱自清先生在他的《春》中是怎么写的,他写得可细致了。"这样一来,学生的学习兴趣和积极性就调动起来了。

教闻一多先生的《最后一次讲演》,在导入课文时,我着眼于激发感情。一上课,我就在黑板上写了闻一多先生《红烛·序诗》里面的四句,这四句诗是很感人的:"请将你的脂膏,不息地流向人间,培出慰藉的花儿,结成快乐的果子。"我向学生介绍了这首诗。我说:"为了反对国民党的独裁,争取国家的民主、和平、自由,闻一多先生将自己的脂膏无私地流向人间,他最后成为一个民主战士。"紧接着我出示了一本《闻一多传》。这本书的封面设计得很好：大理石花纹的底色，面上印有一支红烛，然后是烫金的字——"闻一多传"。因为他将他的脂膏无私地流向人间，他犹如这红烛一样，把自己最后的一滴鲜血，也洒向了人间。因此后人纪念他，为他作传，给他树一座碑，永远纪念他，而我们今天要学的这一课就是他最后的一次讲演。他拍案而起，大义凛然，怒对国民党特务的手枪。毛主席在《别了，司徒雷登》一文中给予很高的评价。这时，学生情感上受到感染，注意力一下子就集中到学习上来了。

运用学生学习成果导入新课，也是吸引学生注意力的一种方法。比如教《西里西亚的纺织工人》一文时，我采用了请学生介绍作者海涅的方法来导入课文。学生在初二年级一开学学了《在马克思恩格斯纪念碑揭幕典礼上的讲话》一文后，曾写了有关介绍一个人的伟大成就或卓越贡献的作文，其中有一个同学写的是《用诗歌作武器的人——海涅》，我把它保存起来，留到教海涅诗歌时用。上课时，我说到《西里西亚的纺织工人》的作者是德国大诗人海涅，海涅是怎样的人呢？请某某同学介绍。学生用惊异的眼光看着她。这位同学甚为得意地读了自己的习作，其他同学全神贯注地听。然后，我再补充说明这个诗人怎样从写夜莺之歌到写西里西亚纺织工人政治诗的主要历程，师生共同活动，导入新课。

导入新课的方法很多，只要课前精心设计，有时三言两语就能把学生吸引住。比如教《第比利斯的地下印刷所》时，一上课就问同学："谁知道我们的语文教科书在什么印刷厂印的？"学生立刻翻看封底，因为平时不注意这些。学生注意力集中后，我立刻转问："一般印刷厂是在地面的，可是第比利斯的印刷所是在地下的。为什么在地下呢？'地下'又该怎样理解呢？"学生思维处于兴奋状态，积极地进入课文的学习。

调动学生学习语文的积极性，不是靠卖噱头、庸俗低级，而是要善于抓住学生的心理,利用知识本身的威力。正如苏联教育家赞可夫所说:要以知识本身吸引学生学习,使学生感到认识新事物的乐趣,体验到克服学习中困难的喜悦。

(二)要根据课文本身的起伏节奏和学生情绪的千变万化,环环紧扣,不断吸引学生的注意力

上课本身要有节奏感,一张一弛,波浪式前进。课的起始阶段学生注意力集中,不等于课就能完全上好。课的进程中不能松弦,弦一松就会散板,学生注意力涣散。因此,一定要一环扣一环,环环紧扣。

任何一篇好的课文都有它内在的逻辑性,教师要精心钻研教材,准确地把握其逻辑性,再根据学生学习中的情况,组织有节奏感的课堂教学,拨动学生的心弦。论说文的逻辑证明、逻辑推理有明显的起伏节奏,或层层深入地阐述,或正反论证,或剥笋式地作犀利的解剖,或对准靶子万箭齐发……把握每篇课文的特点,选择恰当的波峰,组织与指导学生读、思、议,再用适当的教学用语在波峰与波峰之间进行过渡,这样有峰有谷,在晓之以理的过程中,学生吸收知识,逻辑思维能力获得培养。记叙文同样有内在的节奏,时间的推移,地点的转换,事件的前因后果,人物思想言行的变化,教起来要层次分明,有起有伏地向前推进。比如教游记,就可根据游览者足迹转换的特点进行教学,引导学生脑中展现一幅幅美景,使他们有身临其境之感。《雨中登泰山》是剧作家李健吾同志的游记,我采用了激发学生感情,跟随作者足迹冒雨前行的方法一环扣一环地进行教学,教学用语改用导游的语言,增加学生的兴味。起程后要攀登了,我问:"你们看到的雨中泰山是怎样一番景色?过岱宗坊后首先映入眼帘的是怎样一幅奇景?"学生读课文,用生动的语言绘声绘色地描述一番以后,我往前推进说:"尽管黄锦、白纱的美景引人入胜,但'雨大起来了,不得不拐进王母庙后的七真祠'。为什么叫七真祠呢?祠中最传神之作是什么?怎样传神?"学生简要地介绍后,教师又立即过渡:"雕塑的传神之作虽然使我们感受到了艺术美,然而,登绝顶领略无限风光毕竟是主题。让我们继续来到雨地,走上登山的'正路'。一路行来,从一天门到二天门,沿途见到哪些奇景?介绍时要展现意境,分析时要简明扼要。"学生有重点地介绍所观美景后,我再用过渡句向前推:"我们跟随作者过岱宗坊、观黄锦美景,欣赏七真祠塑像,遥望南天门,看经石峪,进柏树林,已是上山的一半路程,下一半路程呢?山势陡峭,山路奇险,我们要奋力登攀,把十八盘踩在脚下,走上天街。"学生兴趣盎然继续攀登时,要求他们有顺序地介绍爬盘道时目睹的奇景,谈攀登的感受。正当学生饱尝登山的苦趣与乐趣时,教师又推进一步,进行过渡:"'会当凌绝顶,一览众山小',绝顶又是怎样的风光呢?让我们带着胜利的喜悦,来欣赏仙境般的美景。请同学抓住特征介绍二三美景。"这样,根据课文的起伏节奏,教师引,学生读,学生讲,学生兴趣浓厚,全神贯注。

散文同样有内在的逻辑性,节奏分明。散文贵"散",洋洋洒洒;又贵"不散",有凝练的主题。散中有起伏,散中藏节奏。比如茅盾同志的《雷雨前》,节奏是多么分明。为了表现"让大雷雨冲洗出个干净清凉的世界"的主旨,作者细笔细绘了"肮脏闷热"世界的一幅幅画面;而这一幅幅闷热、龌龊的图景又是层层推进,步步进逼,笔笔加浓的。顺着文章的势,组织课堂教学,学生既能感受到"闷热""更闷热""加倍闷热""苍蝇、蚊子横行"等,压得透不过气、压到了绝处之苦,又能理解到人们为什么从心灵深处爆发出"冲洗出个干净清凉的世界"的呐喊,还能体会到只有把黑暗层层加深,写到最浓重的地步,变更旧世界的最强音才更为突出,才能如号角,催人上阵,如战鼓,振奋斗志。

学生的学习情绪要十分注意。如果教学设计与学生学习的情况吻合,学生兴致很高,不妨多讲一点,多活动一点;如果兴致不浓,就要舍得割爱,赶快鸣金收兵。

（三）课的结尾部分要增添浓郁的色彩，使学生感到课虽尽而意无尽，留下难忘的印象

课的结尾部分处理得好，不仅加强本节课的教学效果，而且进一步启发了学生的求知欲，为下一课文的学习做了很好的铺垫。为了寻求好的教学效果，在课的结尾阶段我常采用以下一些方法。

用点睛之笔，把文章的精髓鲜明地凸显在学生眼前。如教《荔枝蜜》一文，尽管初中学生初次学杨朔同志的文章，但在课的起始阶段我没有介绍作者。在学生理解词句、领会主题的基础上，我抓住了文章的眼睛"蜜"加以阐发，点出蜜蜂是辛勤酿就百花蜜，留得芬芳在人间；劳动人民是辛勤创造生活的蜜，奉献芬芳飘人间；作者生前用艺术的笔描绘新生活，歌颂新生活，真是辛勤酿就百花蜜，尽管他被"四人帮"迫害离开了人间，可是他酿造的蜜永留人间，滋润人的心灵。我们品尝蜜味，更要加深对新生活的热爱与珍惜。运用点睛之笔，或使学生加深对正确观点、精辟见解的理解，或激荡学生的感情，使之深受感染。

用朗读或背诵的方法让学生咀嚼回味，加深对课文的理解。如教《海燕》一文，在剖析三个画面的基础上请朗读能力强的同学表情朗读，读出气势，读出感情，完整地展现海燕不畏强暴、勇敢战斗的形象。朗读的方法可因文而异。教《聪明人和傻子和奴才》，结尾就采用了分角色朗读的办法，要求学生读出三种典型的性格和语气。由于绘声绘色，有意识地把学生的视觉和听觉结合起来，课堂十分活跃。朗朗上口的诗词，短小精悍，可采用齐背的方式调动积极性，加强记忆。

让学生带着问题下课堂，启发课外阅读的兴趣，开拓求知的新天地。如《雨中登泰山》是写雨趣，晴天观日出呢？泰山日出奇景在文人笔下又是怎样描绘的呢？请同学课外阅读清人姚鼐的《登泰山记》，启发他们阅读、比较、赏析。如果是长篇小说、报告文学的节选，在课结束时便紧扣课文中故事情节或人物描绘启发学生阅读的兴趣,引导他们主动地在课外涉猎。有些课文内容较深,对某些词句解释不一,教师不必强求一律,课终了时可再点一点,启发他们日后阅读到有关作品时多加思考辨别,寻求合适的解答。如《藤野先生》中"但他也偶有使我很为难的时候……",大家对"使我很为难"的原因理解有分歧,我不下结论,而是要学生把这个问题放在心中,自己去深思,探索,从而进一步激发求知欲。

总之,课要教得有兴味。学生学有兴趣,就能改变昏昏欲睡的情况,思维处于兴奋状态,就可弥补教的不足。当然,课的趣味性离不开思想性、科学性,离不开丰富的知识,如果离开了这些,就是华而不实,走向反面。在教课的艺术方面,鲁迅先生是我们的榜样。他教课语言生动,妙趣横生,给人以知识,给人以力量,给人以智慧,给人以享受。

三、选用适当的钥匙,不断地开启学生思维的门扉

选用恰当的钥匙,不断开启学生思维的门扉。古人在教学实践中讲了很多有道理的话。比如学和思的关系,孔子就讲过"学而不思则罔",单是学,不去思考,那就等于白学了。因此在进行语文教学的时候,一定要启发学生积极地思考。不会思考的人一定是不会学习的人。我们经常碰到这样一种情况,就是遇到学得很不好的同学,你问他懂不懂,他回答不出来,或者说懂了;你问他有什么问题,他摇摇头,提不出什么问题。这种学生实际上并没有学进去,他没有思考,或者他只是死记硬背。既然他觉得没有问题,那么教师就应设法让他生疑,然后再引导他去质疑,再通过师生的活动来解疑。可以说教学的过程就是教师精心地、有计划有目的地让学生生疑,质疑,解疑的过程。生疑,质疑,解疑;再生疑,再质疑,再解疑,如此往复,学生的水平就会螺旋式地上

升,也就会逐步地获取知识;教师也正是在这个过程中来培养学生的学习兴趣,培养学生求知的欲望,传授知识,培养他们的能力。在整个教学过程中,伴随着我的亲密伙伴是"为什么?""怎么样?""何以见得?""有何根据?"我提这些问题的目的是要让学生思考,启发他们,步步引导他们进入知识宝库。这样,学生的思维就可以处在兴奋的状态、积极的状态。在这方面我做了以下的探索。

(一) 有计划、有目的地激起学生思想上的浪花

开始我当语文教师的时候,以为备课就是备知识,就是备教材。其实不然,备课除了要深入备教材、备学生实际外,还要备怎样把教材中要传授的知识教给学生的方法。这里有很重要的一环就是要备启发学生思考的问题。备课的时候要精心设计启发学生思考的问题,看究竟提什么问题问下去可使学生的脑子动起来。这些问题就好像是钥匙一样,能对准学生的脑袋,使这个脑袋能开动起来,积极思考。一堂课要上得好就得让学生动口,动手,动脑,动耳朵,就得调动学生的感觉器官和思维器官,尤其是要调动他们的思维器官,让他们的脑子开动起来才学得好。

那么怎样才能使学生在思想上激起浪花呢? 那就得靠我们在备课时很好地去考虑。比如有些文章很浅显,像初一的《正月十八吃元宵》,有多少可讲的呢? 学生自己也看得懂。但是学生学语文同学数、理、化有些不同的情况。数、理、化没有教的定理他们就不懂,而语文他们则是处于半懂不懂、似懂非懂的状况。因此,我们就是要使他们由半懂不懂、似懂非懂变成真正的懂,把懂得浅的,教得懂得深。《正月十八吃元宵》这篇浅文章很难教,怎么样让学生把脑子开动起来呢? 我设计了一个问题,把矛盾带到课堂上,挑起矛盾,迫使学生去思考。我说:"韩铁匠的手头究竟有准没有准? 请认真读课文,回答这个问题。"这一问,学生的脑子动起来了。有的学生说:"韩铁匠的手头没有准,因为他分元宵时,分到自己家里没有了。"这是最差的回答。另外一些学生读了课文后是这样回答的:"韩铁匠的手头是有准的。因为他心头有一杆共产党员的秤。他是先人后己,把元宵都分给了群众,所以分到自己家里却没有了。这就说明他分的时候是有准的。"这是中等的回答。我们要培养学生思维健全。思维健全往往是学生不容易做到的,这就需要教师点拨。这里应该这样回答:韩铁匠分元宵有准,又没有准。看起来他手头是无准的,可是心头是有准的。正是这样貌似无准,实际有准,韩铁匠这种共产党员的先人后己的高贵品质才突出地表现了出来。因此只要把设计的思考问题,把矛盾带到课堂上,让学生很好地去思考分析,学生就会有收获,就会感到读书不能马虎,不能浮光掠影。有些问题看起来好像是废话,其实是有道理的。这就叫作于无疑处生疑,迫使学生思考、学习。比如教《孔乙己》,进入课文学习后我问了两个问题:第一个问题:"作品的主人公姓甚名谁?"我为什么设计这样一个问题呢?我是要学生思考,检查他们预习是不是深入了,看他们脑子动了没有。不动脑子的孩子就会讲"姓孔名乙己";动了脑子的孩子就会马上回答:"姓名不知,孔乙己是他的绰号。"这个回答说明他读书比较仔细,开始入门了。然后我再讲为什么叫孔乙己,那是从描红本子上"上大人孔乙己"中摘取下来的。这个名字本身就揭示了他迂腐的性格。我设计这样一个问题让学生动脑子,而没有一段段地平推过去。接着我再问第二个问题:"文章的哪一句话形象而概括地刻画了作品主人公的特殊身份,这是怎样的一种特殊身份?"提这个问题就是要看学生读书会不会抓关键,抓关键词句,抓重点。需要回答的这一句话恰恰是最能揭示孔乙己思想性格的。学生通过阅读思考找到了"站着喝酒而穿长衫的唯一的人"这句话。我于是接着就讲:"站着喝酒是写他的经济地位非常穷,没有钱,不能踱进店堂里坐着喝,而穿长衫呢,是写他的死要面子,舍不得脱下那件长衫,以表示他的迂腐。他虽然连半个秀才也没有捞到,可是不能脱掉那件长衫,以保持与短衣帮的区别。孔乙己这样的特殊身份,鲁迅先生只用一句话就把他入木三分地表现出来了。"然后我让学生好好领会鲁迅先生以一墨尽传精神的写法,明白以一墨画龙点睛,点了睛龙就破壁飞上天了。刚才那一句话正起到画龙点睛的作用,它点明了孔乙己的特殊身份,点明了他的性格,以一墨传了精神。

(二) 不断地把学生引入求知的新境界

如果我们不考虑教法,不加分析地只是一堂课一堂课地把有关知识一股脑儿都教给学生,学生就会觉得没有味道。好像你每天讲的都是那些段落大意、中心思想、作者生平介绍、时代背景等。要让学生觉得有东西可学,有知识可获得,就须把他们引入求知的新境界。比如《果树园》这一课,学生是不太喜欢的,课文长,与学生生活的距离比较大。怎样使学生学习这一课后,既获得知识又获得能力呢?关键问题是必须让他们觉得有东西可学。因而我就进行了这样的设计:让学生讲这篇文章着重刻画了哪几个人物。有的学生认为"刻画了两个,一个是李宝堂,一个是李子俊的女人";有的学生认为"黑妮也是";还有的学生认为"主要人物是李宝堂和李子俊的女人"。我肯定了"两个"后,再请学生思考分析。我说:"根据这两个主要人物出场的先后次序,请你们把文章划分成两个部分,看应该在哪儿划分。"分段,学生百分之百可以分得出来。然后我再请他们把两个部分的内容各用一个单音词来概括。有的学生很快就概括出来了,说第一部分是"乐",第二部分是"恨"。于是我再请他们把单音词变成双音词,要求他们用形容词来概括。学生便把"乐""恨"变成了"快乐""仇恨"。我再请学生浏览课文,把第一部分的"快乐"、第二部分的"仇恨"变成偏正词组。同学们很快就将其变成"翻身的快乐""农民的快乐""地主的仇恨"。我再稍微点拨一下,让学生用人物名称来作词组的附加语,那么"农民的快乐""地主的仇恨"也就概括出来了。然后我再让学生将偏正词组变成动宾结构："表现农民的欢乐""刻画地主的仇恨",最后再把它们变成完整的句子。实际上,在这里把思维能力、概括能力的训练和复习语法知识都拧在一起了。看起来只是教了分段的知识,概括了段落大意,实际上却复习了语法的有关知识,让学生动了脑筋,使他们进入了一个求知的新境界:"段落大意也可以这样来概括呀!可以用小标题的形式,逐步逐步地把它延展开来变成句子。"再比如,对这篇课文开始写收获时人们欢笑的情景,学生阅读一晃而过,不知道作者写这个"笑"的作用。于是我就先不讲景物描写,而是抓住文中所写的李宝堂的欢乐,让学生以浏览的速度把描述李宝堂高兴的句子找出来,学生便找出了"大笑"、其他农民的"哄笑",甚至"玩笑"。有的学生又讲:"玩笑不是笑,玩笑也可能是挖苦的。"有的学生不赞成,说:"即使是玩笑,旁观的人总会笑的。"我将这些概括起来说:"是树上笑,树下笑,此起彼伏,笑声洋溢。那么这一连串的笑声是从哪儿引出来的呢?是从景物描写里的一个'笑'字引出来的,正是这一个'笑'引出了一连串的笑。""啊!"学生惊叹了,他们才知道写文章还有这样的妙法。回过头来再看景物描写,学生就能把景物描写和人物描写联系起来,明确这里的景物描写起到了烘托人物的欢乐心情的作用。

要于普通处见不普通,激发学生深入思考。比如教《二六七号牢房》,在引导学生读有些看起来很普通的句子的时候,一定要让他们认真去领会句子的深刻含义。有这样两个句子:"从门到窗子是七步,从窗子到门是七步,这个,我很熟悉。""走过去是七步,走过来是七步,是的,这一切我很熟悉。"学生读了体会不到其中的奥妙。而我们教者,就要通过词句的推敲,把学生步步引入求知的新境界,让他们晓得其中的奥妙。四个"七步",两个"熟悉",这里是很有文章的。要让他们领会到为什么要写这四个"七步",为什么用来回往复的句式——走过来,走过去;从门到窗户,从窗户到门。学生最初只能看出是写房屋的狭小,这是只知其一。经过引导,他们明白了四个"七步"描写牢房的狭小,是控诉法西斯囚禁革命者的罪恶。两个"熟悉"呢,我引导学生明确:"伏契克当时是被德国法西斯关押的,过去他也被关过,是被捷克资产阶级反动派关过。他之所以要写'是的,我很熟悉''是的,这一切我很熟悉',是为了把捷克资产阶级反动派跟德国法西斯紧密地联系在一起,使读者明白所有的反动派都是残害革命者的。"这样,学生的理解就深了一层。最后我再让学生理解反复写四个"七步"的用意:"的确,牢房是很狭小的,可是关在这七步之内囚房里的人心中想的却是捷克整个的国土,想的是捷克的人民,因此这来回往复的四个'七步',正表现了被囚者伏契克这个反法西斯战士热爱自由,向往自由,并且为了追求自由宁可粉身碎骨这样一种高尚的思想感情。"这样讲使得学生的理解又深了一层。由此可见,有些句子看起来是很普通的,然而那丰富的深厚的感情正寓于这普通、平凡的语言当中。我们就要通过教学揭开这普通平凡的语言的奥妙,让学生品尝到其中的甘甜,咀嚼出其中醇厚的味道。只有教到学生不知的地方,把浅的地方教深了,使学生觉得你教的是他自己没有想到的、没有看到的、没有领悟到的,他就会产生强烈的求知欲望。因此针对不同的课文,我们要选用不同的钥匙去开启学生思维的门扉。我们上课不是去培养机器人,而是去培养造机器人的人,所以就得不断地引导学生开动脑筋,启发他们爱思、会思、勤思。我们要让学生在课堂上的思维一直处在积极状态、兴奋状态,让学生在这种状态下获取知识,提高能力,学会区别正误,辨别真伪,领会世界上的真善美,批判世界上的假恶丑。而这一切都是通过语言文字的因素来进行教学的。只有这样,才能极大地调动学生学习语文的积极性。

四、要努力捕捉学生思想上的火花，创造条件，让学生发挥聪明才智

（一）对学生的知识储存要有充分的认识

有时自己在教学时就忘记了这一点，往往只看到学生知识差、能力低的一面，而把学生的知识储存看作零。实际上学生是有知识储存的，包括语文知识、其他学科的知识以及生活方面的知识……他们的知识储存不是零，我们不是对着零来教学的，而是对着有一定的知识基础和一定的思维能力、分析能力、观察能力的对象来进行教学的。所以在教学的时候，就要注意引导他们挖掘旧的知识，使他能在旧有知识的基础上获得新的知识，在原有能力的基础上提高一步，获得新的能力。我在教了初中生以后，感觉到这一点尤其重要。青少年的自尊心很强，好奇心也很强，如果你认为他们不好的话，他们会很生气，因为有时他们觉得自己是满腹经纶了。所以，如果你能设计一些问题，在讲到词句篇章时，调动他们的积极性，启发他们到自己的知识仓库里去挖掘一下，去寻求答案，他们会十分乐意的。比如，教《藤野先生》这篇文章，鲁迅先生在这篇文章里一开始就描写了在日本东京的清国留学生丑态百出的情景：这些清国留学生的头发是"油光可鉴"，有的呢，还要"把脖子扭几扭"，实在标致极了。当讲到这些地方的时候，我就启发他们去挖掘自己的知识储存。我请学生思考"标致"是什么意思，让他们找一找这个词的同义词、近义词。学生很快就回答出来了。有的学生讲："标致就是美丽，好看。"有的学生讲："同义词、近义词多呢，俊俏、妩媚、婀娜都是。""反义词呢？难看，丑陋。"有的学生讲简直是"恶心"，因为清国留学生的头发油光可鉴，脖子还扭几扭，这简直恶心！这个理解就深刻一点了。然后我再引导学生去体会这个"标致"在文中用的是本义，还是反义。学生很清楚，用的是反义，用反语来讽刺。反语已经够讽刺

了,前边还要加个"实在",后边还要加一个副词"极",成为"实在标致极了"。鲁迅先生对这些醉生梦死的清国留学生的厌恶感情表露得多么充分。这样,通过启发学生的思考,学生自己就比较深刻地理解了这个词的含义。

开始我改行教语文的时候,认为字词教学就是教生字难词,其实不然。生字难词的教学只是语文教学的一个任务,有一些文章的关键词语和句子,要让学生很好地去推敲、咀嚼。因为这往往是传神之笔。如果推敲得好,咀嚼得好,以后就会在学生的写作中反映出效果来。有些词不一定用诠释的办法、查字典的办法来解释,而可以用同义词、反义词、近义词促使学生思考辨别;有时甚至可以用词序变换的方法。因为我们的教学对象是人,很活,不愚笨。比如讲"大地回春"这个词,我们就让学生考虑一下"大地回春"——啊,冬天过去了,春天来了!在不变意思的基础上把这个词的字序颠倒一下看如何变。学生就变出了"春回大地",再变一下就成了"大地春回"。这样一下子学生就了解掌握了三个词。实际上还是这四个字,只是顺序不同罢了。这样一训练,学生还懂得了汉语中一些词的构成特点,即有的只需将词的字序变换一下,组成新词就可以表达同样的意思。有的也可以用一连串的同义词、近义词去变换。比如"万紫千红",你让学生去用同义词、近义词解释,他们可以马上考虑到"繁花似锦""姹紫嫣红"。在字词教学中由于我用了这样一些方法,即用一词带很多个词,学生的词汇就比较明显地丰富起来了。有的时候,特别是教有些只能意会难以言传的词时(不是不能言传,而是难以用精确的语言来表达),就可以让学生先回味一下自己已学过的知识,帮助理解。比如教朱自清先生的《春》,文中有这么一句:"小草青得逼你的眼。"这个"逼"字怎么讲呢?我采取了由学生到"仓库"里去找储存的办法来处理。我说:"你们到脑子里去搜寻学过的一首诗,这诗里有一句就是讲'青'逼到了你的眼前。你们去找,看谁找得快。"学生开动脑筋去找了,可想了好几句都不大恰当。后来有一个学生想起来了,他说:"王安石的《书湖阴先生壁》里有一句是'两山排闼送青来',就是那个'逼'的意思。两座山好像把门推开把青送到你的面前来。"我赞扬了他积极思考,解答了问题。他很得意。可见学生是有知识储存的,不是等于零。

(二)要鼓励学生谈看法,摆见解,教师再因势利导

我上课的时候,学生经常提出一些不同的意见,包括对我的教学用语,也是要批评的。我觉得这很好,教学相长嘛。比如这学期我们教茅盾先生的《白杨礼赞》。《白杨礼赞》是写作者对白杨树表示赞扬和崇敬的心情的。教学进行到一半时,一个女孩子提出问题来了。她说:"白杨树并没有茅盾先生写的那样美,白杨树的质地不好,哪里有楠木好呢?当然是楠木好。"她还引经据典地讲:"屠格涅夫的《猎人笔记》里写白杨树的叶子硬得像金属,枝条也不美,只在夕阳西下的时候才给人一点美感。"对于学生摆出的带有片面性的看法,我就因势利导地讲:"你能大胆发表意见,这是很好的。但要懂得:文章写物的目的主要是托物言志,而写景往往又是景随情易或情随景移,哪里会孤零零地去写景呢?茅盾先生写白杨树的目的,是要赞扬它的平凡而伟大,实际上是在赞扬北方的农民,抗日前线的健儿。"有的学生想得很多,比如他说:"白杨树不是树中的好女子,是树中的伟丈夫,当然这样说也可以。但说白杨树严肃、挺拔,也不缺乏温和。严肃、温和用在一段文章里不好。因为严肃的人往往不温和,温和的人不严肃。"他这么一讲,我也愣了一下。是呀!一般说来是这个样子!后来我很快就想到,他的理解有不足的地方。有人问孔子是怎样的,回答是"子温而厉,威而不猛,恭而安"。因此,要引导他再理解深入一些。有些东西,像品格、作风,好像在一个人身上是矛盾的,可是有些时候是可以成为一个统一体的。我经常鼓励学生谈自己的见解。一个人对某一个问题有自己的见

解，是学习的一个很好的起点，就怕学生没有自己的见解，只知人云亦云。

再如上《说"疑"》一课时就讲到"如果不怀疑电磁波穿过空气层就会一去不复返的结论，马可尼就不可能用导线把信号送过大西洋，开创无线电事业"。我备课的时候，对这个知识没有注意，结果课上到一半，一个学生提问了，他说："这个地方摆的论据、材料不可信。"什么材料不可信呢？他说："电磁波发射出去又回来。作者说是通过一根导线，导线穿过了大西洋海底。导线穿过大西洋海底，怎么会是无线电呢？"可见学生是有知识储存的。虽然在物理课还没有学到电学，但是他看了一些科学杂志懂得了一些电学知识，知道无线电不是通过导线来传送信号的。下课后，我就去问物理老师，书上这样讲究竟恰当不恰当。几个物理老师商量后，得出了一个结论，说这样讲是不大恰当的，如果把这个导线改成是装置就好了，改成装置就比这个恰当。所以学生的思想火花是很可贵的。他们对事物的整体讲不出来，可是就某一点来讲，却有他们的见解。于是我就抓住这一点对学生进行教育。我联想到雷达。雷达是把电磁波发射出去，又接收反射回来的电磁波。我就在学生质疑的基础上，深入一步，把它敲一敲，指出原来的电磁波发出去不回来的结论是错误的。由于否定了这个结论，才有无线电的创造。我就讲了英语中雷达这个词的缩略写法：radar，从左边读过去是 radar，发射出去；反射回来，从右边读过来还是 radar。这个词的创造很确切地反映了雷达的特性。一个学生马上就插嘴讲"这是第二次世界大战时才开始有的"，以表示他非常有学问。所以鼓励学生发表自己的看法和见解，他们的聪明才智就能发挥出来。

有的时候要创造一些条件，让学生发挥聪明才智。比如，我教《周总理，你在哪里》时，课的末尾阶段，我要求学生用言简意赅、满怀深情的语言阐述我们的好总理的"好"。学生积极思维，有的脸都胀得绯红，他们寻找最美的语言来歌颂总理。有的学生说:"总理好,一辈子横眉冷对千夫指,俯首甘为孺子牛。"有的说:"总理品德如高山,胸怀如大海,功业垂青史。"有的说:"总理是万古云霄一羽毛。"有的说:"总理好,文能治国,武能安邦,功高盖世,万古流芳。"创造条件让学生发挥聪明才智,他们就有很多精彩词句说出来,教师课前并不一定都想到。又如《珍珠赋》中引用了"六亿神州尽舜尧"的句子,一个学生问"舜尧"是谁,另一个回答说:"是古代的圣贤之王。"谁知一个女学生立刻反对,她说:"古代圣贤之王,那就是实有其人。应该说古代传说中的圣贤之王。"这个学生的思维比较缜密,议论一番很有收益。

为了培养学生的思维能力,我也欢迎学生对我的教学用语进行评论。我教巴甫洛夫《给青年的一封信》,讲到这是一位从事科学的80多岁的老人语重心长地对青年科学家讲的话。我说:"这位老科学家多次获得诺贝尔奖奖金……"学生马上就反对:"错了。一次!一次不是多次。一次怎么能说多呢?三次以上才是多。"久而久之,学生就养成了咬文嚼字的习惯,提高了运用语言的能力。当然我不是提倡老师用语不当。

学生有些好的作文,我根据不同的目的要求引导学生去评讲。评了以后,在其他学生的作文里就会有反映。我非常反对上课时老师批评学生,因为在这方面我自己吃了很多苦头。我记得过去在高中上作文评讲课,课堂上笑声此起彼伏,嘻嘻哈哈。错别字啦,用词不当啦,或者是句子不通啦,问题不少。可是老师如果只是讲学生写得不好,结果不仅不能使学生写得好,反而会使学生的积极性受到挫伤,这是缺乏教育观点的表现。有一次作文课,我批评一个学生乱用比喻。他写一个老头儿年纪很大,说"这个老头子的胡子,就像牡丹花一样漂亮"。我大讲这乱用比喻的错误,学生当然是哈哈大笑了,而习作者呢,整堂课抬不起头来,这样就挫伤了他的积极性。我很快就感觉到这样讲是不行的,课后我去向他道歉。所以一定要以正面教育为主,要让学生多读好的东西。佳词、美句、好文,学生吸收得多了,作文就会好起来。相反,教师讲十遍百遍不对、不好,学生也不会好起来。唯有积极加以引导,让学生体会什么好,怎么才是好,学生才能有明显的提高。我们经常把学生的一些好的作文印出来加以讲评。学生写的时候是不自觉的,经过讲评,就会明确找到作文中写得好的和不足的地方,给以后作文提供借鉴。

总之,要努力发现学生思想上的火花,创造条件,让学生发挥聪明才智。只有爱护学生思想上的火花,培养他们旺盛的求知欲,他们才能聚精会神地去学习语文。我们不能束缚他们,而是要让他们从禁锢中解放出来,因为有的学生自己也不相信自己可以学好。其实每个学生都是可以学好的,只要功夫下到他的身上,就能够学好。我体会到,课不能只上到课堂上,要上到学生的心上,上到学生的思想上。这样学生的积极性就调动起来了。如果课只是停留在课堂上,那么学生离开课堂就忘记了;反之,真正上到他的心上了,他就经久不会忘记。有的时候,我们的教学效果不一定在课堂上反映出来,也不一定在考试当中都反映出来,而是一二十年以后才充分反映。所以我们看问题不能形而上学。

五、抓好课外阅读、课外生活,努力开阔学生的视野

就课堂教学来抓课堂教学,还不能最终提高语文教学质量,还得以课内带课外,以课外来促课内。

先说以课内带课外。我从电影和说书中受到了很大启发,一个说书人,他讲章回小说老是卖关子。他讲到精彩关键的地方,把惊堂木一拍,就说"且听下回分解"。于是第二天你心里发痒还要来听。教语文当然不是卖关子,可是我们要用课堂教学这个阵地,带动学生课外的广

泛阅读，开阔学生的视野。古人讲"读万卷书，行万里路"，思路的开阔，视野的开阔，对学好语文是很有帮助的。孤陋寡闻的人，老是关在教室里，做几个语文、数理化题目，语文怎么能提高呢？没有知识，生活很枯燥，他就没有办法。所以我在教学的时候就有意识地以课内带课外。课内不可能所有的东西都讲。比如教郭沫若的《科学的春天》，在介绍作者的时候，我就有意识地讲些文章。我说，人家讲郭沫若是才子，写作的速度很快，十几天就能创作一个历史剧剧本。于是我就介绍了一些历史剧剧本，让他们课后去看。一下课同学们就都跑来借书，问我"《屈原》这本书怎么样？《高渐离》又怎么样？《棠棣之花》又怎么样？"，他们都很着急地要借书。这就是以课内带课外。比如教伏契克的《二六七号牢房》，我就讲伏契克不仅是一个用文字作武器的反法西斯战士，而且是用自己的生命在写文章。马上我就拿伏契克的《绞刑架下的报告》让学生看。这样以课内带课外，效果很好。再如我讲了闻一多《最后一次讲演》，出示了《闻一多传》，一下课大家就抢着借这本书。这样学生的阅读就比较广泛了。我在初二上学期作了一个小统计，一个班级的学生看的报纸杂志，品种多达六十几种，每个人半个学期就读了五本课外书，有一个学生读了 47 本。也有的学生读了托尔斯泰的《战争与和平》。我在图书馆里借了大量的书给学生看。这样，有的家长就有了意见，给班主任讲："学生看闲书怎么得了啊！"当然我是要加强指导的，比如叫学生少看侦探小说，指导他们去读好的散文和短篇小说。这样收获大，能真正提高语文水平。学生一被书迷上，是很有办法对付家长的。我对他们讲，你们看杂志，看小说，看别的文章，一定要在功课做好了以后再去看。他们就给我讲："老师，不行啊，我一定要先看小说，或者是杂志。"他们告诉我一个窍门："爸爸妈妈只准我做数学题，怎么办呢？我一回家在桌子上就把数学作业本打开，然后拿一本小说出来看，家里大人还没有回来，我就津津有味地读。等他们一回来，我就把小说往抽屉里一塞,复习数学。所以家里大人长期以来不干扰我。我既做了作业,又看了小说,两全其美。"可见吸引是了不得的。吸引了以后,教学效果岂止一比一?有的时候不是一比一,而是一比二,或者一比三。学生现在读的东西很多,范围也很广泛,科学技术、航空航海,甚至《中国妇女》杂志等。有一次,我发现一个学生读《西厢记》,我问他读得懂吗,他说大致上能读得懂。学生阅读的兴趣是靠培养的。在课内,有的时候,我讲到一定分寸就不讲了,让学生自己去看。有时我给他们介绍读物。比如每星期一、三、五早上讲诗,我就讲些有名诗人的有名诗句,然后推荐,让学生自己去读。这样就使得学生阅读的兴趣非常广泛,甚至连画册学生看了也很有劲。《幽默与讽刺》很多同学都订了。比如有一幅画,它画的是一个"公"字,"公"字里面有"一"画,这一画画在里面,公字就活像一座仓库,这一画再慢慢伸开来以后,这个化"公"为私就成了自己的住房了。我说你们自己看看每幅画里头的一画一画的发展,都是有道理的。学生一听也就很仔细地去看画了。要语文学得好,相关的知识一定要丰富,要以课内带课外。课内就好像是团线一样,老师要善于把这个线头抓出来,然后就让学生去拉长线,去不断地拉。这是一种办法。

二是及时地推荐好的小说、好的文章。这也是调动学生学习语文积极性的一个很好的方法。比如《乔厂长上任记》一出来,我们马上就给学生作了乔厂长这个人物形象的分析。乔厂长怎么样,石敢怎么样?学生的作文里面立刻就反映出来了。比如一个学生,他的外公也是一个老干部,他说他的外公在打倒"四人帮"以后不如这个乔光朴,但是却跟那个老石有点像。再比如《报春花》这个剧一出来,在观众当中有强烈的反响。舞台上的角色每讲到一些话的时候,在台下观众当中都引起了强烈的共鸣。因为它有些语言很深刻,正好是讲出了观众想讲而讲不出,或者不敢讲的话。如"30年来我们困难成堆,问题成堆啊"这些话。因此，我就及时地加以推荐指导。为什么《报春花》会有这样强烈的艺术效果呢？因为它是把人物放在错综复杂的矛盾斗争中来表现刻画的，不是单一的、平面的。这样学生就很有兴趣了，经常要求老师给他们推荐和分析好的文章。比如徐迟的《哥德巴赫猜想》一出来，我们就马上组织课外讲座，一百多人的教室座无虚席，老师，包括数学老师也来听了。我们就跟数学教研组长合作，"哥德巴赫猜想"由他作介绍，下面的语文分析，由我们作。这样开设讲座，学生的印象很深刻。因此，我觉得语文老师及时地推荐精神食粮，是提高学生学习语文兴趣的必不可少的一环。

三是定期交流。学生读文章，读到一定时候我就组织交流。进行交流，也是开阔学生眼界的好办法。我们现在把练口与交流结合起来，因为练口就是以讲带读。他要讲，他就一定要去读，五十几个人看的书不一样，讲的也就不一样，不会重复。组织交流，实际上等于每人推荐新书。他们无论从哪个杂志上看来的都讲。有的同学说，我讲得不好，你们有兴趣的话可以去看××杂志第几期。这实际上就是推荐。这样也就把练口跟阅读联系起来了。

四是提供条件。为了开展课外阅读，确实学校要提供一定的条件。跟图书馆打交道，把成批成批的书借来供给学生阅读。我借的书是有选择的。根据学生的知识水平，由浅入深，逐步地推荐，定期地交换。另外，也鼓励学生自己订购书报杂志，定期互相交换着看。我也给他们订些杂志。学生积极性调动起来以后，课外酷爱读书，如有的同学知道《中国青年》第几期出来了，中午就赶紧奔到附近的邮局去买，买不到很着急，又跑到另外一个邮局去买，跑回学校上课时已是满头大汗。至于我订的书报杂志，被学生借去看得简直是体无完肤，破烂不堪了。

所以我觉得要调动学生学习语文的积极性，方法是很多的，课内、课外，读写、听说，都可以。

六、教师要一心扑到教学上

归根结底,我认为,要调动学生学习语文的积极性,搞好语文教学,教师一定要一心扑在中学语文教学事业上,只有一心扑在语文教学事业上,尽力又尽心,才能千方百计去想办法搞好教学。要学生学好语文,教师自己就得热爱语文,就得学好语文。法国文学家罗曼·罗兰有句名言:"要散布阳光到别人心里,先得自己心里有阳光。"这句话讲得很好。只要非常热爱语文教学工作,非常热爱学生,教师自己就会聪明起来,就能根据学生学习的千变万化的情况找出相应的办法。我有时候想,每个学生就好像是一件艺术品一样,他不同于象牙、黄杨木。雕刻家雕刻的对象是死的,而我们的学生是生气勃勃的。因此要善于察言观色,善于懂得学生心灵深处所想的东西,善于透过学生心灵窗户去了解学生的思维活动。总而言之,作为一个中学语文教师,心中要揣着一团火,要不怕千难万险。语文教学工作是很困难的,30多年来,还没有找到一条规律,还得靠我们群策群力,发挥我们的聪明才智,去探索这条规律。我们今后还会走很多弯路,碰很多壁,但是我们一定要拿出普罗米修斯宁可自己受天帝的惩罚也要把火种偷到人间的那样一种精神,为了祖国的下一代,为了祖国的未来,去进行教学。

我觉得中学语文教师跟其他学科的教师比起来,前者的任务更繁重、更光荣。为什么呢?因为语文水平的高低,会牵涉中华民族的整体文化水平。一个人有没有文化的素养,有没有道德的修养,在很大的程度上是靠中学语文教师的精心教育的。一个学生语文学得如何,不单纯是一个考分,80分,90分,100分的问题,还牵涉到10年、20年、30年以后整个中华民族的文化水平的问题。所以,语文教师任重而道远。前年我有机会到北京瞻仰周总理故居,瞻仰以后,心情十分激动,热泪盈眶。周总理无论从学问才略,道德品质,以及任何一个方面来讲,都是我们学习的楷模、崇高的榜样。我看了他生前所用的一些实物的展览,泣不成声。这样一位大国的总理,从青年时代起就为中华腾飞、中华崛起,几十年如一日地操劳。可是他穿的,用的,是那样简朴。他穿的拖鞋非常普通,黄色的,鞋的膛底布都掉下来了,鞋头都磨白了;他穿的衬衣是蓝条子的,条子已被洗得模糊;他用的毛巾,跟我们普通人用的一样,是蓝条子的,所不同的是打了好几个补丁;他穿的一件睡衣,都可以透过去看见人了。这样一位大国的总理,为国家、为我们党、为我们下一代,确实是鞠躬尽瘁。这样一位总理,我们老百姓不是不要他吃得好一些,穿得好一些,可是他就是如此的俭朴。为了我们的国家,为了中华的崛起,为了我们的国家永远不受人欺侮,为了我们国家的繁荣、昌盛,最后连骨灰也撒在了祖国的江河里,要跟我们祖国的大好河山永存,让我们的子孙后代永远不要忘记祖国。想到总理的一生,我觉得我们的工作再困难,再受责怪,也没什么了不起。

党理解我们,党中央一再讲,教育工作重要,教师工作辛苦。我们许多懂得教育重要意义的志士仁人,也是非常重视我们的教育工作的。旧社会有些人懂得教育救国,现在我们建设国家难道不需要教育?我们教育的重要性已经逐步地为社会所重视。我们的前途是光明的,我们要有信心,要百折不回。总理做工作如春蚕吐丝,兢兢业业,到死方休。他做人如点燃的蜡烛,从头燃到脚,一生光明。我们教师是育人的人,要塑造好学生,首先要把我们自己塑造好,要全身心地扑在教学工作上。我们是能够把语文教学的规律摸索到的,是能够极大地提高我们语文教学的质量的,是能够为国家、为中华民族、为我们的人民培养出英才的。

自己才疏学浅,懂得的实在是太少了,但是我有一颗对党的教育事业赤诚的心。尽管语文教学困难,但有决心像屈原的诗里讲的那样:"路漫漫其修远兮,吾将上下而求索。"我愿贡献毕生精力给中学语文教学工作,为祖国培养一代英才。

在教学实践中提高青年教师素质[①]

热情培养青年教师,迅速提高青年教师的教学能力,是教研组的一项基本建设工作。

就原有的情况看,我组师资的结构特点是本科生少,进修生多;中老年教师少,青年教师多。因此,迅速提高青年教师的业务水平是刻不容缓的事,应尽快采取有效措施。

什么有效措施呢?我们除了鼓励青年教师坚持参加市教育学院组织的业务进修外,主要是在具体教学实践中,采取以老带新的方法,有计划地培养青年教师。这样做,收效大;缩短了青年教师成熟的过程,青年教师在教学实践中边教边学,边学边教,教学相长,提高快;促进了教研组工作,强化了组内教研气氛,集体进步快。上学期,我组每个教师都开了教学研究课,都对学生开了专题讲座,并能积极听课。据统计,我组教师上学期共听课 474 节,有位青年女教师每周上 12 节课,教学任务重,仍能挤时间坚持听课,她特别注意听老教师的课,一学期听了 89 节课。经常开课,经常听课,经常评课,经常说课,相互促进,相互学习的生动局面已初步形成,青年教师的教学水平有了明显的提高。上学期,我组有两位青年教师参加杨浦区的青年教师上课比赛,分别获得了一、二等奖。

[①] 本文是 1985 年作者在上海市师资培训工作会议上的发言。

成绩的取得与认识的统一是分不开的。鉴于我组原来的情况,我们首先抓了认识上的统一,组织大家学习《实践论》,还鼓励青年教师学习苏联教育家苏霍姆林斯基写的《给教师的建议》一书,通过学习,大家把认识统一在教师的责任心和社会主义教育事业上。为了培养新的一代,为了社会主义教育事业,大家不耻相师,切磋琢磨。上公开课时,大家相帮,把每一节公开课都当作集体的课,打破了一人上课,别人看戏,事不关己,高高挂起的局面;同志们认识到要置个人于集体之中,与集体同步前进,进步才快。青年教师认识到虚心向老教师学习的意义,尝到了向老教师学习的甜头,老教师认识到培养青年教师的重要性,一个想学,一个愿教,为了共同的事业,老、中、青紧密团结在一起,保证了工作的顺利开展。

(一) 老教师以身作则上公开课

对虚心求教的人来说,榜样会产生巨大的力量,发挥巨大的作用。要迅速提高青年教师的教学水平,增强其教学能力,丰富其教学艺术,示范课要走在前头,为青年教师提供范例。特级教师教研组长校内外职务很多,工作繁忙,但为了迅速提高青年教师的业务能力,她热情地挑起了为青年教师上公开课的重担。她认真备课,精心设计,每学年两个学期,课课公开,堂堂示范。青年教师从这位老教师的示范课上汲取了大量营养,学到了本领。同志们都把这位老教师的课看作精神食粮,有位青年女教师说,"早饭可以不吃,示范课不能不听"。

(二) 广泛开展听课、评课、说课活动

为了促进教学,共同提高,我组上学期开展了听课、评课、说课活动。我组老教师在认识统一的基础上,都能热情地开研究课,并主动邀请青年教师听课。我们组织同年级同教材的老师互相听课,也组织老师跨年级听不同教材的课,并重点组织向全区公开的教学研究课。我们组织青年教师向全区先后开过《爱的一课》《序曲》《死海不死》《从甲骨文到口袋图书馆》等公开课,得到了听课者的好评。一人上,大家帮,每一节课都反映出集体的智慧。青年教师上一次公开课,我们就评一次课。教材分析、教学手段的采用、板书、教态……大家都能认真评论,不捧不吹;不讥讽,不挖苦,实事求是地进行评议。

评课固不可少,而说课更重要。评课还只是停留在对一节课本身的评议上,说课就带有教学艺术上的指导性,可以超出就课论课的狭隘性,说课要说出应该怎样上,不应该怎样上;为什么要这样上,为什么不能那样上。老教师说课时,指导青年教师讲课要抓住关键词句重锤敲打,她说:"讲解关键的地方要声声入耳,使所有听讲的人都听得进去,都有所得。"一篇好的课文总有一些言简意赅、言简意深、言简意丰的词句,教学时,把握它们,指导学生重锤敲打,使其中饱含的思想情感闪现耀眼的火花,照亮学生的心灵,激起他们的共鸣。通过说课,老教师还告诉青年教师注意驾驭课堂,搞好提问设计,创造意境,带领学生置身于意境之中,要增添感情浓度,形成余音缭绕的气氛……我们不仅请老教师说课,还请青年教师说课,请他们述说自己的设想,然后由老教师评论,指导。

(三)指导青年教师深入钻研教材,认真写好教案

深入钻研教材,认真写好教案是上好一堂课的关键。这一点,教师都明白。但,我组有的青年教师备课时却寄希望于教学参考书,视教学参考书为金科玉律。这阻碍了他们的进步,影响了他们的提高。发现了这种情况,老教师就及时向他们指出说,"离不开教学参考书的教师不是好教师"。为了培养青年教师独立钻研教材的能力,为了指导青年教师写好教案,备好课,老教师总是先认真备好课,备课时和青年教师一起讨论教材重点、难点,指导青年教师深入钻研教材。一次,一个青年教师参考其他资料,把《松树的风格》最后一部分中的联想手法说成了象征手法,一位老教师听后,不是简单地指出错误,而是指导该青年教师分辨象征手法与联想手法的不同。老教师画龙点睛地指出"象征"是"托义于物",通过某一特定的具体的形象来表现某种意义;"联想"则是由甲事物引起与其有相关点的另一事物的思维活动。这样,就提高了青年教师的分辨能力。老教师说:"一篇好的课文必然是作者情动于中而言溢于表的产物。钻研教材时,要从语言文字入手,仔细琢磨,反复推敲,真正理解作者的写作意图,体会文中所蕴含的思想的高度、深度、广度,把思想精华所在牢牢抓住,揭示阐发,启发学生深思。"有个青年教师分析《爱的一课》只停留在叙述事情上,没有挖出《爱的一课》的深刻的思想内涵,老教师就指出:"教《爱的一课》,要把爱的种子播在孩子的心田上,要培养孩子纯真的感情。"

为了提高青年教师的教学理论水平,老教师还特地为青年教师开设专题讲座,如:

(1) 在学生心田撒播做人的良种——谈语文教学中的文道关系。

(2) 兴趣是学习的推动力——谈激发学生学习课文的兴趣。

(3) 引导学生打开认识的窗户——谈语文教学中的观察训练。

(4) 启发学生神思飞跃——谈想象力与创造力的培养。

青年教师在实际工作中向老教师学习,不仅提高了教学能力,而且培养了正确的教育观点。有一位青年教师为了维护教师尊严,上课时常常对学生板面孔,学生难以接近。她以为,这样一来学生就会老老实实听讲,不说话,不做小动作,不敢调皮了。谁知事实与她想的恰恰相反。老教师对她说:"教师对学生要温而厉。态度生硬,即使有理,也难以让学生接受,教师对学生一定要丹心一片。"这些话深深地震动了那位教师的心,使她认识到一味靠压服的方法来赢得学生的尊敬是不行的。从那以后,她改变了态度,常找学生促膝谈心,常热情地给学生辅导功课,关心学生生活,赢得了学生的尊敬。

宣传尊师一定要实事求是

现在报刊都在大力宣传尊师，发动学生写尊师的文章，这些都是好的。我自己被评为上海市特级教师，又被选为市人大常委会委员，但我总认为，自己的价值并不在于那些头衔，而在于培养出了为国家做贡献的人。我总是说自己是一名教师。去年，上海电视台邀我在电视讲座里讲一个专题，派车接我去录像。同车的一位专家问我，你是哪个单位的。我答道，我是杨浦中学的老师。他马上表现出一种颇不以为然，似乎是很瞧不起的样子。坐在一旁的电视台同志向他介绍，说我是市人大常委会委员，那个人一听脸马上就变了，变得那么谦和，那么恭敬，一分钟里竟判若两人。我真说不出个味。可想而知，一个普通教师在社会上的地位如何。还有一次，市里通知我出席一个会议，我提早几分钟到了。门卫挡驾，问我是哪里的，我说是杨浦中学的。他一听是教师，马上就神情冷漠，爱理不理了。我从自己的切身体会中感到，社会对教师实在太不尊重了，尤其是对中小学教师。我早就提出，不要让教师靠什么剥蚕豆、干零活来增加收入。国家一定要改善教师的待遇，真正提高教师的地位。

其实，知识是有层次的。那些专家学者、有发明创造的人，哪一个不是从小学、中学读书读上去的？即使是登云梯上云端，也是要一步步脚踏实地爬上去的。现在一提尊重教师、尊重知识，就捧出那些大学，而大学里又只是那几个名人。市人大常委会、政协视察组的同志要到我家来看看。我说，来不来都没关系，你们去给教师办几件实实在在的好事,这才是尊师的具体行动。我现在是不愁什么了,但那么多的中小学教师呢?四口之家住十一二个平方米,孩子又是一男一女,人都大了,却住在一起。这样的情况多着呢!为他们真正做一点好事吧!

我觉得,目前不尊重教师确实是很严重的问题。有的干部缺乏对社会的高度责任感。任何一个文明社会都是重视文化教育,尊重教师的。教育上不去,会对未来造成不利。今天会影响明天。有人说,现在的教师还有不合格的。我说,教师队伍中是有人不合要求,这是历史造成的,而现在还在继续造成。为什么优秀的中学生不愿考师范,不愿当教师?教师地位提高了,就会吸引优秀学生,也会吸引别的行业的人才来当教师。我们区一个工读学校的校长对我说:"于老师,我真想不通。有的小姑娘唱了几首流行歌曲,就被捧到天上去了。而长年累月、勤勤恳恳教书育人的教师呢?有谁表扬宣传?"

我年轻时,一心地扑在工作上,只养了一个儿子,家也不顾,热情高啊!现在有多少青年教师像我们以前那样?以前我们总是强调思想教育,我自己也总是从思想上要求自己努力工作。可是现在想想,只强调思想教育,实际的问题长期不解决,能行吗?听说有些区教育局同下面教师的关系处不好。他们不大懂教育工作,不大知道教师之心。我和毛蓓蕾、吴佩芳在市人大提了多少次提案:要求建一个教育会堂。有文艺会堂、体育会堂,为什么就不能建一个教育会堂、教工之家?议案提了一个又一个,结果转来转去,又踢回教育工会。这次总算有点眉目,市总工会打算集资100万元建一个教育会堂。

我发现,无论什么地方,学生怎么不好,他们都还是尊重教师的。不尊重教师的是一些干部,是有些家长,是社会。宣传尊师,要实事求是,要抓住主攻方向,要使全社会都来尊师。

教师节随感

在教师节即将来临的日子里，我情不自禁地想起往昔，想起我敬爱的老师，特别是给我以人生意义启蒙教育的中小学老师。

旧社会的教师不被人尊重，尤其是中小学教师甚至是受人贱视，教师生涯是"两袖清风，一肚子粉笔灰"，生活十分清苦。可是，他们中不少人热爱祖国，热爱教育事业，情操高尚，堪为师表，很值得尊敬。涓涓细流，铭心刻骨，他们给我的教育我至今不能忘怀。我还清楚地记得中学国文老师教辛弃疾《南乡子·登京口北固亭有怀》时的情景。这首词写到我故乡胜地北固山上北固楼，特别亲切。辛弃疾曾在此向北眺望烽烟遍地的扬州一带，忧心如焚。在这首词里作者望着滚滚长江，回顾千古多少兴亡事，对南宋小朝廷的不抵抗感慨万端。老师讲读这首词时满怀激情，朗诵时声泪俱下，我被深深感动了，那眼神，那手势，至今还常在脑际萦绕。历史老师怀着无比的崇敬讴歌岳飞、文天祥等民族英雄的光辉业绩，悲愤地痛斥帝国主义入侵和列强处心积虑瓜分中国的野心。他们不空洞说教，而是伴随着知识的浇灌在我们心田撒播了爱国主义的良种。

而今，我已是从事教育工作几十年的教师了，尽管时代不同，但老师教的做人的基本道理仍在身上起作用，只不过是在新的历史条件下蕴含着崭新的内容。

人是要有所追求的。作为一名人民教师，更要有毕生致力于理想的追求。这种追求,不在于名位的高低,而在于精神上的富有,在于创造祖国美好的未来。要按党的要求扎扎实实把青少年学生培养成为有理想、有道德、有文化、有纪律的社会主义事业接班人。自己作为一名人民教师,生命必须燃烧。

燃烧着对教育事业、对祖国未来的满腔热情满腔爱,像我的老师那样悉心培养学生。

燃烧着对知识的尊重、渴望与钻研,像树木把根须伸展到泥土中一样,锲而不舍地吸取,着力于知识的不断增进与更新,以自己充实的知识激发学生强烈的求知欲。

使陈旧的教育思想、教学方法在燃烧中不断化为灰烬,让适合时代要求的新思想、新方法在燃烧中诞生。

要育人,先做人,在培育学生过程中加强自身的理论修养、道德修养和教学业务的修养,大踏步地兼程前进,奔赴毕生追求的目标——做一名称职的教师,不辜负人民的嘱托。

今天,迎接教师节,我写下了自己的心愿。

做到日有长进

我经常提醒自己,作为一名人民教师应时刻想到我们的事业在不断前进。我一再告诫自己一定要坚持自我教育,做到日有长进,月有长进,年有长进。

我想,对自己来说最可悲甚或最可怕的是思想停滞、贫乏。教师思想停滞,思想贫乏,就会视而不见,听而不闻,对事业无兴趣,对新鲜事物不敏感,对学生少感情,工作当然无质量,更谈不上有什么新意。因此,我不断警惕自己:是不是从事教育工作多年就可以懒惰起来?懒惰不得!思想一懒惰,思维就失灵,再也难长进了。要使教师的生命之树常绿,思想活泼如汩汩清泉,只有永不停步地去认真学习、实践。

我们教师有个最有利条件,那就是与青年学生在一起。青年学生活泼、开朗,富于生机。和他们在一起,清新之风时时扑面而来,使你年轻。青年是祖国的未来。和他们在一起,我们会时刻不忘向前看,展望未来,创造未来。对我来说,为学生服务有无穷的乐趣,看到他们成长感到莫大的幸福。近年来,我教初中语文,对作文教学做了较为系统的研究,对实践中的得失做了总结,写了一本《作文讲评五十例》,书中举了一系列学生的作文。从这些习作中我清晰地感受到学生进步的脉搏,无论在思想情操方面,还是在学识才艺方面,都有所进展,我喜悦的心情难以用语言描述。更使我引为自豪的是学生对我"教"的促进。"教"作用于"学","学"又反作用于"教"。思维敏捷,求知心切的可爱的学生,脑中常常有许许多多奇异的幻想,有许许多多千奇百怪的问题,他们的追求促使我思考,他们的难题促使我解答。教学相长的境界令人欢欣,思想活泼常新。

　　教师应该有丰富的智力生活。智力生活停滞贫乏,势必导致思想的停滞贫乏。因此,我常勉励自己不管工作多忙,都要挤出时间来学习。别的且不说,单说文学修养,语文教师就应具备,否则,很难把课文教得血肉丰满,给学生以熏陶感染。为此,我常常读点文学作品以加深自己的修养。我特别爱读描写改革的作品,从中受到思想情操的锻炼和开拓创新精神的鼓舞。作品中先进人物值得学习,而"不贤"人物身上的一些毛病又何尝不可对照一番?孔子说:"见贤思齐焉,见不贤而内自省也。"常常在内心作"自省",非常有助于自己思想品德的完善。时刻想到我们的事业在前进,身上就会有使不完的劲。这就是我在教师节里的一点感言。

我时时记着

叶老(叶圣陶)仙逝,教育界一位巨人永远地离开了我们,心中的悲痛难以言表。

哲人已萎,典范永存。叶老为人,德尊一代,为文则翰墨千秋,他一生在道德文章方面创造了极其丰富的精神财富,将恩泽于一代又一代的教师。

叶老对中学语文教学独到的见解和重大的贡献,是我们语文教师取之不尽、用之不竭的源泉,至于为师之道的教诲,使我终身受益,时时铭记胸怀。

叶老在《如果我当教师》一文中说道:"无论当小学、中学或大学的教师,我要时时记着,在我面前的学生都是准备参加建国事业的人。"尽管这篇文章写于1941年,但这句话的深刻含义却伴随着时代的变化而日益增辉。

学生是祖国的希望,事业的未来,教师心中如果没有活泼泼的学生,当教师的意义也就"抹杀"了,当然,更谈不上强烈的事业心和历史的责任感。叶老说,他如果当中学教师,决不将自己的行业叫作"教书";说了"教书",好像与从前书房里的老先生没有什么分别,其实,做老师的,要使学生"能做人,能做事,成为健全的公民"。叶老的教导我时时记着,当教师的首要的任务是"育人",教文须为育人服务。各门学科有个总目标,那就是把学生培养成为德智体美全面发展的"四化"建设者。每门学科犹如车轮上的一根"辐",许多根辐必须集中在总目标这个轴上,才能成为"推进国家民族的整个轮子"。站在育人的高度思考问题,我逐步认清了语文教学的地位和作用,与其他学科之间的有机联系,逐步懂得了要全面关心学生成长,竭尽心力了解学生,研究学生,千方百计使基础不同、智力水平不一的学生获得培养。

学生要能参加建国事业,须帮助他们为学;要能切实助他们为学,教师自己就得不懈地追求,虚心为学。叶老说:"我开一门课程,对于那门课程的整个系统和研究方法,至少要有一点儿是我自己的东西,依通常说法就是所谓'心得',我才敢于跑进教室去,向学生口讲手画。"叶老的教诲我时时记住,为了在教学上能做到日有长进,月有长进,年有长进,我注意抓自身思想文化、业务的建设,把自我教育作为终身的任务。若不独立钻研,不精心设计,没有一点儿对教材、教法的真切体会,总觉得寝食不安,愧对学生。

敬爱的叶老,您的教诲彪炳教坛,我们永远怀念您。

神圣的召唤[①]

人是要有所追求的,对青少年学生来说,尤为重要。应奋力追求生活的理想,使自己的生命融汇在伟大的社会主义事业中,焕发出耀眼的光彩。

生活的理想多种多样,在初中毕业生的脑海里,生活的图景更是五光十色,充满新奇,充满憧憬,充满尝试。在选择生活道路时,亲爱的同学们,千万不要忘记把教师这个崇高而神圣的职业放在应有的重要位置上来考虑。只要有爱国心的人都热切地期望中华民族的振兴,我们的建设事业兴旺发达。怎样才能使这种美好的期望实现呢?要做的事,要考虑的问题很多,然而,从战略意义上来说,办好教育尤为重要。振兴民族的希望在教育,振兴教育的希望在教师。

人不能自然成才,总要靠培养。教师在培养儿童,培养青少年成长、成才的过程中起着至关重要的作用。少年儿童对教师有着纯真的依恋,魏巍同志《我的老师》一文大家都读过,对文中蔡老师连梦中都依恋的真情使人感动不已。学生需要教师,在少年儿童的心目中,老师是神圣的,是带领他们探索知识宝库、步入五彩世界的引路人。教师教育儿童,犹如进入彩色天地,天天与活泼可爱的儿童相伴,心灵丰富,乐趣

[①] 本文是作者作为上海市第二师范学校校长对前来参加招生咨询活动的初中毕业生所致的欢迎辞。

无穷。事情是那么清楚明白：没有良好的教育，尤其是良好的基础教育，人的素质的提高就没有保证；没有素质优良、数量足够的师资队伍，学校教育的质量就难以提高，学生就难以得到很好的培养。因此，重视教育，积极报考师范学校，应是不言而喻的事。奇怪的是有些偏见常在一些人的脑子里作怪：那就是希望自己幸运地碰上好教师教，但自己却不愿做教师；希望自己孩子碰上好教师教，却不鼓励甚或阻挠自己的子女报考师范。究其原因，恐怕是对教师工作的价值、意义、乐趣缺乏起码的认识与了解。其实，只要站在家家户户期待好教师的高度，站在各行各业需要素质良好的人员的高度去思考，怀着与经济、科技发达国家竞争的志气去思考，偏见就会冰融雪消，我们就会下定决心为教育事业做奉献。

上海小学教师队伍更需要加强，更需有新鲜血液补充。从90年代开始，小学教育面临两个高峰的挑战：一是小学生每年净增五六万人；二是老教师的退休人数激增。据初步测算，1989年小学教师退休仅500余人，而1999年退休最高峰时要达2 300余人。两个高峰的出现直接影响小学教育质量的提高。为了上海的振兴，为了成千上万可爱的儿童，同学们应勇于接受挑战，响应教育事业的召唤，投入师范学校的怀抱，立志在教育园地耕耘，奉献智慧，施展才华。

亲爱的初中毕业班同学，教育事业是神圣而伟大的，没有教育，就没有社会的进步，没有教师，人只能在黑暗中摸索，相信你们能明大义，识大体，立下争当塑造儿童心灵工程师的志向。

要从深层去理解：教育事业的召唤是神圣的召唤！

不懈地追求

我时常接到青年人的信。他们在信中问我：于老师，一个人要在事业上取得成功，他最需要做的是什么？

我的回答是：当你的理想和事业确定以后，你最需要做的就是追求，不懈地追求！

这里，我愿意借《江西日报》"理想·知识·事业"专版的一角，作一篇"命题作文"，向青年朋友们简单介绍一下我所走过的路。

我的事业是教育，我的理想是做一名合格的、名副其实的人民教师。三十多年来，我始终如一地追求着我的理想。

我在大学里学习的是教育专业，毕业后开始从事的是成人教育，后来进行历史课的教学。1959年，正是我过了"而立之年"的时候，因工作需要，领导上要我改行去教语文。我二话未说，走出了历史课的课堂，去叩语文教学的大门。但是，语文教学之门对我来说敲开是不易的，不说别的，光是过一个教学用语关，就使我付出了很多心力。

学生对语文教师的课堂语言十分注意。我自己也认为：一个语文教师的语言应该是最纯洁、最规范的语言。我既然已经成为语文教师，就应当下苦功掌握规范的语言。只有这样，才能使学生时时看到一个规范语言的榜样，经常受到正确语言的濡染。也只有这样，才能使语文课课堂教学有良好的效果。

尽快提高口语水平，成了我当语文教师后的第一个追求目标。为了达到这个目标,我采用的是一些旁人看来很死的办法:在上每一堂课前,我都要认真想好我该在课堂上讲些什么,然后用书面语言写下来,一字一句地推敲、修改,删去其中不规范的词语,再把它从头至尾背熟,并口语化。从我家到学校,路上大约要走一刻来钟。每天上班时,我就利用这一刻钟时间,将背好的教案在头脑中放一遍"电影",再走进教室。每节课完了,我再细细对照教案,寻找自己在课堂"即兴发挥"中出过什么问题,教案中什么地方的语言效果有待改进,等等。渐渐地,我的教学语言得到了根本的改造,形成了比较合格的语文教学用语。

"口语关"这样走过来了,接着就是"知识关"。作为一门基础课,语文课往往是和各种社会学科、自然学科的知识密切联系的。我在教学实践中发现,由于对这些知识还缺乏足够的了解,我的语文教学内容总还不够生动、扎实,常常有一种空虚感。为了克服这种空虚感,我开始有计划地涉猎其他学科的知识。起先是与课文有关的学科,如文艺理论、小说创作、党史、哲学等,范围逐渐扩大。后来,连那些自然科学方面的最新知识,也成了我感兴趣的对象。久而久之,我的知识面拓宽了,头脑里积存的知识量也丰富了。这时,当我走上语文教坛,面对着学生们渴望求知的目光,就不再感到空虚,而是有了足够的自信力。我的课堂教学不再那么刻板,授课效果也比过去好得多了。

"口语关""知识关"都走过来了,但不能就此满足。我一次又一次地给自己出新的题目,提新的要求,譬如:怎样提高讲课技巧,才能使学生更易于理解教材并接受其中有用的东西;怎样启发学生的"求异思维",促使他们举一反三,在有限的课堂中学习无限的知识;怎样把语文教学引出课堂,提高学生的语文应用能力,等等。由于不断发掘新的问题,不断树立新的目标,不断进行艰苦的探索,我终于在语文教学中获得了一定的自由。而我的学生的迅速成长,则部分地表明了我的不断追求所取得的成果。

30多年的路,就是这么走过来的。回忆过去,看看现在,有时我也会感到某种快慰,偶尔也会为自己这些年来做出的努力(在某些方面,不妨也可说是"牺牲"吧)发出一两声"甘苦寸心知"的感叹。然而,我清醒地知道,决不能陶醉在以往的那些成绩上,因为我已经感受到了新时期现代语文教学的压力。今天,是"知识爆炸"的时代。进入我的课堂的学生,是一些全新的学生。他们具有与五六十年代学生完全不同的气质和个性特点,他们不仅能找出课文中的一些名词注释与词典中的不同,会发现课文中的某些知识与客观实际存在的距离,或者已经过时,而且敢于对传统的课文提出自己的不同意见,甚至公开在课堂内外和教师争辩。处在这样的时代,面对这样的学生,语文教学应该怎么办?当然不能全盘搬用过去那种程式,把生龙活虎般的学生硬拉回过去的时代!只有努力跟上时代,张开双臂去接受伴随着新时代潮水般涌来的现代知识,求得自己的知识更新和思维方式及观念的改变,才能和学生们有共同语言,赢得学生的信任,然后再运用尽可能新的方式方法,向学生讲授新知识、新观念,使得他们乐于接受,易于接受。概言之,如果说,过去我一直把"入"传统的语文教学之门作为自己努力方向的话,那么,在新形势下,我应该把"出"传统之门,探索什么是现代化的有社会主义特色的中国语文教学体系,作为自己新的追求方向。只有靠不断扬弃陈旧的教育思想、教学方法,不断地向他人(包括我的学生)学习,才能有所创造。因而,势必要付出更艰苦的劳动。而我,由于年纪等原因,为了达到这个目标,必然要做出比以往、比旁人更大的努力。我已经做好准备,在有生之年倾全力向这个目标奋进。

鲁迅先生说:"幸福永远存在于人类不断的追求中,而不存在于和谐与稳定之中。"过去,我追求了,我得到了幸福;现在,我仍在追求,我希望得到更大的幸福。凡不懈追求崇高目标的人,总能得到应得的幸福——这就是我在这篇"命题作文"中要告诉年轻朋友们的。

抚今思昔,不忘育人[①]

我们伟大的社会主义祖国已经成立40年了。这也是自己一生中最值得回味的40年。中华人民共和国成立的头两年,我在读大学,大学毕业后走上教育工作岗位,一直到今天。40年来风风雨雨,自己历经锻炼,成长了起来。历史与现实不断给我以深刻的教育,使得我热爱社会主义教育事业的赤诚与日俱增。我常想,假如人会有第二次生命,我定毫不犹豫地还选择教育工作。回顾过去40年,虽说党不时强调学校教育要着眼于培养社会主义事业的接班人,但在实践中一直是曲曲折折。抚今思昔,一个强烈的感触油然而生——在学校教育中很有必要认真提倡教书不忘育人。

"教书育人"自来谈得很多,似乎人人都懂得。事实则不然。悠悠而谈容易,真正切实做到却难,而能否真正做到恰恰说明是否真正懂得。为此,我多年来一直策励并警惕自己:要把对学生的思想教育放在首位。进行思想教育不能空洞说教,而应寓教育于学科教学之中;作为语文教师要善于通过语言文字教学,培养学生正确的思想观点、远大的理想和高尚的道德情操。

近四五年来,我一直为一种忽视德育、轻视社会主义思想教育的现

[①] 本文写于1989年。作者职业生涯起步于中华人民共和国成立之初,回顾近40年的教育生涯,她深感"在学校教育中很有必要认真提倡教书不忘育人"。

象忧心。学科教学中进行德育教育竟会被人看成保守,更有甚者,出于一种逆反心理,似乎思想教育不值得一顾。久而久之,社会主义思想教育很少谈了,连爱国主义也受到了歧视。回想一下,1949年前自己最主要的精神支柱是爱国主义,而爱国主义教育主要是得自可敬的中小学教师。往事历历在目,语文老师诵读岳飞的《满江红》是那样慷慨激昂,历史老师讲到帝国主义列强瓜分中国,"是时俄据旅顺大连湾,德据胶州湾,英据威海卫,法据广州湾……",简直是声泪俱下。老师就这样在学生灵魂深处点燃热爱祖国的火焰,激发学生深深的爱国主义情怀。正因为学生时代所受的爱国主义思想融进了自己的血液,中华人民共和国成立后我就更加热爱社会主义祖国。

今天,人们慨叹前几年思想教育成了真空。其实哪可能成为真空?那几年社会上刮起"一切向钱看"的歪风,伴随着喧嚣的美风欧雨,崇洋媚外、"全盘西化"的沉渣又泛滥而起,毒害了不少青少年。社会主义思想少了,资产阶级思想乘虚而入,所造成的后果能不令人触目惊心?学校不可能是世外桃源,如果教书而忘育人,忘记思想教育,又从何谈得上培养一代社会主义新人?

人们常把从事教育工作说成"教书",这是很片面而不贴切的,最贴切的字眼应该是"培育"。"培育"一词的原义被释为"耕耘土地以期收成"。可见它用于教育上也如"琢玉成器""春风化雨"一样,是比喻的手法。教师不应只教书,要教书育人,要像农民和园林工人满腔热情培植五谷、养育花树那样去培育人才。而我们社会主义国家的教育工作者,更应时刻不忘以社会主义思想来培育年轻的一代。

怎样做一个中学语文教师

怎样做一个中学语文教师呢？由于党的教育，老教师的培养，同志们的帮助，在长期的教学实践过程中，我经常从以下四个方面要求自己。

一、做一个语文教师，要有明确的目的
（一）对语文课的目的任务要明确

目的明确，方向才清楚，决心才大。我从50年代末改行教语文以后，很长一个时期，对语文课的目的任务是不十分明确的。语文教学风浪大，一会儿风这么刮，一会儿风那么刮，我这个半路改行的人就感到更困难了。关于语文教学的目的任务，摇来晃去，争论不休。"十年动乱"期间，在我们上海，语文课专门强调搞大批判，什么语文知识、语文能力都不要了。事实上这是对我们语文课非常野蛮的摧残。

粉碎"四人帮"之后，我觉得又有一股风挺大，就是把中学语文课变成了纯"工具课"。中学语文课的目的任务成了为学好数理化服务。这股风刮得很厉害。在这股风面前，我想，中学语文是作为一门独立的学科开设的，难道教学的目的任务只是为了让学生学好数理化？作为一种倾向，它是滚滚而来的，势头猛，风浪大。在这样的风浪面前，该怎么办？我觉得语文教学应该教会学生正确地理解和运用祖国的语言文字，为学好数理化提供必要的条件。但是，作为中学的一门独立的学

科,它应该有自己的特定任务,不能把中学语文课降低到只是为学好数理化服务这一点上,否则就会出现以局部代整体、以片面代全面的问题。为什么这样讲呢?在《中学语文教学大纲》上讲得非常清楚:语文课在进行读写训练的过程中,还必须进行思想政治教育;要通过语言文字的教学,培养学生正确的思想观点和高尚的道德情操。这就是我们中学语文课的目的任务。与此同时,我们还要注意发展学生的智力,培养学生的思维能力、观察能力、想象能力。因此中学语文教学应该担负起它特定的任务,而绝对不能把一个总的目的任务变为它的一部分的任务。我们中学语文教师担负着双重任务,既要教文,又要教人,给学生打好语言文字的基础和思想基础。教文是天经地义的,我们是语文教师,当然要教会学生正确地理解和掌握祖国的语言文字,但在传授语文知识、培养语文能力的同时,还得对学生进行思想教育。语文是人们从事学习和工作的基础工具,但它不同于锄头、铁锹、榔头,因为语言文字是交流思想的工具。语言是思想的物质外壳,如果离开了思想,我们语言文字的生命力何在呢?如果说,我们离开了文章的思想内容,只是去讲字、词、句、篇,那怎么能够正确地、生动地、形象地把作者的写作意图阐述出来呢?一篇好的文章,总是思想内容与语言文字的辩证的统一。我们说这篇文章好,总不外乎是思想内容好,见解精辟,文字优美,如果只是某一个方面好,那怎么能够成为一篇好的文章呢?作为一个语文教师,对语文教学的目的任务一定要非常明确,只有把文道两者辩证地统一起来进行教学,缘文释道,因道解文,才能够使学生在弄懂语言文字的基础上,深刻地理解文章的思想内容,被形象所感染。教师教学要注意发现和把握课文中能爆发火花的关键词句,讲深刻,讲生动,把字、词、句、篇中固有的,作者倾注的写作意图以及思想感情发掘出来。这样,无声的文字就可以变成有声的语言,就可以变成优美的画卷,就可以把课文教得有立体感,使得学生如见其人、如闻其声、如临其境。60年代初,我们在落实"双基"的同时注意进行思想教育,学生的语文能力有明显的提高。有些毕业生来看我的时候,他们都讲到这个问题,讲到课文中饱含的民族气节、爱国主义感情、崇高的理想和献身的精神给他们的教育与感染。他们讲得那么激动,不仅把自己上课时所学的讲给我听,而且很多课的板书都背得出来,《记念刘和珍君》一课的板书是怎么写的,《论"费厄泼赖"应该缓行》一课的板书是怎么写的,郭老的《长江大桥》又是怎么教的。我听了非常激动,几乎彻夜不眠。那时候我还年轻,30岁出头,没有想到,我这样一个中学教师上的课,在学生的心里印象是如此深刻。我想到我们做语文教师的,对塑造人的心灵起多么大的作用啊!看起来学生在初中、高中学习,不过是短短的几年,在人的一生中不过是一阵子,可是我们教他们这一阵子往往会影响学生一辈子的生活道路。这一阵子与一辈子的关系得认真地看清楚。青少年时期正在长知识、长觉悟、长身体的黄金时期,求知的欲望是非常强的。尽管自己讲的道理很简单,可是这些简单的道理在学生心里起作用。因此,作为一个中学语文教师,确实是既要教文,又要教人。今年暑假,我有机会去北戴河开会,当时对中学语文教学的目的任务有争论。我们住在天津市委招待所,隔壁房间正好住的是两位老干部,有位是天津市委党校的校长。他看我们开会开得很晚,就问我们争什么,我对他说:"对语文课的目的任务看法不一致。"他问:"你怎么看呢?"我说:"我认为作为中学语文教师,既要教文,又要教人。"他说:"对了,我就是中学语文教师出身的,当年我就是利用教语文课来传播革命真理。今天我们建设'四化',也有一个传播革命真理的问题。我支持你的观点,你的脚跟要站稳。"老一辈革命者对自己的鼓舞,使我更觉得这个看法是对的。这样说,是不是只强调了思想教育而不重视字、词、句、篇的教学,不重视听、说、读、写能力的培养呢?完全不是这个意思。我讲的思想教育,并不是在语文课里讲空洞的概念,进行口号式的所谓的思想教育,也不是盖浇饭,上一篇课文,讲一些语文知识,然后加一点思想教育。如果是外加的,就没有生命力,那就变成了赘疣,毫无价值。我讲的思想教育是忠实于课文本身的,如果是古代作品或者是外国作品,那还有个批判继承、用历史唯物主义观点来对待的问题。我讲的思想教育,是渗透在语言文字的教学当中,就如我刚才举的例子。就是在教字、词、句、篇的同时,在培养学生听、说、读、写能力的同时,把文章寄寓的思想感情有目的有意识地渗透其中,对学生的思想起"润"的作用,"随风潜入夜,润物细无声"。

80年代的学生跟过去不大一样。过去五六十年代的学生,我们的领导或先进人物给他们作一个报告,他们的青春之火一下子就点燃了,现在的学生不那么容易激动。"四人帮"一条很大的罪恶就是扼杀了青少年心中的青春之火,把是非曲直都弄混了。我们的语文课50%以上是文学作品,读一本好书,就是和许多高尚的人谈话。语文教师有责任也有义务引导学生与高尚的人谈话,让他们受到作品中人物的高尚情操的感染,所以一定要在渗透上下功夫。事实上也只有把文章的思想内容讲清楚、讲准确,学生对语言文字的奥妙才体会得到。因为语言文字是表情达意的工具,离开了情和意就谈不上词和句的佳妙、精辟。只有把思想内容阐发得非常精当,非常深刻,字、词、句、篇才能充分发挥它的作用。

(二)语文教学的阶段性要明确

语文学科是一门科学,科学就应该有科学性、系统性,应该有阶段性。可是长期以来,语文教学的阶段性是很不明确的。语文作为一门学科,它应该有个序,应该是由浅入深,由易到难,由简到繁。这个序是很难定的,仔细分析一下,原因很多。一是学生程度参差不齐。二是30年来,对语文教学在理论上缺乏系统的科学的研究。我请教了很多老教师,我说一个中学生究竟应该掌握多少常用词、多少常用句,哪些是常用句式,几乎没有一个能准确地回答出来,而我自己也经常处在一种若明若暗的情况当中,这就给教学带来了很大困难。三是"四人帮"干扰破坏十年之久,整个社会的文化水平下降了,语言环境很差;学生的语文水平下降,语言不规范,不纯洁,说话很不干净。

"十年动乱"期间,废除了留级制度,学生从小学到高中不管够不够毕业水平,一律开绿灯升上去。因此高中学生语文程度低到惊人的程度。78届有个学生,还是个好学生,有一次问我:"老师,司马迁和司马光是不是兄弟?哪个是哥哥?"他是一本正经地问的,完全不是开玩笑。这能责怪学生吗?不能!因为"十年动乱"期间历史课被废除了,小学中学都没有历史课,那当然会闹这样的笑话。历史知识没有,怎么学得好语文呢?语文这个学科古今中外都涉及,它包括字、词、句、篇、语、修、逻、文,听、说、读、写,观察、思维、分析、想象,非常复杂。语文课的"家庭关系"很复杂,它的"社会关系"也很复杂,它牵涉哲学、历史、地理、文学很多方面。有个初一的学生问我:"成都跟四川哪个大?"四川的学生不会问这个问题,可是在东海之滨的学生,他就不知道这个天府之国的四川和成都哪个大,因为没有开设地理课。升级一律开绿灯,这是不行的。我们中学语文教师不仅肩挑教文教人这样的双重任务,在教学过程中还既要传授新知识,又要还旧账,因为旧债未清,在初中要补授小学的知识。譬如小学生应该掌握 2 500 个常用字,结果是没有把常用字记全。粉碎"四人帮"之后,小学起点还比较好。现在的中学生,他们的小学阶段是在"四人帮"的统治下度过的,小学应具备的语文知识和能力没有具备,有的孩子连吃饭的"吃"都不会写,他硬要在口字旁边写一个"气",把一根鱼骨头卡在喉咙里。我们中学老师又不能专门去补小学的课,因为这不符合我们本身的任务,如果再去补小学的课,学生也没有兴趣学。这样我们中学老师就有一个很难的任务,这就是在传授新知识的同时逐步地还旧债,而且要把还旧债和完成新任务艺术地有机地统一起来,让学生觉得老师都是在传授新知识,而其实也是在补他们的知识缺漏。

在教学中,我们心中要有个序,而且这个序一定要清楚。比如现在中学学制是五年,以后要延长到六年。现在这个五年,每个年级有年级要求,每个年级有两个学期的要求,每个学期还有分阶段要求。阶段的目的任务要明确。如果目的任务不明确的话,教的东西就是一锅大杂烩,就容易事倍功半。我觉得,每个学期、每个阶段、每个单元要达到怎样的目的任务,教师的心中要有数,才能成竹在胸,让一篇篇课文的教学都围绕一定的目的任务来进行。

前年我接了初一下学期一个班。这是个数学班,一进校就按数学成绩编班的。当时重理轻文厉害。这个班学生的语文程度很差,期终考试作了一篇作文,题目是《爱护小树》,看图作文。学生写的文章只有200来字,而且都是三段论,没有中心,像流水账一样。我在了解情况的基础上,用了半个学期来解决作文的中心和材料的问题。学生写文章没有中心,读课文也抓不住要领。于是,我在教学中,读围绕中心,写也围绕中心,每一次作文和教每一篇文章都从不同的角度围绕中心和材料来教学。半个学期下来,学生对一篇篇课文基本上都能抓住中心了,写作也有了中心。于是在下半学期就进一步讲立意。文章有了中心还不行,还要讲究"意"。"意"是文章的灵魂。"意"者帅也,无帅之兵是乌合之众。下半个学期专门讲文章的"意",读和写都是围绕这个内容进行。然后,再把中心和材料之间的辩证关系通过一篇篇课文的教学,一篇篇文章的写作来逐步解决。教了一个学期,学生对中心和材料就比较清楚了。传授知识是如此,听、说、读、写能力的培养也是这样。学生"说"的能力差,下课的时候男孩子声音很响,一上课回答问题,声音就微弱了,甚至没有了。有的学生讲话,破句,不通,口头禅很多,有的还金口难开。要培养学生"说"的能力,也是要一个一个阶段培养:第一步,让学生开口;第二步,要求声音响亮;第三步,要求说话完整、通顺;第四步,要求讲小故事。训练到这一步,我再要求学生推荐书报,讲画评画,逐步提高要求。听、说、读、写能力的培养跟知识的传授都应该分阶段、有步骤地循序渐进,饭要一口一口吃,总不能一顿吃10碗20碗。每一个阶段要有明确的目的,就好像打仗一样,每个战役都有自己的主攻目标。在某个阶段教学要达到什么目的,那么听、读、说、写能力的培养,都围绕着这个目的来进行,这样就会成竹在胸,容易取得效果。

(三)每篇课文的目的任务要明确

语文教学很大程度是通过一篇一篇课文的教学来实现它的目的任务的。我在很长时间里,却不知道怎样去使用教材、驾驭教材,而是被教材牵着鼻子走。事实上,教材是向学生传授知识、培养能力的依据和范例,是驶向目的地的舟楫。我们教学的目的是要达到语文教学大纲上规定的,培养学生听、说、读、写能力的要求,在传授知识培养能力的同时进行思想教育。语文课的目的任务绝对不只是让学生读那么几十篇文章,或者是背几十篇文章。如果那样,学生就不可能具备较强的听、说、读、写能力。我走过一段弯路以后,才逐步地领悟到作为一个教师必须会使用教材,驾驭教材。怎么使用,怎么驾驭呢?那就是要在语文教学大纲分年级的目的、任务、要求的指导下,明确地掌握一篇篇课文的目的任务。因为一篇好的课文从内容到语言的表达形式可教授的是很多的,特别是一些好的文章,如恩格斯《在马克思墓前的讲话》,语言如高山流水一样流畅,思想博大精深,把马克思对革命事业的贡献从理论到实践都极其概括地写出来了,而且里面饱含着对战友的无限深情。像这样一篇文章,可以教的东西太多了,如果我们在教学中巨细不分,一股脑儿都教给学生,那么用8课时、10课时也不一定教得很清楚。所以要根据各年级、各学期的要求订出每篇课文的教学目的要求,否则,学生就会认为,你这个老师天天讲的都是一个味,天天讲时代背景、作者介绍、景物描写、人物描写、论点论据,好像炒冷饭,讲来讲去都是这一些。我们把语文教学目的任务中要求学生掌握的知识,分到不同的课文里教,抓住中心,重点突出,效果就会好些。在初二上学期的课文里,景物描写是记叙文的一个重要部分,如果每篇记叙文都讲大段的景物描写知识,学生就不愿学了;如果把一学期应该教给学生的景物描写知识,根据课文本身的写作特点,分散到不同的课文里进行教学,那么,每篇课文的景物描写教起来就有特色了。比如,《记金华的两个岩洞》,就着重抓两个岩洞的特征,《罗盛教》就着重抓静物描写,《在烈日和暴雨下》就可以抓多种角度的描写,《故乡》就教白描手法。诸如此类,学生就不会感觉到老师讲的景物描写老是那一套。在初二时这些景物描写都涉及了,到了初三,就应在这个基础上,再深入一些。比如丁玲同志的《果树园》,一开始就有一大段景物描写,如果只是给学生讲写得怎么细,学生在学《春》的时候,已经学过,会感到乏味。而这篇文章的景物描写除了细致外,在光感上下了功夫。请看:在薄明的晨曦中,金色的彩霞透过茂密的绿叶的缝隙,在林子中回映出一缕一缕的透明的淡紫色的、淡黄色的薄光。因此这个果园的景象不同于淡淡的中国水墨画,而是一幅色彩绚丽的油画,这课景物描写的重点就要抓光感。总而言之,课文的教学目的任务要根据教材的特点和学生的实际来确定,要教学生还不熟悉、没有掌握的知识,避免每篇课文教学雷同的毛病。

　　总之,作为一个中学语文教师,有三个目的一定要明确,即:语文教学目的任务要明确,阶段目的要明确,课文目的要明确。教学要有一盘棋的思想,就是在中学阶段一定要达到《语文教学大纲》所规定的目的要求,而这个目的要求又是通过一篇篇课文、一个个练习、一篇篇作文来实现的。这一篇篇课文、一个个练习、一篇篇作文都像是一个点,这些点要把它放入相关的线上。比如教记叙文,就要把和记叙文有关的课文、一个一个的知识都纳入在记叙文这条线上;教论说文,也是通过一篇篇课文的教学和作文来进行的,就要把这些都纳入论说文这条线上。然后无数条线又汇成一个面,最终实现教学大纲所提出的目的要求。因此既要有面,又要有点;既要有全局,又要有很细致的分析,把这些点、线、面穿起来,目的任务就明确了,就不会打无准备的仗,就可以逐步改变事倍功半的状况。

二、做一个语文教师,要有炽热的感情

一个语文教师,对所教的学科和所教的学生要满腔热情,十分热爱。由于党多年的教育和培养,自己逐步明确了人生的真谛,认识到作为一个教师,要一心扑在党的教育事业上,把对党对社会主义的热爱倾注在所教的学科和学生的身上。我开始教语文时很困难,但是不因困难而退却。有的青年教师说,教语文实在太难了,想改行,而许多老教师却不想改行。原因何在呢?关键在于有没有一个"爱"字。作为一个语文教师,必须对祖国语言文字有深切的爱,如果不爱,就钻不进去。有些人爱一样东西爱到入迷的程度,如球迷、棋迷,入了迷就会废寝忘食。我觉得作为一个中学语文教师,对语文也要有入迷的精神,要一往情深,才钻得进去。如果钻不进去,就不能体会其中的奥妙,就不可能获得真知。我怎么会热爱这项工作的呢?除了党的教育外,还受了很多名人言行的启发。科学家爱因斯坦曾经讲过:"热爱是最好的老师。"当初领导要我改行时,我说很困难。领导说:"干一行爱一行,干一行钻一行。"我想,是呀,干一行就要热爱一行,热爱就是最好的老师。要做好工作没有什么捷径,就是要满腔热情满腔爱,要付出艰苦的劳动。

自古以来,我们祖国的文学作品浩如烟海,语言文字宝库中有无数瑰丽璀璨的名著。我国语言的优美,词汇的丰富,同义词、近义词的细微的差别,在世界上是罕见的。随便举一个例子来说,"美丽"的同义词

就很多,如漂亮、俊俏、妩媚、婀娜等。在不同的地方还有不同的说法,比如,在我们上海就讲"嗲呢"(diǎ ne)。我有机会到日本去访问,日本的语言受中国影响很大,但他们的词汇没法和我们比。陪同我们参观的日本朋友说:"我们的语言哪有你们的丰富啊!你们的文化多深厚!我们的语言简单得多,词汇也贫乏得多。"听了这些话,我心里的民族自豪感不仅是油然而生,简直是充盈胸际!我觉得我们中华民族真是了不起,文化底子真深厚啊!马克思很推崇德国诗人、文学家歌德,歌德对统一德意志民族语言,使得德国的文学能够进入世界文学之林,做了很大的贡献。可那时已是18世纪末19世纪初了。而我们在公元前文学作品就很多,一直到现在,我们中学语文教材里还有《左传》《楚辞》《史记》的作品;到了唐代,李白、杜甫、白居易等的诗歌多如天上璀璨的星星,在世界上是很有声誉的;到了清代,曹雪芹的《红楼梦》是一部世界名著。作为一个中学语文教师,能有机会学习祖国丰富、优美的语言,那是非常幸福的。有时候,我备课备到李白的诗、屈原的辞赋,备着备着,人就进入了作品的境界,作品的思想、言辞拨动着我的心弦。这不仅能很好地学习理解祖国的语言文字,而且简直是美的享受,乐在其中!

对祖国的语言文字要满腔热情满腔爱,对学生也要满腔热情满腔爱。对学生只有丹心一片,才能心心相印。要把幼苗培育成材,不花费心血,不花费劳动,是不可能的。在长期的教学实践中,自己深深体会到,"教过"不等于"教会","教过"还是比较容易做到,每天总要上课下课,45分钟时间是不会停留的。一天一月,五年十年,就这样"教过"了。然而,要"教会"就非常难。一两个班级,要教会几个人、一二十个人是容易的,要大面积提高,大面积丰收,不花一番心血是不可能的。因为学生的基础不一样,智力、性格、思想、兴趣爱好,以至家庭情况、语言环境都不一样,每一个学生都是一个生动活泼的"艺术品",要把他们都教会,得精心雕塑,不能怕烦怕难。哪怕是一个标点符号也不容易教会。标点符号在中学语文教学中应该说不是很重要的任务,这在小学已基本教过,可是现在的学生使用标点符号还是很乱的。使用标点符号跟学生对问题的理解、分析,对事物理解的深度有密切的关系。我曾经教过这样一个学生,他使我懂得教过不等于教会,我很感谢他。那是1975年,这个学生写了一篇作文,从头到尾没有一个标点符号。于是我就在班上讲,应该重视标点符号。然后又对那个学生个别辅导,我给他讲句号、逗号、顿号、分号等该怎么用,讲了一大堆。他好像很恭敬地坐在旁边听。讲完后,我问他:"你懂了吗?"他笑了笑,没有回答。我以为他这个"笑"是会心的微笑,表示他懂了。可是下次作业交上来,仍然没有标点符号。我很奇怪,再请他到办公室来,我说:"你怎么还不用标点符号?"他这次没有笑,很认真地对我说:"你讲了那么一大堆,我怎么记得?"他一句话就把我原来的劳动全部否定了。我想,他讲得有道理,我多不讲究方法呀!一下子讲那么多,倾盆大雨,好心做笨事。我还以为我是蛮负责的,既有面上的教育,又有个别辅导呢。于是我就向他检讨说:"我自己没有注意,一下子讲那么多,当然你不能接受了。现在我们只讲两种:句号,逗号。你在作文里,只要把句号、逗号用上就行了。"看来这个应该是起码的要求了,可是后来他在作业上用标点符号始终有问题。而且,他的标点符号不肯点在格子里,我多次对他讲,标点符号要点在格子里,我又拿书和报纸给他看,告诉他"点在格子里眉目清晰"。后来我看他的作文,又是一大段不用标点符号,我着急了。我想怎么才能使他重视起来呢? 在讲评作文的时候,我就讲评他的作文,把他的作文一口气读下去,读得上气不接下气。有的学生说:"于老师,你稍微停一停,这样累死了。"我说:"我不能停呀,我要忠实于作者的原意呀!他没有标点符号,没有停顿,不能停!"结果全班哈哈大笑。此时此刻学生才领悟了标点符号同样是表情达意的,作文里要句读分明。如果一个人写文章不用标点符号,读的人一口气读下去,哪有那么大的肺活量啊,而且读起来是胡子眉毛分不清的。于是我再找他谈,我说:"你懂得了标点符号的重要了吗?"他说:"还有这么一点道理。"我又问:"你为什么把标点符号点在格子外呢?为什么有时候一篇文章最后用一个逗号呢?"他笑了笑说:"我以为文章写得好就有水平,标点符号不代表水平,所以,我是写好了文章再加标点符号的。"听了这番话,我才明白他原来还有看法哩!他认为标点符号不重要,不代表文章水平。小小标点符号的问题为什么不易解决?对这个同学来说,有思想认识问题,也有习惯问题,还有我这个做教师的教学方法问题,其中有如此多的学问。这使我领悟到,教过不等于教会,教会是很难的。有的时候简直是手把手地教,恨不得把心掏出来,可有的同学还是不会,这就是说自己还没有对准钥匙口,还没有把锁开对。我觉得作为一个老师,不能怕烦,不能怕难。因为语文是很细致的,一而再、再而三地教,有的孩子领悟到了,有的孩子就不大能领悟,确实很难。但我想,要是不难的话,要我们老师干什么?学生从无知到有知,从知之较少到知之较多,从不具备听、说、读、写能力到具备一定的听、说、读、写能力,确实是要精心塑造,当然难啊。语文教师就应该在克服困难中来提高教学质量。

对待学生不能有偏心,更不能讨厌他们。刚开始教书的时候,我对两种学生特别喜欢:一种是长相逗人爱的,我一看就喜欢,一看就高兴,就想跟他们多讲几句话;还有一种就是很聪明的,我一讲,他马上就心领神会了,或者是我讲上半句,下半句他就知道了。可是我们的学生不是工厂的机器造的呀,他们不是一个模子里出来的。他们的智力,他们的基础,他们的长相,都有差异。而学生对老师是摸得很清楚的,学生对家长讲得最多的就是老师最喜欢哪些学生,最喜欢哪个学生。如果你对某些学生偏爱,另外的学生就离你远三分,感情上就有距离,师生就缺少共同的语言,教学效果就大为降低。自己在实践当中碰了很多次壁以后,意识到千万不要对学生有讨厌情绪,所有的学生都是我们的下一代,都是祖国的未来,都要尽心尽力地教。有时候孩子很调皮,不遵守纪律,或者习惯很坏,那就要更加耐心地教。有时我上课还会碰到学生将我的军,或者课后碰到他们的家长来告状,也不能因此就对他们讨厌。我教过一个班级,学生的组织纪律性很差,集体主义观念也很缺乏。有个小胡最调皮,他有时给老师开个不大不小的玩笑,如门上挂一把扫帚,你把门一推,扫帚"砰"地掉到头上。你上课上得很起劲,讲着讲着,要擦一擦黑板,黑板擦不见了,是他藏起来了。真是不好教啊!这个学生成绩很不好,作业经常拖拉,甚至不交,还不能批评他,一批评他就冒火,发脾气不睬你。后来我就主动接近他,和他谈心,了解到他不交作业的原因是家里没人管,母亲又有精神病,他十三四岁就承担了做饭、买菜的任务。父亲因为工作忙也不大管家,缺乏应有的家庭教育。了解到这些情况之后,我就从学习、生活等各个方面关心他,帮助他。逐步逐步地他也遵守纪律了。开始他不写作文,我问他是怎样考进来的,原来他那一届考试,别的知识都不考,只考一篇作文,事先小学老师进行了指导,背熟了五六篇作文,是"押宝"押中了进来的。我经常提醒他,辅导他,面批作文,做了许多工作,后来这个孩子很有进步,语文能力明显提高。我教了这个班级以后,给学生布置课外作业,要求他们每天读报纸。我有两个目的:一个是作为一个中学生必须关心国家大事;另一个是让他们养成读报的习惯,使读写能力得到提高。两个星期以后,有个家长到班主任那里去告状,他说:"于老师教我们孩子这班,我们很欢迎。但是孩子看报的时间太多了,每天看两份报纸,要花一个半小时。我这个孩子将来是读理工科的,不读文科,现在这个孩子看报花的时间太多了。"其实这个孩子的语文很差,错别字连篇,句子也不通,上课又不遵守纪律。班主任向我讲了这个情况后,我就跟家长联系,我对家长说:"你的孩子现在只是在初一读书,将来他读理工科,我们非常支持,但是学理工没有好的语文底子学不好。现在很多大科学家,语文的底子都是很深的,写诗作文都是很好的。他中学语文的底子打不好,将来理科也难学好,思维能力、想象能力都受影响。知识之间本是互相联系的,何况初中、高中是打基础的时候。"家长思想通了,也不再阻挡孩子看课外书了。所以,对家长来告了状的学生,也要热心指导,更要满腔热情对待。最近这个学生写了一篇作文《三一三教室》,是学了《二六七号牢房》以后写的。能从教室这个静物写到人,从室内到室外,放开去又收回来,选择材料、组织材料上有特点,作文很有进步。所以说对那些调皮的学习差的学生,要重在引导,学生的可塑性是很大的。初中的孩子是很有趣的。高中的学生思想已逐渐趋于成熟,初中的孩子往往装成很有学问、满腹经纶的样子,认为自己很了不起,常常爱挑别人的毛病。如果扬其长弃其短,善于引导,他们进步就会很快。所以,我觉得作为一个中学语文教师,对所教的学科,对祖国的语言文字,对所教的对象,确实是要一往情深,丹心一片。

三、做一个语文教师,要有水磨的功夫

艺术品之所以珍贵,所以吸引人,是由于老艺人精雕细刻的缘故。要把学生培养成为建设"四化"有用的人才,要使学生具有一定的语文知识和语文能力,做教师的要拿出铁杵磨成针的功夫,细琢细磨。教育是靠细水长流的,知识是靠日积月累的,突击不起来。我们平时说学生语文水平不高,一定是小学的基础打得不过硬,现在各年级的语文教师教课都很吃力。这是社会语言环境和家庭语言环境有问题。小学基础没打好,初中就困难,到高中就更累死人,因为前面欠的债,统统要在这时集中还。语文要靠积累,要靠锲而不舍的精神。如果不认识这一点,就容易犯急躁的毛病。我自己就犯过这种急躁的毛病,恨不

得教一篇课文,马上就见效,这是不可能的。教学效果有的时候在课堂里体现出来,有的时候到考试中才体现出来,有的甚至到一二十年之后才体现出来。所以语文教学的效果单是凭考试评价恐怕是很不全面的。

语文教师要特别耐心细致,锲而不舍,有水磨的功夫。这要舍得花时间、花精力教学生,要在启发引导上下功夫。要启发他们学语文的自觉性和积极性,要细致地千方百计地引导他们进入语文知识的宝库。在这里有三点很重要。

(一) 指导要细

指导学生读书、作文、说话、听话都要细。自己做了好多年的语文教师,说了许多废话,无用的话,笼统的话,空洞的话。比如,讲一些语法的术语,讲什么中心思想等。又如写作文要审题,讲来讲去要审题。怎样审呢,自己不周密地具体地考虑,因此,学生还是不会审。我没有教他们怎样审题,他们审题能力就受影响。培养学生的阅读能力,当然应该抓住文章的中心,体会文章的中心思想。可是,要培养学生能够准确地掌握中心思想,绝对不是简单地评判一下,对的还是不对的,大概对的还是有点错的。我们看学生作业,很容易打叉,或者是钩上打一点,可是钩上打一点,它错在哪里呢?不明确。至于中心思想更不能只写在黑板上让学生照抄。实际上,学生的积极性调动起来,他们开动脑筋,有时概括的中心思想比老师还高明。当然教师要作具体指导。比如指导学生概括一篇记叙文的中心思想,就该有几步工作要做。第一步首先要让学生读懂课文,知道记叙的是何人何事。记叙文不外乎是叙事记人写景状物,因此一是要让学生先弄清楚记叙的是什么事情,弄清楚何时、何地、何人、何事,要学生用准确的语言把它表达出来。避免空洞、笼统,避免大概,避免帽子太大或者是以偏代全。这是首先要让学生准确地掌握的。第二步,要扣紧主要的人和事,关键的词句段落,反复体会咀嚼，去理解作者写作意图，体会文章从具体的人和事当中所表现出来的普遍意义。这就有一个启发引导学生思维的过程，第一步一定要具体，要扣准文章的个性，此文非彼文，此事非彼事。也就是说，一定要具体，要有个性，不空泛。概括文章表现的普遍意义要确切，不能帽子太大。从第一步到第二步要经过积极思维，由具体到抽象，进行概括。有的文章写作意图并不只表现一个方面，思想内容很丰富，特别像鲁迅的文章，不是单一的写作意图，那就要学生弄清楚，是哪几个方面，要吃准，不能丢这忘那，顾此失彼。概括中心思想也要给钥匙、教方法，培养学生的思维能力和运用语言文字来表达自己的思想感情的能力。因而指导学生思考问题，一定要细，要进行具体指导。比如作文讲评，不能空泛地讲好与不好，一定要细，现在讲究培养观察能力，要学生学会观察生活。第一次作文教学生注意观察，可能学生感到新鲜，如果老是讲要注意观察，讲十遍观察的概念，不等于学生就会观察了，因此就要指导他们怎样观察。出的作文题要让学生在《作文选》上抄不到。如出《我们学校的树》，他只好写我们学校的树，不观察就没法写。我们学校附近有个虹口公园在展览菊花，下雨了，我就出个《雨中观菊》的作文题，学生就得去看，看了之后才能写。并告诉他们从什么角度去看，正面看、反面看、看静态、看动态、看整体、看局部，还要带着感情去看，因为不同的感情有不同的看法。同样，看图写文怎样指导，也很有讲究。如要学生看《乌鸦喝水》图片作文时，就要指导他们观察，问他们看到什么，这个图的主人公是谁，除了乌鸦之外还有哪些东西；再指导观察瓶子里的水是怎样的，三幅图有什么变化，在三幅图之间应该想象些什么来补充等。这样一一加以具体指导，最后用七个动词把它概括起来，乌鸦喝水的故事就完整了。作了细致的指导后，学生对什么叫观察细致，什么叫开展想象，就有了初步的印象。这就比笼统地抽象地用术语来讲，效果好得多。

（二）要求要严

严师出高徒。不严是不能出高徒的。习惯的培养，关系到一个人做人的态度。在语文方面要培养学生书写端正、卷面整洁等良好的习惯。有时候要学生书写端正，真是难得不得了，里头有大量的思想工作要做，还要精心指导。我刚接的这个班，不少学生书写一塌糊涂，自己创造了很多字。在写完作业、作文后，连他们自己都认不得了。我和他们开玩笑说："仓颉造字，你们也造了很多字，造得大家不认识。"要培养好的习惯必须严格要求。比如考试，卷面算 5 分，每次考试要看卷面，从而培养他们书写整齐的好习惯。作业做得不合规格的，要推倒重做。前不久期中考试，考完了讲评，将卷子发给大家看，好的向大家推荐，字写得很潦草的要求推倒重做。通过这些活动，逐步培养学生一丝不苟的精神。

开始我对学生的学习态度、良好的学习习惯的培养也不大重视。粉碎"四人帮"后，听一位领导同志讲：作为一个科学家，治学的态度是非常严谨的。童第周是我国生物学方面的权威，在受"四人帮"迫害时，被打成牛鬼蛇神。他扫地都扫得特别干净，如果发现科学院这一天的地扫得特别干净，肯定是童第周扫的。我听了很受启发，不管是科学家、文学家，或其他方面的人才，对事业都必须有严谨的态度。"十年动乱"期间，很多老教师、老教育家仍然在兢兢业业地工作，他们就有那么一种认真的态度，学生的作业有一个错别字未改，心里就难过得睡不着觉，非爬起来改了才睡得着。要培养学生具有这种严肃认真的态度和良好的习惯，就要用水磨的功夫，一点一滴，寸步不让。有个学生是个小男孩，他写作文常写到一半就写不下去了。我问他为什么，他说："我实在想不出来了。"我说："这不行呀，文章总要有始有终！做事情怎么能虎头蛇尾呢！"在这个时候就要帮他一把，给他讲，从哪些方面来考虑，怎样把结尾写得好一点，一点一滴地教他，帮他改四五次，使他逐步养成了好习惯。到后来他写的文章就不再虎头蛇尾了。

(三) 帮助学生要热情

要让学生敢于提问题,敢于讲不同的意见。学生怕老师,这个课就上不好。学生尊敬老师,又能够向老师提出不同意见,感到老师关心他们,学起来才有劲。"文化大革命"前的高三学生,课外看的书刊很多,有时在课堂上就和我辩论起来了。有一次上课教《过秦论》,对这课的一个练习题我谈了自己的一些看法,要大家探讨秦亡的原因是不是仁义不施。有个学生站起来说"我就不同意你的观点",并说某月某日《人民日报》发表的郭老的文章是怎么说的,就跟我辩论起来。当然,谁的理由正确就听谁的。现在也是这样。前不久我教吴伯箫同志的《记一辆纺车》,广西有些同志来随堂听课,我提问:"同学们预习了吧,这篇文章你们喜欢不喜欢?"当时五十几个同学异口同声地说:"我们不喜欢。"因为我没有思想准备,吓了一跳,我还以为学生很喜欢这篇散文呢!听课的同志也愣了一下。后来广西的同志说你们的学生胆子真大。我毕竟是上了几十年的课,就赶紧把它扭过来,我说:"你们不喜欢,那么请你们说说不喜欢的原因。"有的同学说,这篇文章的文体不清楚,到底是说明文还是记叙文;有的同学说,如果是散文的话,应该有文采,这篇文章没有文采,所以我们不喜欢。有的同学讲:"老师,你说说看。"我讲:"你们过去学的是抒情散文,这一篇是叙事散文,你们还没有和它们见过面,对它的佳妙之处还没有体会。这种散文是托物叙事见精神的,学了以后你们就会喜欢。"这样,课堂气氛才扭过来。我们不能因为学生将了自己的军,就不耐心了。总的来讲,教师的知识是超过学生的,但是一个人的脑袋毕竟是比不上几十个或上百个人的脑袋。教师即使是被学生将了军,对学生还是要热情帮助,热情指导。

在我们上海,有的学生习惯不好,站没站相、坐没坐相,站起来九扭十八弯,一只脚还抖呀抖的,连站都得教!所以,我说教语文还要教做人。这里很有讲究,不能总是说这个不行,那个不行,尽说不好,怎么会好呢?要教他怎么好,教他怎么做。比如,我就不说九扭十八弯不好。我说古时候有两个比喻很好,叫"坐如钟""立如松",大家想想看,"坐如钟"是什么意思,坐得很直很稳,有益于身体健康,"立如松"呢?像青松挺立,多么有气概,这两个比喻打得多好。这样,既教知识又教人,学生就逐步改过来了。要帮助学生,一定要找学生的优点和长处,然后指出他不足的地方。不会的地方就一句一句地教。对学生只要耐心地精心地教育,他们是会提高的。每一个学生都是有希望的。

以上是对学生。对自己呢?水磨的功夫表现在要分秒必争地钻研业务,充实自己。宋儒朱熹讲得好:"半亩方塘一鉴开,天光云影共徘徊。问渠那得清如许,为有源头活水来。"对我来说,学习特别重要。开始教语文的时候,拿到一篇文章不会分析(因我没有读过中文系,没有受过严格的训练),感到很困难,只好学,不学就没办法。我拜所有的人为师,不怕难为情。语文组的老师都是我的老师,哪怕一个字、一个句子不懂都去请教。有时站在窗外去看人家是怎么上课的。这样,我才晓得,教语文课要讲中心思想、段落大意、时代背景、作者生平,要教生字难词。后来我发现自己教学中有一个问题一定要解决,就是如何才能提高教课的分析能力,是借拐棍走路呢,还是自力更生?那时上海也有教学参考书,可是参考书是其他同志钻研教材的心得体会,别人的经验对自己来说又隔了一层,要把别人的经验变成自己的经验,还是要通过自己去实践。于是我给自己定了个规矩,"吃别人嚼过的馍,没有滋味",一定要自己下苦功。我就发愤,绝不依葫芦画瓢,不抄参考资料。如果上课老是把教学参考资料搬到自己的教案上来,然后去贩卖,那是懒惰的办法,依赖别人的办法,越走路越窄,越不会自己走。只有下苦功夫阅读,钻研,查作者,查词句,查时代背景,到图书馆去查,一字一句地推敲,扎扎实实提高自己的阅读能力、分析能力。经过对三篇、五篇、十篇、几十篇、上百篇教材的学习揣摩,终于尝到了甜头。拿到一篇文章,就能看出来龙去脉,哪些是关键、难点,作者的意图何在,等等。功夫是不负有心人的。比如冰心的《我们把春天吵醒了》是一篇很优美的散文,里面讲春天像一个孩子一样,举着"春幡"在空中遨游。"幡",我了解是一根竹竿挑起一面长方形的旗子,古时候酒店里往往有酒幡,死了人有"白幡"。什么是"春幡"呢?为什么她在这里不用"春旗"而用"春幡"呢?老作家写东西是很讲究的,知识渊博底子厚呀!查《辞海》《辞源》查不到,后来查了许多书,在《帝京景物略》里才找到了。原来古时候祭春神——青帝时是着青衣举春幡的,因此"春幡"本身就表示"春"的意思。有时为查资料,要查很多地方,比如鲁迅先生的《药》,一开头就写景,当中有这么一句"除了夜游的东西什么都睡着",这到底是"睡着(zhe)",还是"睡着(zháo)"? 如果"着(zhe)"作词尾的话,是轻声,跟鲁迅先生描绘景色的意图好像不合;如果是"睡着(zháo)",跟现在的语言习惯又不合,现在往往要在"睡着(zháo)"后加个"了"。我查了很多书,最后查到英译本,心里才踏实。英译本中不是 sleep,是 asleep,是"睡着了"的意思。这时我才断定它是"睡着(zháo)",从而也就更体会到鲁迅先生写文章时候的白话跟今天的白话是有区别的。查到了这一点,教起来心里就踏实了。

开始我教语文时,语法的术语一个都不知道,改作文,对思想混乱、语句不通能看出,但是很难下批语,特别是思路紊乱的,有时改着改着就好像进了迷魂阵一样,走不出来了。改一篇作文有时要花一两个小时。怎么办?只有学,在实践中学,提高自己分析评判的能力。总之,我从两方面下功夫:一是一篇一篇课文自己下功夫学,每教一篇课文先做学生后做老师,从思想内容到语言的表达形式,很好地去理解;二是有系统地学习一门一门学科。晚上9点以前工作,9点以后学习,天天搞到12点。一个学期、两个学期、两三年,把中学语文教师该具备的语法、修辞、逻辑、文学这些知识摸了一遍。勤能补拙,没有别的办法。我是笨鸟先飞,把休息的时间也用上,才勉强在课堂上把课教下来。80年代学生知识很丰富,思维很活跃,我要很好地向学生传授知识,培养能力,还得继续用水磨的功夫学下去,做到终生学而不厌、诲人不倦。

四、做一个语文教师,要讲科学的态度

语文教学当中问题很多,各家意见分歧,众说纷纭。语文本身有很强的工具性、社会性、综合性,要培养学生掌握字、词、句、篇、语、修、逻、文知识,提高听、说、读、写能力,许多问题值得探讨研究。有些问题究竟该怎么看?我觉得要讲点辩证法,少一点形而上学。不会思考的人,只能人云亦云,跟着人家亦步亦趋,难以做出成绩。作为一个语文教师,要学会思考,要善于思考。要在纷繁的现象当中,抓住本质和主流,区别正确与错误,尽量对问题认识得全面一点,正确一点,克服片面性,力求在探索中有所前进。以科学的态度从事教育、教学工作,分析好,大有益,经常分析,经常思考,对提高教学质量,改进课堂教学是有帮助的。我经常碰到的是以下一些问题。

(一)教材与教法的问题

有的同志认为教材编好了就万事大吉,因此只需从事教法这个方面的改革就行了;有的同志认为随便什么教材都没有关系,主要是教法。我觉得这些看法都比较片面。语文教学要改革,必须进行总体改革,因为教育经过十年的摧残,伤痕累累。语文教学受到的创伤更为严重。"四人帮"宣传了十年"文盲加流氓",要改变这种状况,要使得我们整个民族有文化、有道德、有教养,谈何容易。所以要进行总体的改革,教材要改革,教法要改革,师资水平要提高。不进行总体改革,很难使语文教学质量迅速提高。现在的改革是在总体改革前的一个前奏,一步一步地在摸索。目前有的学校有条件,自己编教材,像我们学校就没

有条件，除了补充一点阅读教材，主要用统编教材，怎样把这个教材用好，是我们要解决的问题。

　　教材是教学的依据，教学要达到目的要求，就离不开教材，我觉得吃透教材是教学的根本。离开教材去妄谈教法是不行的。我钻研一篇教材，从思想内容到语言表达形式，从语言表达形式到思想内容，都要反反复复地推敲，在推敲当中有三个问题一定要把握住。第一，一篇课文写的是什么，一定要准确地把握，做到心中有数。不论它是2 000字、3 000字、4 000字，自己总要提纲挈领地用一两句话准确地把它表达出来。这个抓准确了，下面的文章才做得出来。第二，作者是怎样写的，如何遣词造句、布局谋篇，怎么开头、怎么结尾等。第三，为什么要这样写。为什么这样写而不那样写呢？这里就很有讲究，要把作者思路的来龙去脉搞得清清楚楚。也就是说，拿到一篇课文，要吃透它的个性。比如同样是鲁迅先生的作品，每篇的写法却是不一样的。意图看起来一样，可是又有区别，有奥妙，这都要吃准。我觉得难就难在运用语言文字的分寸，而语言文字的妙也妙在这里。离开了思想内容，离开了具体文章，说这个词是优美的，那个词、那个句是好的，都是空的；语言文字的好就好在用得恰当，这就必须联系内容来看。我开始教语文的时候，认为字词教学只是生字难词，实际上这样理解太肤浅、太片面了。生字难词只是字词教学的一个方面，而不是所有的方面。字词教学还包括字词用得非常精当的地方，非常深刻的地方。离开了教材的钻研，只从教法上兜圈子，那是舍本逐末。对教材一知半解、浮光掠影，而单纯去追求教法，也是舍本逐末。方法是要研究的，要改进的，但方法是为目的服务的，不能离开目的去追求方法。只要吃透教材、吃透学生的实际，方法就出来了。所以，我在教学过程中，总是把功夫下在钻研教材上面，努力掌握教材的特点，再根据学生的实际，考虑恰当的方法，使得学生学有所得，学有兴趣，获得听、说、读、写的能力。

比如，我们这学期教《聪明人和傻子和奴才》，这是选自鲁迅《野草》的一篇散文诗。根据学生在写作当中忽略对话对人物性格塑造的作用和教材本身的特点，我就选定它来教对话。我设计了这样一个开头，我说："京戏是很讲究脸谱的，脸谱的颜色、线条都很讲究。比如红脸表示赤胆忠心，如关公；黑脸表示戆直无私，如包公；白脸表示内心奸诈。由此可见，肖像描写对揭示人物的思想性格是很有作用的。"紧接着，我就巩固学生的旧知识，谈了《孔乙己》的肖像描写对刻画人物性格的作用。然后说："艺术的高手不用肖像描写，只用人物对话，也同样可以起到揭示人物思想性格的作用。鲁迅先生的《聪明人和傻子和奴才》就是如此。它没有一笔肖像描写，那些人是高的、矮的、胖的、瘦的、男的、女的都不知道，可是就是通过对话描写，我们对奴才毕竟是奴才，傻子的可爱和他的不足，聪明人的可憎，完全都知道了。"接着就要学生看一看这篇课文的三场对话，看看什么是个性化的语言，咀嚼体会，从中受到启发。

有些课文高中学生很容易理解，教师一定要高出一着，如果提不高，他们就没有兴趣。如《深山雪夜》是写陈老总的。怎样教好这篇课文，让陈老总的高大形象印在学生心中呢？这篇课文，高一的学生能看懂，但看得不仔细、不深入。如果再去教什么分段、段落大意、景物描写，学生听起来会味同嚼蜡。我就采取这样一个办法：我说这是一篇非常好的回忆录，回忆陈老总在深山雪夜如何为革命操劳的情况，如果把《深山雪夜》这篇文章搬上舞台，你们看看是个什么场景？这个舞台上有哪些道具？位置应该摆在哪里？主人公在什么地方？情和景是怎样表达的？这样，学生看起来就很仔细了。

我认为教是有"法"的，但无定法，无论如何要破程式化。老是段落大意、作者介绍、中心思想、写作特点是不行的。要根据不同的对象、不同的教材、不同的年级、教师的不同特点，采取不同的教法。教是有法的,有几个法则一定要遵循。一是从实际出发,不管考虑用什么教法,一定要从学生的实际和教材的实际出发,这是不能够违背的。二是提高教学质量,达到教学目的。不管用什么方法,都是为了实现教学目的,提高教学效率。三是在整个教学过程中,自始至终都要启发引导,不能越俎代庖。我们不是演员,演员是学生,我们是要教会学生,教在学生心上,自始至终要启发引导。每个老师有自己的长处,自己的经验,在别人看来有效的,到我这儿不一定有效,所以绝不能生搬硬套。学要学实质,不要学形式,开始我是看到别人好的经验就搬,越搬越不像。西施捧心本来是很美的,我去学一学呢,就变成了东施效颦,不美了。吃了许多苦头后,才逐步体会到,自己应该狠下苦功夫。哪怕是教具的应用也很有讲究,不是随随便便的。如欧阳修的《卖油翁》,陈尧咨善射,十中八九,很骄傲,可卖油的老头子说:"无他,但手熟尔。"陈尧咨不以为然,于是卖油翁就表演给他看,把葫芦放在地上,"以钱覆其口",油自钱孔沥入而钱孔不湿。在揭示文章中心时,关键的一个词是"沥",讲这个词的时候,我使用的教具就是一个铜钱,一经出示,男学生就说:"呀,这么小呀!"钱小,其中的方孔就更小了,还要盖在葫芦孔上面,油还要沥进去!于是我就讲这个"沥"字用得怎样精当。由无数的点正好形成一条线的时候就叫"沥",如果换成"倒"和"灌"都不行。又如教杨朔的《茶花赋》,这篇文章思想感情的高潮在文章末尾。作者说最好看的是含露乍开的童子面茶花,他用鲜艳的花为象征,歌颂新生的生命力很旺盛的社会主义祖国。在教这一课的时候,我请同学中的丹青能手,画了一幅很鲜艳的童子面茶花,揭示主题时,我出示这个教具,想达到这样一个效果:就是让含露乍开的茶花在学生心上留下鲜明的印象,做到"课已尽而意无穷"。一想到《茶花赋》,就想到这朵鲜艳的茶花,想到它所象征的我们年轻的人民共和国,爱护她,浇灌她,使她日益繁荣壮大。所以,教具的应用是很有讲究的。

（二）读与写的关系

有的同志说读很重要，要以读为中心。有的同志讲写重要，要以写为中心。我总觉得中学语文教学，不能随便提以什么为中心，我认为读跟写都很重要，应该是读写并重，读写结合。实际上不仅是读写，随着四个现代化进程的发展，科学的发达，听跟说也是很重要的，所以听、说、读、写都很重要。有的同志讲写作为中心能够提高教学效率，我觉得并不一定，为什么这样说呢？如果说中学语文教学是以写作为中心的话，我们现在用的这套教材就应该废除。中学语文教学是打基础的，它不是大学中文系的写作课，大学中文系的写作课，才是专门教写作的。如果中学也以写作为中心，那么教材就不能采用这样的体例，就不能这样编，就要变。听、说、读、写的能力要全面培养，而且读十分重要。古人讲，读万卷书，行万里路，获取间接知识与直接知识。学生的生活经验很少，离开了读他写什么？读有读的任务，写有写的任务，读与写结合得好，就能互相促进，全面提高。读有精读、博览、朗读、欣赏，这不是写作能代替的。读是吸收，写是表达，吸收得好，储存得多，写就有把握。就写作抓写作，往往捉襟见肘。以读促写，天地开阔。我这样讲是不是说写作就不重要了呢？不是的。写作训练在语文教学中的地位很重要。我是这样理解的，一个人的语文水平高不高，恐怕不能靠背成语词典，背成语词典要把学生教死的，我们是要把学生教活，要培养学生的能力。填空改错，不是说不可以做，但它绝对不是语文课的全部。我认为一个学生的语文能力高不高，最终是看他能否出口成章，下笔成文。读的能力很强，拿到文章能够抓住要点，能体会到作者的写作意图，能够对文章的精神实质吃得透；口头表达能出口成章；书面表达能下笔成文。这才是真正的语文水平。

写作训练很重要，因为它的综合性很强，学生的思想认识、观察能力、分析能力、运用语言文字的能力，都能在写作上体现出来，所以写作训练非认真抓不可。过去"四人帮"破坏时,一个学期写两篇作文,当然写不好。现在我们一学期一般要写十几篇作文,当然不是篇篇精批细改。每次有重点地批改一部分,加强讲评。讲评的过程就是教学生怎么写。其余的看一看,还可以采取一些其他方法。总而言之,功夫是练出来的。我看了打乒乓球很受启发,教练指导了以后是叫运动员自己去练的。我教语文多少年了,过去在课堂上老是自己讲,口若悬河,就怕丢掉一些什么。学生老是坐在那里听,当观众,不练,效果不好。写也是这样,不让学生写一定数量的文章是不行的。拳不离手,曲不离口,哪怕是一个作家,他经常不写的话,笔也是千斤重的。语文教学就是要让学生这支笔从千斤重逐步逐步变轻,这就要练,练多了他就不怕了。为了证明我这个观点,以读促写,我举一篇作文为例。我们的学生读了一些诗词。早读课 10 分钟教读,10 分钟背诵。一个多学期下来,学生的脑子里大概有 70 首古诗了,这时我就出了一个题目,叫《读诗有感》,叫他们自己去练,反正读了这么多古诗,背了以后总会有些体会吧,果然许多同学写得有血有肉。这里我读一篇,是个程度较差的男孩子写的:"我爱诗歌,它的音乐般的旋律和精练的语言,表达了诗人敏锐的观察力和丰富的想象力,给我们展示了一幅幅动人的画面。它有时气势磅礴,雄伟壮观;有时则鸟语花香,风光明丽;有时欢快豪放;有时悲哀缠绵。经常吟咏优秀的诗篇,读诗的人也会感到身临其境,意味无穷。就拿杜甫的绝句来说吧,'两个黄鹂鸣翠柳,一行白鹭上青天。窗含西岭千秋雪,门泊东吴万里船'。它一开头就给我们展示了大地回春的景象,雨后初晴,春风送暖,天空飘浮着朵朵白云,在刚刚冒出翠绿色嫩芽的柳枝上有两个黄鹂在婉转地歌唱。一行排列整齐的白鹭,箭似的向空中飞去。透过窗子可以看见西岭峰巅上终年不化的积雪。门外大河里停泊着来自万里外东吴的船只。诗人看到了春意盎然的景色,不禁诗情大作,以对仗工整的 28 个字传神地画下了这幅生气勃勃的图景。雪光山影,鸟语花香,诗人给我们留下了不朽画卷。不管是谁吟咏起来,眼前都会出现动人的景象,都会禁不住地连声称赞这是一首多么美妙的诗呀!古往今来,我国无数伟大的诗人,经过反复推敲,写下了许许多多动人的诗篇。这是人类文化宝贵的遗产,然而这宝贵的遗产,还有待我们去继承。我们应该很好地学习它,用它来讴歌我们这一伟大的时代,使诗歌在人类文化宝库中放射出更加瑰丽夺目的光彩。"这个学生如果不读诗,怎么写得出来?是生造不出来的,他没有材料呀。读了,吸收以后,写作就有材料了,词汇就丰富了。所以读跟写要并重,不能偏废,以读促写可以使学生写作内容比较丰富,语言材料也积累得比较多。我们一学期,课内要读四五十篇课文,写 18 篇作文,课外也是读得比较多的,尽管有的家长来告状,学生还是在课外很有兴趣地进行读写练习。因为有吸引力呀!吸引他们来学,学入了迷,那就好了。前面谈到的那个文章结尾写不好的小男孩,他就有点入迷了,什么书都要看,《中国青年》杂志来了,饭后一点点时间,他可以跑到很远的地方去买。他说我要看呀!一天到晚拽着我要书,"老师,我渴呀"。有的学生看托尔斯泰、雨果、屠格涅夫的书,上课就爱和我辩。学生读得广泛,笔下就活,水涨了,船才高。因此,我体会到读写要并重,不能偏废,要全面培养,不能单纯在某一方面去追求。

(三) 知识与能力的关系

社会在发展,时代在前进。现在处的时代是"知识爆炸"的时代,据国外统计,知识的总量大概七年就要翻一番,有人讲到 2000 年,知识的总量要多几十倍,这对教育提出了很高的要求。我们对青少年的教育不可能无限期地延长,学生要在一定的时间、一定的年龄完成一定的学习任务,不能像古时的十年寒窗,只学语文只读经,这是不行的。这就要求做教师的不能信奉死记硬背,而要着力于能力的培养。既要传授知识,又要培养能力。能力的培养是多方面的,包括思维能力、想象能力、观察能力以及自学能力等,而自学能力又是非常重要的。我想我之所以能做一个语文教师,那是我中学的语文老师以及大学的老师培养了我的自学能力,否则,根本没办法来教课。我曾这样想,我作为一名教师,就是把自己所学的知识全部教给学生,也只能培养出一个庸才。如果我能在能力方面很好地培养他,他就可以远远超过我,就可以在"四化"建设中贡献力量。我觉得在培养能力当中,思维能力是十分重要的,因为思维是智力的核心,学生是否善于思维,所表现出的能力是不一样的。思维本身实际上是运用概念和形成概念的过程。运用已经掌握的概念和形成新概念,是对客观现实作出概括的反映,这个能力是很重要的。当然这个能力是建筑在感性材料的基础上的。所以上课一定要启发学生思考,让他们积极思维,一上课就让学生处于积极思维状态中。我经常这样想,我们不是培养机器人,机器人、电脑再高明也抵不过人的脑袋,因为它是人制造的。我们培养的是造机器人的人,那就要有广博的知识,要有很强的能力。开始我不大认识这个问题,实际上若重视培养学生的能力,学生智力的发展会远远超过自己的想象。比如教杜甫的《石壕吏》,过去我就是叫学生背背讲讲,体会怎么怎么好。这次我改变了做法,一节课教完,学生就能背出来了,就请他们把这首诗改写成散文,只有一个要求,把《石壕吏》中虚写部分全部改成实写,这就要他们认真思考了。需要对词句理解,对全文理解,哪些是虚写哪些是实写要吃准,然后组织材料,处理详略。学生写出来的情况不一样,我就拿了两篇文章到全班评改。有的学生考虑得很好,我自己都没有想到。有个学生写了这样的句子:"石壕吏很残酷,抓兵是甚嚣尘上。"有的学生不同意,说:"这句话写错了,不符合客观实际,是缺乏生活知识的表现。"为什么呢?他说:"应该说是'抓丁',抓人当兵,而不是抓'兵'。"这就是学生思维能力的表现,不是讲讲就能达到的。要改写,虚写改成实写,就要看写得符不符合生活的逻辑,合不合情理。有的合情理,有的不符合情理。如有的学生写老妇被拐走了,老头儿回家放声号啕大哭,其他的学生不同意,说妇女悲伤的时候才会号啕大哭,男子是不会轻易掉泪的,特别是一个老头儿怎么会号啕大哭呢?这是不可能的。你看,这就培养了学生对生活的理解和观察的能力。有的还说,老太婆被拐走了,老头儿马上就回到家里来了,这里缺乏必要的交代,他怎样进来的?破墙而入吗?本来是老翁逾墙走,回来不交代就不合情理。所以,用钥匙打开学生思维的门扉,发展了思维,教学的效果就不仅是一分耕耘一分收获了。有时候是一分耕耘,会意外地有三分收获,超过了老师的预料。当然,我这样讲能力,不是说知识不重要。能力强的人知识也往往比较丰富。能力是以知识为基础的,知识与能力不能对立起来,好像讲了知识就不重视能力,培养了能力就不讲知识,这是不对的。知识与能力要很好地统一在一起,要以知识为基础,着眼于能力的培养。

总而言之,语文教学中问题很多,众说纷纭,莫衷一是。我们在教学第一线实践的人,总得有个主心骨,平时多多学习,多多思考,择善而从,努力改革,积极创造,才能提高语文教学质量。

老师，我永远记着您[①]

读大学时，我尽管有幸受到好几位名教授的指点，在成长的道路上得到雨露的滋润，但是让我永志不忘的还是那些中小学教师。十多年的出自肺腑的教诲，给我几十年的"为学""为人"打下了坚实的基础，有时我会强烈地感到这些好老师的气质仍在我身上发挥作用，鞭策我积极进取，奋发向前。

记得第一次拿到描红本时，我兴奋万分，觉得一个个红色的字好像是一幅幅小画，长的、方的、瘦的、胖的，有翅膀会飞的，有两只脚会站的，有四只脚会走的。于是，拿起笔来就想描。老师笑着制止了我们，她耐心地温和地一遍一遍教我们，磨墨要轻轻地，不要把墨溅到桌子上和衣服上，又告诉我们手上沾了墨洗干净以后才可以写。然后走到一个个学生书桌前，手把手教大家用空心的长方形的铜"镇纸"压住纸，再走到黑板前教我们怎样用毛笔一笔一笔认真描。老师一句句慢条斯理的话不仅使我的心定了下来，而且使我懂得了写字也要遵守规矩，不能乱来。老师既温和，又严格，只要有一点不按规矩做，她就一次一次比画给我们看。就这样，在不知不觉中我养成了写字的好习惯，对描红也产生了浓厚的兴趣。有时我描好以后对着阳光一照，黑字里透出一丝丝红色，有的字还镶上细细的红边，美极了。

[①] 本文写于1990年教师节前夕。

小时候，国文老师一再教育我们读书要入神，并说读书入了神，就会乐在其中，就能很快提高理解和运用语言文字的能力。为了训练读书入神，我按老师要求做，课内认真读，努力做到聚精会神，课外也有意识地锻炼眼睛、锻炼脑子。我住的小屋里挂着一幅普通的山水画，这幅画清早看到，晚上看到，少说一天也要看到三四回，可是百看不厌。有时我会对它凝视很久，自己也仿佛进入画中，"徜徉于山水之间"，甚得其乐，可说是入了神。家里有一部《评注图像水浒传》，尽管本子很差，是油光纸印的，但对我却有很大的吸引力。书一打开，每一回前面的插图就吸引了我。梁山泊烟波浩渺，梁山雄伟险峻，水面上有无边无际的芦苇，山上有一排排大房子……这一切，在我幼小心灵里好像就是家乡长江边焦山一带。我那时读《水浒传》，不觉以焦山一带风景作为梁山泊背景。我好像目睹何涛、黄安率领官军在茫茫荡荡的水泊中走投无路，就像在焦山下芦苇水港中吃了大败仗。读来犹如身临其境，真是津津有味。后来人大一点重读《水浒传》，懂得的当然比小时候多，但形象却不如小时候那么逼真，不如以往入神了。从中我认识到：读书一定要入神，生动的形象可以形成深刻的记忆。后来，我自己教语文，对自己有一个要求，就是讲课必须力求形象生动，激发学生学习兴趣。

1937年日本侵略战火烧到我家乡，小学被迫停办。最后一天上课消失了往日儿童的雀跃与欢乐，笼罩课堂的是一片悲凉的气氛。令我终生难忘的是那堂唱歌课，老师教的是《苏武牧羊》。应该说，这首歌的曲调是低沉的、缓慢的，没有多少动人之处。然而，老师却教得那么感人，他眼睛盯着我们，深情地反复唱着："苏武留胡节不辱，雪地又冰天，苦忍十九年……"老师没对我们这些不满十岁的孩子说一句爱国的大道理，他是用心在歌唱，在吐露内心的赤诚。我们似乎懂了，似乎一下子长大了许多。那颗赤诚的心，那首乐曲的旋律，伴随着苏武矢志不渝的民族气节、民族傲骨，深深埋进了我们幼小的心田。每当国家、民族危难之际,老师唱这首歌的情景就会浮现在眼前,那旋律就会在耳畔回荡,热血就会往上涌。

我们的老师爱祖国的感情是异常炽热的,这种感情往往倾注到作品的教学之中,出神入化,万分感人。我永远忘不了高中的赵老师在课堂上大声朗诵岳飞的《满江红》、辛弃疾的《南乡子·登京口北固亭有怀》等诗词的情景,朗诵时头与肩膀左右摇摆着,情绪激昂,慷慨悲歌,一室寂静无声,我们全班同学都深深感动了。以后我每次登上满眼风光的北固楼,望着滚滚长江,回顾千古多少兴亡事,总是感慨万端。不用说,这首词至今背得滚瓜烂熟,并自此爱读稼轩词。后来,我自己也总带着深情教这些诗词,激发学生的爱国主义情怀,在他们心灵深处点燃热爱祖国的火焰。

教我初中国文的黄老师是位颇有文学才华的年轻老师,我们都喜欢上他的课,听他课后给我们讲作家逸事,介绍国内外著名文学作品。他常对我们说:没有知识的人是最可悲的,因为他们不知道活着就要学习,就好像每天要吃饭一样;不好好学习,没有修养、学问,就难以脱离动物状态。当时我才十四五岁,对他的话的深意我并不理解,但活着,尤其是年轻人,必须勤奋学习的想法却扎下了根。黄老师的课声情并茂,几乎是沉醉在课文的情境之中,讲到得意时简直是乐不可支。有一次,他教田汉《南归》中的诗:"模糊的村庄已在面前,礼拜堂的塔尖高耸昂然。依稀是十年前的园柳,屋顶上寂寞地飘着炊烟。"他读着读着,进入了角色,那双戴着金丝边眼镜的眼睛里贮满十分丰富的感情。我们被打动了,如今稍一回忆,我还能看到那一对深沉的眼睛。课后,我没花多少时间就把诗背了出来。虽是几十年再未接触,但至今还能信口背出如上几句。我们喜欢上黄老师的课更由于他懂得多,有学问,我们佩服他。因为他的启发引导,我们很多同学读书入了迷,对那些充斥市场的言情小说、武侠小说不屑一顾,认为格调低下,有辱学生身份。在学生中广为传阅的是中外文学名著。莎士比亚悲剧与喜剧的剧本、列夫·托尔斯泰的三部名著、屠格涅夫的田园作品、巴尔扎克的《人间喜剧》、歌德的抒情诗等,绝大多数都是在中学学习时阅读欣赏的。如果碰不上这几位好语文老师,我就不可能在青春年少之时如饥似渴地从这些名著中吸取精神养料,提高认识生活的能力和审美的能力;如果不是老师指导我在课内外打下扎实的基础,我走上工作岗位从事语文教学必然寸步难行。

思维的清晰与条理化很大程度靠中学时代的锻炼与培养。在这方面我深深受益于高中数学老师毛老师的教导。他对数学教材熟极了,尤其是范氏大代数,简直到了滚瓜烂熟的地步。每堂课他总是教一两个定理,举两三个精选的典型例子演示。他的教学用语非常严谨,似乎都经过仔细推敲,没有多余的字词,没有废话。尤其是推导的环节,步步推进,环环紧扣,无懈可击,令人信服。他教的课不是飘在课堂上,不是随着声波的消逝而销声匿迹,而是刻在我们脑子里,经久不忘。他的课犹如一泓清水,清澈见底。他的话抑扬顿挫,一句一句,刻在我们心中。他很严肃,我们既敬重他,又有点怕他。他的脸上不大有笑容,只有当大家心领神会他的讲解,或考试成绩相当好时,他才嘴角边露出笑意。这时,我们的心感到特别轻松,和老师的心离得特别近。有一次,我吓坏了,要不是拼命咬嘴唇,我在课堂上就会哭出声来。那是一次期中测验,考卷发下来,右上角一个鲜红的"0",我感到委屈,但又有苦说不出。课后,毛老师找我谈话,口气很为严厉,他说:"考试是检验自己学得怎样,不行就要补。你让旁边同学抄答案,不是帮助她,而是害了她。高中生了,应该处处严格要求,给你打零分就是要你一辈子记住。"我惭愧地低下了头,自此,"严格"二字镌刻在我脑海里。每当我十分疲惫想稍有懈怠时,碍于情面想说违心的话或做违心的事时,老师严厉的谈话就在耳边响起,鞭策我严格要求自己,认认真真地做事做人。

老师很爱我们学生,对学生的学习生活关怀备至。我是住读生,那时住读的条件很差。没有电灯,晚上在教室里自修靠点煤油灯,两个人一盏。尽管灯亮度很低,但大家专心致志,除了笔尖碰纸的声音外,静极了。老师反复教育我们:学习要靠自己,别人代替不了;只有自己要,知识才会向你奉献。那时,点蜡烛是奢侈的,只有到期末考试时,大家才舍得点几支。凡到这个时候,管宿舍的严老师总特别关照大家小心火烛,而且一次一次查房,等大家把火全灭了才放心地走开。那时一个房间睡十个人,没有床,是通铺"榻榻米",五个人一排,分两排睡。尽管如此,房间里仍然非常整洁,大家相互照顾,友好和谐。有天晚上下自修后,我走在前面,第一个跑进宿舍,脱下鞋子踏到铺上,突然,我的脚被什么东西狠狠蜇了一下,痛得钻心,我情不自禁地大叫一声。严老师听到,立刻掌灯过来,大家沿墙把被褥翻起来查看,原来蜇我的是一条呈红色的大蜈蚣,同学们都吓慌了,而严老师却十分镇定地奋力扑打,终于打死了这只害人虫。我那只被蜈蚣蜇了的脚立刻肿胀起来,疼痛难熬。严老师一边安慰我,一边想法找药。远在郊野的学校半夜到哪里去找止痛的药呢?突然,她想到了伙房,想到了有一个炊事员家养了只公鸡。于是,她摸着黑敲开了炊事员家的门,把鸡提到宿舍里,用公鸡口里的唾涎涂到我被蜇的地方。果真,疼痛逐渐减轻。为了这事,她折腾了半夜,第二天天刚蒙蒙亮,她又出现在宿舍走廊上忙这忙那了。

班主任花老师对学生,尤其对女学生十分和蔼。你英语读不准,他不厌其烦地一遍一遍教,而且注意纠正你发音的部位,帮你树立学好英语的信心。作业批改特别认真,不用说错的改正,就是字写歪一点,标点不清晰也都一一纠正。为此,我们做作业也特别认真,总希望老师高兴一点,为我们少花一点心血。可是有一天上课,他一反常态,大发脾气,拿起一个男同学的书从教室后面扔到教室前面,然后又跑到前面将书拾起,使劲地把书撕开,那样子真是怒发冲冠,两眼冒火。我们怕极了,低下了头不敢看他,只听他吼道:"不要看坏书,不知说了多少次,不要自己毁自己,让鸦片毒害自己,你就是不听,居然上课也看起来了,你还算学生吗?"暴风骤雨总算过去了,但我们的心情却难以平静下来,老师为了我们学生学好,真正成为思想健康的人才发这样大的火啊! 老师,父母的心,真挚的爱啊! 80年代初,八十高龄的花老师写信嘱我无论如何回母校一次,要看看我。我趁赴京开会返沪之际,中途下车,叩拜老师。数十年师生未见面,再加上身经十年"文革"的动乱,劫后重逢,老师情不能自已,老眼噙着泪花,我心里也是阵阵痛楚。老师真老了,发秃齿落,教学生时那旺盛的精力几乎消失殆尽。但一谈到往事,谈到师生之间的趣事,他又沉浸在甜蜜之中。当我说起撕书那件事时,老师笑了,他说:"我是恨铁不成钢啊,不过火气太大了,缺少修养。"老师这么大年纪还如此自责,我再次受到身教的恩泽。老师前年仙逝,噩耗传来,我悲痛不已。因工作所累未能奔丧,只得致电写信以寄托深深的哀思。

人不可能自然成才,总要靠培养。老师花尽心血把知识、把做人的道理融进每个学生的生命之中,引导学生编织伟大理想的花环,锻炼学生为国家为人民做贡献的本领。老师,神圣的称号,光荣的象征! 老师的生命之树常青,老师的生命在一代一代学生身上延续。

教育过我的尊敬的中小学老师,我感谢你们,对你们的恩泽,我永志不忘。

可贵的是红烛精神

青年语文教师是语文教育事业的未来,语文教育事业的希望。其中不少同志钻研业务,认真教学,工作上进展很快,受到同学们的欢迎和同行们的好评。这一点有目共睹,凡有事业心的人无不感到喜悦。

我觉得中老年教师与青年教师之间的关系从总体上说是好的,比较协调的,不存在一代压一代的情况。长江后浪推前浪,青年教师总要接中老年教师的班,这是不以人的意志为转移的。作为在语文教学园地耕耘了数十个春秋的老教师,会从心底爱他们,真心实意地爱,站在事业高度来思考,爱青年教师就是爱事业,爱未来。对青年教师要多多理解,人总是从不成熟逐步走向成熟的。青年同志尽管大多是中文系本科毕业,学历水平合格,但学历水平不等于岗位水平,岗位水平的高度是在岗位上精心而持久地锻炼才能达到的。我们都是从青年时期走过来的人,那时涉世很浅,教学生缺少经验,工作上毛糙、幼稚。老一辈关心我们,培养我们,我们也就逐步克服不足,成长起来。中老年教师要重视与青年教师感情上沟通,要设身处地想想他们身上几个"变":从受教育的大学生变为教育学生的教师,身份不一样了;从比较"放任"的大学生变为须自我约束的教师,反差很大;从只讲或偏重书本知识变为须具备教育教学实际能力,一下子不完全适应在所难免。理解了,就会百倍爱护,热诚帮助。

青年教师对中老年教师也要多多尊重,多多理解。每一代教师所遇到的问题不一样或不尽相同,有些问题不放到历史大背景上认识,是难以得到正确结论的。例如职称评定,对中学教师来说,是大好的事。从议论这件事到付诸实现,达七年之久,可见难度之大。在实施时,由于是初次评聘,"几代同堂"挤在一起的情况不可避免。由于历史的曲折和其他种种原因,中老年教师,尤其是老年教师在教育学生、传授文化业务知识中所付出的艰辛,年轻的同志是难以体会到的。他们风华正茂、年富力强的时候,把精力、心血奉献给祖国的教育事业,他们数十年的辛勤劳动理应受到尊重,职称评定给予考虑,符合我国教育的实际,符合中学师资队伍的现状。也许有同志说:"你这是向后看,是保守。"我觉得看问题既要横向比较,又要纵向分析,缺掉哪一方面,都不易有正确的判断。何况在评审的过程中,领导和不少有识之士一直重视青年教师的作用,择优秀者破格评聘,激励青年教师奋发向上。

老教师有老教师的长处,正好像青年教师有青年教师的长处一样,多看别人的长处就会谦虚起来,就会心平气和,就会心情舒畅。记得我刚做教师时,很得益于老教师的熏陶,他们钻研教材的认真,批改作业的精细,教育学生的执着,确实是我学习的榜样。从他们身上,我真正懂得了做教师的"规矩",做工作的"规格"。由于从心底尊敬他们,每天我都很早到学校,扫地、擦桌子、拖地板、倒痰盂,做好办公室的清洁工作,如果有一天去得晚了,老教师打扫卫生,我心里总像欠了债。学校领导从不布置这样做,纯粹是自觉自愿,学习做人的道理。

青年教师思维活跃,接受新事物敏锐,成才的愿望强烈,这些都是十分可贵的。要充分珍视这些条件,充分运用这些条件,严格要求自己,力求使自己健康成长,早日成为教书育人的合格教师、优秀教师。教育领地是神圣的领地,它从事的是未来的事业,它应该集人类精神文明的精华,集社会上高尚、先进的思想来哺育青少年学生。教育者先受教育,要识别和抵制市侩习气对教师肌体的腐蚀,做一个堂堂正正,醉心于教育学生的奉献者。千古文章未尽才的闻一多先生在《红烛·序诗》中这样说:"请将你的脂膏,不息地流向人间。培出慰藉的花儿,结成快乐的果子!"教师,可贵的是红烛精神,愿以此与青年语文教师共勉。

拨动学生心弦

常有年轻的语文教师向我"诉苦",说语文不好教,难见功效。有时满腔热忱进课堂,但学生听课时却提不起精神,甚至有厌倦感;有时花大气力备课、教课,效果却不理想。应该说,种瓜能得瓜,种豆能得豆,为什么播种辛劳,却不能获得预期的效果呢?其中原因甚多,但最为重要的大概是所教的内容、所采用的方法,没有能够和学生心中的弦对准音调,没有能在学生心中弹奏。

教师是学生心灵的耕耘者,教课就要教到学生的心上。如果不研究学生对语文知识的需求,对语文能力训练的需求,课往往只教在课堂上,在学生心中留不下深深的痕迹。效果不佳,应是意料之中的事。要提高语文教学的实效,须在拨动学生心弦上下功夫。

教师要明确教什么,达到怎样的目的。语文教学大纲是语文教学的准绳,大纲中关于读、写、听、说能力训练的要求要落实到各册教材、各个单元及各篇课文之中,语文知识方面的要求也是如此。每篇课文要教给学生什么,须认真仔细地推敲。任何体裁的课文都是思想内容和语言形式的统一体,从语文知识的传授到语文能力的培养,可教的东西很多。教师千万不能把自己的钻研所得应有尽有地教给学生。应有尽有,西瓜芝麻一起抓,课必然是模糊一片,重点消失,学生难以掌握。

每篇课文的教学,每堂课的教学,必须有明确的目的。教学内容应根据教学目的作一番认真的剪裁,要确定重点,突出重点,把握难点,分解疏导。如鲁迅的《记念刘和珍君》一文,可教的内容、写法、语言十分丰富,但放在高一年级上学期教,重点在理清作者的思路,找出文章的线索,对一些关键句子的深意能理解和领悟。至于怎样选材、怎样剪裁、语言的风格等,就不作探讨了。有所不为,才能有所为。饭要一口一口吃,每篇课文落实一两个教学目的,由一个个知识点串联成知识链,通过有计划的训练,形成语文能力。

一个单元、一篇课文取什么、舍什么,不是凭教师的主观臆断,而是根据教材特点和学生实际来作决断。教材特点不是一般性地说说,而是要深入钻研,掌握它不同于类似文体、类似题材的个性。学生已经掌握哪些语文基础知识,语文能力具备得如何,教师心中要有"底",在同一水平上重复教学,学生是绝对不欢迎的。比如景物描写,从小学讲到初中,再讲到高中,如果只是一般化地教,说要抓住特征,要仔细观察,学生就味同嚼蜡。如果深入钻研,教出景物描写的个性——如有的是勾勒,气氛悲凉;有的是工笔细描,细腻入微;有的是油画,光感、质感清晰,等等,学生就会兴奋,感到求知的愉快。

教师千万不能被教材牵着鼻子走,要努力驾驭教材,实现教学目的。选入教材的每篇文章,由于社会背景、个人经历、写作意图等的不同,有各自的写作思路、各自遣词造句的特点。钻研教材时当然应该弄清它们的来龙去脉,深究底里。准确而深入地掌握教材,目的不在于教学时循着文章的写作思路走,亦步亦趋,而是要根据所制订的教学目的进行创造性的设计。须明白:教材要拿来为我所用,从学生实际出发,选择恰当的方法,启发、引导、组织学生开展读、写、听、说的训练。

教有法而无定法,选择什么方法教最有效,教师完全可以充分发挥自己的聪明才智,完全可以匠心独运。然而,无论选择怎样的方法,都要建立在把握教材个性和熟悉学生情况的基础上,而不是凭主观想象,违背语文教学规律;都要把实际效果放在第一位,而不是搞形式或异想天开。

　　训练学生语文能力行之有效的方法不胜枚举,可以因教材特点而异,因教师特长而异。如音色浑厚或甜润、普通话极好的教师,可根据教材特点,采用多种多样的朗读方法,给学生示范,组织学生开展朗读训练,以悦耳之声拨动学生心弦。无论选用什么方法,有几点须努力做到。

　　一是让学生做学习的主人。课堂是学生在教师指导下进行语文能力训练的场所,要放手让学生读,让学生说,让学生写,引导他们积极主动地求知。上课最忌讳的是教师喋喋不休地讲,学生无事可做,无须动脑筋,处于被动状态,学生学习潜力受抑制,不可能精神振奋地学。

　　二是重情。语言不是无情物,教师要善于把课文中无声的文字通过有声的语言传递到学生的心中。诗与文都是情铸成,教师备课深味文中情意,受熏陶感染,有真切体会,教课时情注其中,文字就不是无生命的符号,而是有血有肉,能给人以启示,以鼓舞,以力量。感人心者,莫先乎情。教师把课文中深邃的思想、精辟的见解、高尚的情操、精彩的语言带着感情教,带领学生阅读、思考、咀嚼、体会,学生心田就会得到滋润,主动学语文的劲头就会倍增。

　　三是激趣。学习是十分艰苦的事,尤其是学语文,不可能立竿见影,靠的是持之以恒地日积月累。因此,不断激发学生学习语文的兴趣就十分必要。青少年学生好奇、好胜,对新异的刺激物特别有兴趣。教学时要充分考虑他们的心理特点,千方百计激发他们的求知欲。教课总是一个模式,有限的几种方法,学生就会感到单调、呆板、无活力,低年级缺乏自控力的学生尤其会有这种感觉。要有效地激发学生学习的兴趣:须精心安排整堂课的总体布局,每个教学环节的内容,讲和练的方式方法;须精心设计导入课文的语言,以知识吸引学生,寻找探讨问题的切入口,启发学生积极思维,训练语文能力。同样一个内容,怎么组织,怎么设计,效果会大相径庭。心中有学生,处处从学生的学考虑,就不会信奉平铺直叙地讲,而会发挥主观能动性,创造出指导学生学习语文的好教法。

对准学生心弦弹奏,悦耳动听的教文育人的乐曲就会萦绕在课堂,就会在学生胸际激荡。

难在自我塑造

把青少年学生培养成国家有用之材,是一门艰难的学问。它是科学,也是艺术。只有深入其中,艰苦备尝,方能领略一二。然而,从教四十年,我深深体会到,更艰难的还是教师的自我塑造。把自己塑造成一个合格的人民教师,需要相当的勇气、坚强的毅力和经久不衰的内驱力。

难,首先难在有勇气认识到自己的不足,勇于"胜己"。

学校的教育质量,说到底是教师的质量。而教育的特点之一是细水长流,耳濡目染。教师的一言一行,不管有意识还是无意识,都会对学生起潜移默化的作用。为了学生的健康成长,教师首先必须严于律己,认识自己的不足。教师在塑造学生优美心灵的同时,自己也要消除庸俗,道德情操高尚起来;在使学生增进文化科学知识的同时,自己也得努力学习,克服无知,成为知识的富有者。在这些方面,教师往往会对自己认识不足;要有足够的认识,需要勇气。

教师不是完人,不可能事事处处做学生的榜样。因此,清醒地认识自己,洞悉不足,不断弥补、提高,就显得十分必要。原先我喜欢基础好、智力发达的学生,他们一点就懂,一拨就会,省力又省心。后来,随着教育实践深入,以党的教育方针来衡量,以社会主义建设需要来对照,我惶恐了。面对学生一张张稚嫩的脸庞,家长一双双期待的眼睛,我内疚了。我深感自己狭隘,只图方便,心中没有装下所有学生,教育思想上有问题。教师不是企业家,无任意挑选"原料"的权利。教师应该是教育家,应倾注爱心教好每个学生。一个班级教好几个尖子不难,难的是要使每个学生都有明显提高,兴趣爱好、聪明才智都得到良好发展。我认识到不着眼于我们事业的未来,不着眼于全民族素质的提高,就很难跳出"自我"的狭隘圈子。自此,我特别注意对学习困难、调皮捣蛋、缺点较多的学生的教育。诚然,学生与学生有差异,但不是一成不变。学生在成长过程中不断发展变化,后来居上屡见不鲜。每个学生身上都有积极向上的因素,教师要有一双慧眼去发现,然后予以因势利导,千万不可抱形而上学观点把学生看死。

思想观点有缺陷应努力克服,教学业务上又何尝不是如此?我经常告诫自己,一定要"知之为知之,不知为不知",切不可强不知以为知。审视自己的教学业务,无论在功底、视野、驾驭教材、驾驭课堂等方面,都存在这样那样的不足,必须时时刻苦学习,以求得长进。

难,还难在要有韧劲,有毅力,百折不回。

培养学生不像百米冲刺,一冲而过,而如万米赛跑,要有长时间坚持不懈的劲儿。每个教育、教学活动,说说似乎容易,做起来往往难。有时遇到某次活动,虽事先花了一番准备功夫,好像设计得很周详,可是一经实践,效果不理想,甚或很不理想,于是气馁焦躁,感到育人工作实在太难。我也曾犯过这样的急躁病。其实,学生思想品德的塑造、良好习惯的养成、学业的长进、体质的增强,都非一蹴而就,需要滴水穿石的艰苦努力。我深切体会到做教师必须朝朝暮暮、暮暮朝朝、百折不回地几十年如一日辛勤耕耘。

上好每一堂课也要有毅力,要坚持百折不回地努力。众所周知,花点力气上好一两堂课不难,难的是上好每堂课,堂堂课使学生学有兴趣,学有收获。这须艰苦实践才能做到。俗话说:台上一分钟,台下十年功。演戏如此,教课同样道理。再如教师的进修,没有坚强的毅力和百折不回的精神也难奏效。当今时代,新知识、新信息大量涌现,教师只有学而不厌,拼命吸取,知识才能不断增进与更新,才能适应教育教学的需要。教师工作繁忙,不可能有整段学习时间,这就更需要锲而不舍地把握每一时机进行学习。有人曾问我:"在学习中你最喜欢什么?"我回答是"锲而不舍"四个字。一日不多,十日许多,天长日久也就可观。我这样工作与学习,感到意志得到了锻炼,精神生活很充实。

难,更难在要一往情深奋勇向前,有经久不衰的内驱力。

教师有经久不衰的内驱力,才能始终精神振奋,诲人不倦,乐育英才。这种内在的动力来自对社会主义坚定的信念。有了坚定的信念,就有了主心骨,风风雨雨不迷航,办学,就会坚持社会主义方向,教学生,就会自觉地把德育放在首位。有了坚定的信念,就会对教育事业执着追求,就会对学生满腔热情满腔爱,把整个身心扑上去,用心血浇灌学生成长。我总这样想,学生没有第二次青春,党和人民把青春年少的学生交给我们培养,这意味着对教师委以重任,对教师的极大信任,对教师寄予无限的期望。教师肩挑着社会的未来,肩挑着千家万户的未来,自己只有始终不渝地振奋精神做好工作,才无愧于肩负的神圣使命。

回顾四十年的教育实践,我深深体会到教育的路是一条艰辛的路,上面布满了自己的不足乃至创伤。法国文学家罗曼·罗兰曾经这样说:"累累的创伤,就是生命给你最好的东西,因为每个创伤上面都标志着前进的一步。"确实如此,我感受到了一步一步前进,感受到了在前进中克服艰难、自我塑造的快乐,感受到了生命的价值。

奉献,教师的天职[①]

> 红烛啊!
> 流罢! 你怎能不流呢?
> 请将你的脂膏,
> 不息地流向人间,
> 培出慰藉的花儿,
> 结成快乐的果子。

这是闻一多先生《红烛·序诗》中的诗句,我不仅十分喜爱,更经常以此激励自己的思想言行。因为这些诗句深刻地道出了人生的意义和价值,道出了红烛精神的精髓在于始终不渝地为他人的成长与欢乐做奉献。由此,我,一名从事基础教育的普通教师,深深领悟到教师应该具有通体透亮的红烛精神,教师的天职在于对学生做无私的奉献。

40年来,我梦寐以求的就是把这美好的理想通过艰辛的劳动变为现实。在漫长的教学生涯中,由于党的教育和同志们的帮助,我不断克服无知,勇战困难,振奋精神,锤炼感情,努力使自己成为合格的人民教师,不辜负人民的嘱托和祖国的期望。

[①] 本文是1991年12月7日作者在自己从教40周年纪念活动上的演讲。作者时任上海市第二师范学校(后转制更名为"上海市杨浦高级中学")校长,现为杨浦高级中学名誉校长。

教师,须激情似火

有人说激情是文学家、艺术家头上的光环。英国著名诗人拜伦称激情是"诗的粮食,诗的薪火"。难道激情只是和文学家、艺术家有缘?不,我不这样认为,激情也是教师必不可少的素质。不热爱我们这多情的土地,没有工作的激情,就不能完成世界上的伟业。教育青少年成为社会主义事业接班人是极其伟大的事业,教师只有倾注满腔热忱,才能完成肩负的神圣使命。

生活在改革开放的伟大时代,社会主义建设的每一个成就都使我激动不已。目睹高耸入云的南浦大桥,我抑制不住充盈于胸际的民族自豪感,逢人就说桥上一根拉索20吨重,那根根拉索浸透了中国人民的志气,显示了中国人民的力量。我深深体会到教师胸中要有一团火,在任何情况下都要朝气蓬勃,对学生有感染力、辐射力,只有燃烧自己,才能在学生心中点燃理想之火,塑造优美的心灵。这种激情来自对社会主义忠贞不贰的信念,来自对为国为民的无数先烈、无数英雄人物的由衷爱戴与崇敬。有了这种激情,就会鼓足生命的风帆,孜孜不倦地追求,顺境不自傲,受挫更刚强,有使不完的劲。我深深体会到,一个语文教师当自己对课文中思想内容的深刻理解和育人的崇高职责紧密相连的时候,感情就会发生"井喷",势不可当,课堂上就会闪烁火花,产生能量,使学生思想感情产生共鸣。我清晰地记得带领学生学习《周总理,你在哪里》一文的情景。出于对周总理的无限爱戴和怀念,课结束时要求学生就课文内容和平日对总理的了解,谈自己对"周总理,我们的好总理"的"好"的新感受新体会,要求言简意赅,可引用名言。学生经过思索,有的激动地说:"我们的好总理,'好'在横眉冷对千夫指,俯首甘为孺子牛。"有的引用杜甫咏怀诸葛亮的诗句说:"自古丞相擎天柱,而周总理是万古云霄一羽毛。"有的学生情不自禁地赞叹说:"总理文能治国,武能安邦,功高盖世,万古流芳。"从"好"这个词生发开去,学生不仅进一步理解这个十分普通的词所包含的极其丰富的内容,而且沉浸在赞颂总理伟大人格、高尚情操和不朽功绩的氛围之中,师生互受教育,思想升华,感情净化。

教师,须师爱荡漾

教育的事业是爱的事业,师爱超越亲子之爱、友人之爱,因为它蕴含了崇高的使命感和责任感。学生进中学、进师范学习虽则短短几年,在人生的长河中仅仅是一阵子,但这短短一阵子往往影响他们一辈子的生活道路。万丈高楼平地起,楼能不能盖高,关键在基础打得牢不牢,基础工作做得好,根子扎得正,扎得牢固,学生就会一辈子受用不尽。再说,一个人没有第二个青春,国家把青春年少、风华正茂的学生交给我们教师培养,这意味着对教师极大的信任,我们如果不尽心不尽力,岂不是浪费学生的青春,对国家、对人民的大不敬?为此,我经常警诫自己,鞭策自己兢兢业业,考虑任何工作都不能忘记培养学生的大目标。

我体会到教师生涯中最大的事就是一心为学生。要做到这一点,确实有一个艰苦的感情锤炼的过程。记得 70 年代初期带学生下农村劳动,半夜里一位女同学突然发高烧,腿抽筋不能动,当时医疗条件差,交通极不便。为了使这位同学及时得到治疗,我和另一位女同学顶着初冬的寒风,背着生病的同学步行近 10 公里到镇上医院治病。当时,我刚腹部动大手术不久,背了个人走那么多夜路,十分困难,刀疤疼痛,棉毛衫都湿透了。但是,学生得到了及时治疗,我打心底高兴。从这件事我领悟到:人有很大的忍受力,也有很大的潜力,只要真正把学生放在心上,就会有毅力,就会超越自我。做教师要能不断地勉励自己,改掉坏习惯。我非常爱清洁,怕脏。爱清洁是好事,怕脏就不行了,不清除脏,哪来的清洁?在教育学生的过程中,自己也得到锻炼,别说工农业劳动中不怕脏了，就是学生突然呕吐的脏物，也能心甘情愿地及时料理。我想，学生身上的事都是我教师的心上事，我乐此不疲，感到生命十分充实。

对学生的爱不是说在嘴上，写在纸上，而是要身体力行，用行动检验。我只有一个独生子，由于我先后患胃溃疡、肝炎等重病，孩子身体极坏，多次病危。我夜里陪夜，白天照常上班。谁没有亲子之爱？看到孩子被病魔折磨得痛苦万分，我多次想请假，但我教的学生面临高三毕业，怎能耽误他们呢？我不是医生，不会治病，我的岗位在学校。于是，我咬咬牙，坚持上班，不动声色。几十年来，我没有为家庭私事（包括母亲病故，婆母逝世）脱过一节课，请过一天假。这样做，我觉得心里很踏实，对得起学生。

爱学生，就是要为每个学生着想，教好每个学生。学生都是我们的后代，都要千方百计把他们培育成才。

我曾经教过不少调皮捣蛋的学生，其中有一个曾天真地对我说："我妈妈说，我这个捣蛋鬼能考取你们学校，是额头戳到天花板，说我是学不好的，要被老师赶出来的。"说真的，这名学生文化基础确实差，习惯也不好。可是，就是这样的学生身上同样有很多优点。教师不可能代替学生成长，但必须有敏锐的眼光，善于发现学生身上闪光的东西，长善而救失。果然，后来他考取了大学。他来看我，说起成长中的一件件往事，师生同乐的情景难以言表。无数事实教育了我，使我深深懂得做教师的千万不能用一成不变的眼光来看待学生，每个学生都是"变数"，在发展，在变化，教师对他们情深似海，加温到一定程度，他们会开窍，会飞快进步，茁壮成长。

当然，爱不是姑息，不是迁就，爱是严的孪生兄妹。没有规矩，不成方圆。办学校，培养人，都要有严格的要求，严格的管理。这个规矩就是党的教育方针，办学，育人，都要以此为准绳，而不是凭主观臆造。爱是严的基础。爱是对事业的忠诚,是对莘莘学子的无限期望,有了爱满天下的胸怀,严才会有效果。

教师的工作是平凡的,琐细的,年年月月,千件万件,但是把它们穿在"育人"这根线上,就心里明,手脚勤,忙得愉快,忙得其所。甘为红烛燃自身,甘为泥土育春花,这是我当教师的信条。

教师,须功底厚实

教育往往是滞后效益,分数难以衡量学生德智体发展的全部情况。为此,教师不能为分数所困扰,要着力培养学生的真本领。俗话说得好:打铁还需自身硬。要培养学生良好的思想道德素质和科学文化素质,教师就须具备真才实学。大学毕业文凭只说明学历水平,是否具备教师的资格,要看肯不肯下功夫在岗位上锻炼。"半亩方塘一鉴开,天光云影共徘徊。问渠那得清如许,为有源头活水来。"人的学习不可能一次完成,要做到"清如许",就须坚持不懈地学。教师只有孜孜不倦地汲取知识,以涓涓清泉滋润心田,在教学中才能像流水一般进行灌溉。如果知识贫乏,孤陋寡闻,那就难以引导学生在知识的海洋中扬帆远航。

我是改行教语文的,功底不厚。教学时常感知识不成串,驾驭课堂常捉襟见肘,力不从心。教师主要耕耘的园地是课堂,课上得不理想,怎可能期望获得好收成?面对这种情况,我不断审视自己的教学业务,清醒地认识自己的缺陷与不足,在两个方面持续不断地努力。一是打业务底子。由于先天不足,我不得不用比别人双倍乃至数倍的功夫学习。从语法、修辞、逻辑到中外文学史,到阅读一定数量的中外文学名著,挤时间学,天天明灯伴我过午夜。二是认真备课,一丝不苟。教材吃不透,学生情况若明若暗,其结果只能是"以其昏昏,使人昭昭"。为此,我给自己立了个规矩,绝不做教学参考资料照搬照抄的人,要独立思考,刻苦钻研,力求自己真懂。当然,"胸中有书,目中有人"确实不易,有时备一篇课文,推敲词句,查清时代背景,理清作者思路需花费很多时间。为了备好一堂课,我常常花10个小时、20个小时,乃至更多,经过上百篇教材的钻研,我尝到了庖丁解牛的滋味。我总觉得别人分析教材写的资料,是别人潜心钻研所得,对我来说,总隔了一层,只有经过自己独立钻研,所得体会才是真切的。犹如不知名的小花,虽不名贵,但植根于土壤,有活泼的生命力。拿自己的真切体会指导学生学习,课堂上就能得心应手,左右逢源。

打功底要有股韧劲,以死求活。比如我原本教学用语不规范,一是有"唉"的口头禅,二是乱用"但是"。学生的俏皮话使我震动,我下决心要提高教学用语的质量。我把在课上要说的话写成详细的教案,然后自己修改,把可有可无的字、词、句删去,不合逻辑的地方改掉,用比较规范的书面语言改造不规范的口头语言。然后背出来,再口语化。教课以后,详写教后心得,对自己的课评头论足,找缺点,找不足,以激励自己不断改进。语文教师要带领学生学习规范的书面语言,如果自己的口头语言生动、活泼、优美,就能给学生以熏陶,大大提高学习的效果。为此,我一直以"出口成章,下笔成文"作为自己语文功底的奋斗目标,以学生上语文课"如坐春风"、知识有所积累、能力获得锻炼、智力得到发展、思想情操受到熏陶的综合效益为长期追求的境界,因为我是一名肩负育人重任的语文教师。

教师,须开拓创新

教育的事业是着眼于未来的事业,教育工作的性质与特点要求教师应具有相当程度的职业敏感,应跟随着时代奋力前进。我们正从事社会主义现代化建设,伟大的建设任务对教育提出新的要求。我作为一名教师,要学会认识时代的特征,关心国内外大事,善于接收来自各方面（尤其是教育、科学技术方面）的信息，使自己思考问题、从事教育实践具有时代气息。

我体会到更新教育观念，对培养目标有正确而深刻的认识最为重要。教师做久了，常犯三多三少的毛病：眼前学生看得多，将来建设者的形象考虑得少；知识要求看得多，能力训练考虑得少；分数看得多，实际才干考虑得少。这种育人的观念与当今培养目标的要求相距甚远。许多活生生的事实给我深刻的教育，使我懂得了："育人"，不能一般地理解为培养学生，而是应把它放置在特定的历史条件和社会环境中认识。要教在今天，想到明天，以明日建设者的素质要求、德才要求指导今日的教育教学工作。世界是复杂的，对外开放后，先进的科学技术进来了，这是好事，但随之也带来形形色色资产阶级思想，如何增强学生的识别能力，增强抵制精神污染的能力，提高反"和平演变"的警觉性，教师就要深入思考，寻求教育的有效途径与方法。我们学校以"一身正气，为人师表"为座右铭，狠抓校风建设，坚持社会主义办学方向，就是基于这种认识。

教师要加强改革的意识。就拿教学方法来说，传统的做法对工作多年的教师来说，无疑是驾轻就熟，即使对年轻教师来说，也有相当的影响。传统教法中合理的精华不可丢，但重知识轻能力、烦琐的讲解、灌输各种各样现成的结论等做法显然不适应时代潮流，不能有效地对学生进行培养。因此，我花大气力进行变革。变革的核心是让学生真正做学习的主人，使课堂真正成为学生在教师指导下获取知识、训练能力、发展智力以及思想情操受到良好熏陶的场所，优化课堂结构，提高课堂教学效率。

改革创新要具有中国特色，走我们自己的路。既要博采众长，吸取精神养料，又要有主心骨，独立思考，不人云亦云。在我们教育这块沃土上，千万教师在耕耘，亿万学生在成长，好思想好经验十分丰富，为了提高教学质量,为了使学校工作上台阶,我经常以其他教师为师,以兄弟学校为师,从他们成功的经验中得到启发,受到教育。他山之石,可以攻玉。借鉴一定要"以我为主"。学习外国,开阔视野,十分有益,但要着力在洋为中用。吃牛肉、喝牛奶目的在滋养身体,健壮体魄,而不在变成牛。即使是好学说、好经验,也不可照搬照抄,要拿来为我所用,要和我们自己的实际结合起来,创中国特色的东西,这样,才有生命力,才能有效地提高质量。因此,这些年来,我特别在"化"上下功夫,融百家之长,借鉴国外先进的教育教学理论,试着创自己教学的特色,在改革开放条件下探索办学的新路子。

一个人的生命是有限的,而我们的事业是常青的。作为一名真正的教师,是用生命在歌唱,用生命在实践,为了我们辉煌的社会主义事业,为了我们可爱的学生,"请将你的脂膏,不息地流向人间,培出慰藉的花儿,结成快乐的果子"。假如我有第二次生命,我仍然毫不犹豫地选择教师这崇高而又神圣的职业,因为"给"永远比"拿"愉快。

灿烂阳光下的一次倾心交谈[①]

闻：祝贺"于漪从教 40 周年教育思想研讨会"圆满成功。记得在 1990 年，上海中语界的朋友已在筹划这一研讨活动。那时，我曾有机会访问您，谈及研讨活动，您说："举行个人庆贺活动，即便再热闹隆重，意义也是不大的。如果借此机会，中语界的同志聚在一起，搞教学研讨，扎扎实实讨论几个专题，我赞成。"时隔一年，以您名字命名的研讨活动如期举行。请问，您是出于怎样的考虑，怀着怎样的心情，接受了大家的盛情并在会上作了热情洋溢的演讲？

于：岂止是去年，前年就有热心的朋友酝酿了。我没有同意。我认为，我国中小学教师成千上万，是一支庞大的队伍，每个教师都在辛勤耕耘，都在为培养下一代呕心沥血，但能够出名的并不多，而出名的教师也不都名实相符。后来同志们要举行研讨活动的热情越来越高，上海以及外地的朋友一次次催促，市、区教育局领导也一次次过问，拗不过同志们的劝说，我同意了。但我不改初衷，仍然坚持研讨活动的重心放在扎扎实实讨论一两个专题上。我在大会上说的"感谢大家对党的教育事业的忠诚，感谢大家对二师全体师生的支持"这两句话，是我的心声。总之，举行研讨活动，是为教师，为宣传教师这一崇高的职业，而

[①] 本文是 1991 年 12 月 9 日作者在其从教 40 周年庆祝活动后接受《语文学习》记者闻达采访时的访谈。正如之后为其举办的从教 50 周年和 60 周年庆祝活动一样，作者反复强调把此类庆祝活动办成"为了教师"的教育研讨活动。

不是我自己。

闻:"为了教师"——能否讲得具体些?

于:好的。现在教师队伍不很稳定,青年教师的专业思想也不很稳固。众所周知,前几年中学教师跳槽的很多,近年来,跳槽风又在小学露头。怎么办呢?本来报考师范的学生就不多,进了师范院校以后,党和国家在经济还不宽裕的情况下竭尽全力精心培养,可是到了学校才几年,又纷纷离去,这样下去教育事业后继乏人呀!我们是一所培养小学教师的师范学校,我之所以强调这次研讨活动安排在学校内举行,基于两个目的:一是为了弘扬"尊师重教"的社会风尚,二是同时也把它当作对学生进行专业思想教育的一次活动。我多次在文章中写道,也多次与青年教师说过:"如果逝去的岁月可以重新归来,青春的年华可以再次度过,那么,我将依然选择教师这个太阳底下最光辉的职业。"出于我的真诚愿望,希望青年教师不辜负党和人民的重托:教育兴旺,科技才能兴旺;科技兴旺,国家才能兴旺。

闻:作为师范学校校长,您被誉为"老师的老师"。对教师队伍的现状,以及如何提高青年教师的业务修养,您一定有着更为深刻的想法。

于:对这个问题,我想从"学生厌学"谈起。中学生何以"厌学"?原因是多方面的。然而,教师水平在总体上不能适应学生的水平,是原因之一。我接触过许多中学生,他们在课堂上无精打采,为什么?课堂上的知识容量呈现着质差量少的状况,学生普遍感到"吃不饱"或"不爱吃"。一个关键的原因是,课堂激不起学生对知识的渴望,教师并没有点燃学生的智慧的火花,所以厌学。

闻:学生对课堂教学普遍感到"吃不饱"或"不爱吃",我有同感。青少年"挑食"现象已经引起社会性的关注。饮食方面的"挑食"需要营养学家做宣传工作,然而,学生对课堂教学的"挑食",我们非但没有责备的理由,而且是对教师知识功底、业务修养和教学能力的一种检测。是否可以这么说,学生在课堂上越"挑食",就越说明教师还没能满足学生的知识渴求?

于:一定程度上可以这么说。现在的中学生知识面之广是五六十年代的中学生远不可比的。就拿我的小孙女说吧,才四五岁,是个小不点儿,可词汇量却惊人地丰富!有一次,小孙女在家里吵闹,爷爷嫌她烦,便抱起她,把她高高举起。"爷爷,你真有神勇之力!"悬在半空中的小孙女非但不害怕,反而说出了令爷爷大吃一惊的话!这"神勇"一词从哪儿来的?前天晚上,家里来了客人,我冲了两杯雀巢柠檬茶。等客人走后,小孙女缠住我说:"奶奶,我口渴。"我知道,她并非口渴,而是想喝柠檬茶。于是我冲了一杯给她。"真香!"她捧起杯子,又来一句:"香浓可口,意犹未尽。"那语调的委婉,吐字的清晰,简直叫人惊讶!

闻:您的孙女也许是个特例吧。

于:不,不是特例。我的孙女也不是所谓的"神童"。你只要留意生长在80年代的小孩,哪个不伶牙俐齿,哪个没有从电视、电影以及众多文化媒体中汲取了丰富的知识养料?我要强调的是,社会在大踏步地前进,人类的文明、科技的发展,日新月异。要适应这一代孩子的知识渴求,唯有更加努力地提高教师的素质,包括政治的、思想的、文化的、教育方法的……各种素质。否则,当小孙女这一代娃娃进入小学、中学,教师怎么教呀?直到现在,我还常常产生这样的感觉:面对高中生,我真害怕在课堂上会招架不住。

闻:说起高中学生,有一个问题想问您:许多教师一直以为您是擅长教初中语文的。在人们的心目中,于漪老师的成名,公开教学,以及您的教学录像资料,大都是初中语文。

于:这要谈到我的教学经历了,也就是所谓我的"40年从教之路"。我1951年毕业于复旦大学教育系,踏上工作岗位,我教的是历史。1959年改行教语文,此后我一直教高中。如果追溯我的语文教学的起点,带有标志性的一课,是在60年代初,公开执教毛主席的《民族的科学的大众的文化》一文,从此便在上海有了一定影响。其实,我是以教高中议论文见长的。

直到70年代末,被评为特级教师,为了培养青年教师,我才从初一教起,几位青年教师随堂听课。这期间,上海的、外省的也不断有教师来听课……初中生的有意注意比较弱,上课容易分散注意力,于是我比较注重研究教学方法。

闻:我有一个印象,您在语文教学中是非常重视读和写的。拜访您之前,我又翻阅了您的两部专著,一部是《作文讲评五十例》,可以看成是您指导学生写作的经验荟萃;一部是《学海探珠》,可以看成是您个人纵贯古今的读书札记。我在想,做您的学生是幸运的,因为在您的指导下,能够形成扎实的读写功底。不过,诚如您刚才所说,社会在进步,宣传媒体在迅猛发展。世界的不断变小,人际交往的不断增加,对语文教学提出了新的要求,即在加强学生读写能力训练的同时,更要加强学生的听说能力训练。现在,已有不少学校和知名教师,在他们的教改实践中纷纷开设中学生说话训练课,制订中学生听说结构的训练计划,等等。对此,您是怎么看的?

于:我很重视对学生的听说训练,但是我不赞成把听说读写放在同一个层面上,也就是说,在中学语文教学中,听说与读写不能平分秋色。

我的观点是,母语教学不同于外语教学。学习母语,已经有了语言环境,应该以读写为主。中学语文教学,应该是学生的文化素养教育。中国语言是中国数千年文化的载体,让学生通过这一载体,去吮吸数千年优秀文化,打下坚实的根底。有人惊呼,现在的中学生不会说,课堂上不爱说不肯说,那是假象。我看他们在课外都很能说。只要深入学生世界之中,你就会发现,他们对爱说的话题,都能说得头头是道,滔滔不绝。

有人问我:"你怎么那么能说?"是的,我面对成百上千听众,不用讲稿,不列提纲,能说上三四小时。可是,我从中学到大学,老师一天也没有教过我如何说。为什么我能说?因为我有东西说,我对语文教学熟悉。如果要我说导弹,说宇宙飞船,我就说不上来。又为什么?因为我不懂导弹,不懂宇宙飞船。所以,肚子里要有东西是最重要的。大量阅读就是往肚子里装东西,为的是让学生以后能有东西可说。至于如何说得有条理,如何说得得体、漂亮等,教学中需要关注的是给予不断的调理。

闻:很钦佩您见解的独到。我们能否换个话题?

于:可以。

闻:就中学语文教学而言,叶圣陶语文教育思想无疑是当代语文教学理论的集大成。叶老学贯古今,又由于积累了从事教育和教材编纂的丰富经验,他对语文教学有着许多精辟论述。作为当代语文教学的一笔精神财富,叶老的教育思想越来越被人们所珍视。然而,如今诠释搬用叶老语录的人多,真正研究叶老思想的人少;在文章中言必称叶老的人多,继承并发展叶老思想的人少。

于:叶老是语文界的一代宗师。叶老的学识人品是我一直景仰的。我也曾有机会多次聆听叶老的教诲,获益匪浅。但是,叶老的有些话也须作具体分析。比如,叶老有一句很出名的话:"教材无非是个例子。"我想叶老在说这句话的时候,也许有一个特定的对象、特定的时间和场合。然而现在被到处引用,就很容易产生误解。我的看法是,教材不仅仅是个例子。报纸杂志上的文章多得很,如果是"例子"的话,为什么不能做教材呢?选入教材的文章是有严格标准的,它应该是思想性、艺术性、语言规范性的杰出典范,是数千年(包括当代)文化宝库中的精品。我强调学生要积累一些东西,首先要积累的就是选入教材的名家名篇。范仲淹的《岳阳楼记》为什么流传千年而不衰?就因为作者能超越同时代文人墨客的思想境界,"不以物喜,不以己悲",才能有"先天下之忧而忧,后天下之乐而乐"的千古绝唱。读了《捕蛇者说》,学生才能知道"苛政猛于虎"。同样,读了《项链》,学生才懂得资产阶级虚荣心是多么坑害人。语文教材不同于数理化教材,数学中的一些习题倒的确是个"例子",教师通过对习题的示范演算,让学生掌握其中的规律,然后运用规律去解其他习题。语文教材则呈现众多的功能,有教育功能、认识功能、审美功能……因而也就有了积累功能。

闻：您的话使我想起了"吾爱吾师,吾更爱真理"的箴言。于老师,您经常去各地讲学吗？

于：去过一些地方。主要讲一些教语文的体会以及我当教师的体会。

闻：在外地讲学时,有人请您上示范课吗？

于：常常有人提出。可是我不能把全班同学也带到外地呀！

闻：那为什么不借班上课呢？

于：我自己不借班上课。教学首先要胸中有书,目中有人,不能违背它的规律。人家天天在上课,我只是偶尔去了一次,就借班上课,那是客串,是票友。任教老师或者班主任会对学生说："××是特级教师,明天他要给你们上课,你们可要积极举手发言啊！"所以,借班上课即使成功,我看也是有水分的。再说,你的课很成功,人家以后怎么办？怎么教？如果不成功,你一走了之,人家还要为你补课。

在这件事上,我有过教训。刚才说了,60年代初,我才30岁出头,公开执教《民族的科学的大众的文化》一文。一次次上公开课,每一次教就借一个班级。高三年级教完,只好借高二的一个班级。这不是给人家添麻烦吗？从此以后,我绝不借班上课。顺便说一句,我也绝不做"歌星"。

闻：若干年前,有人曾试图概括几位著名语文教师各具特色的教学风格,也曾撰文予以介绍。因为,正如您说的"对语文教学满腔热情满腔爱",您在教学中的激情洋溢和对学生充满师爱,给人们留下了深刻印象,所以很自然地,人们把您的教学风格概括为"情感派"。您接受这种评价吗?

于:任何一个概念不可能概括任何一位教师。语文学科是综合性很强的一门学科,语文教学熔思想教育、知识传授、能力培养、智力发展、情感陶冶于一炉,它不是平面的,而是立体的。同样,教学风格也不是平面的,而是立体的。

闻:我同意您的观点,用一个概念来概括一个教师的教学风格,的确容易以偏概全。不过,我想借用一句格言:世界上没有两片相同的树叶。同样也没有两位教学风格完全一致的教师。像您这样一位著名教师,您的丰富的教学实践融入了您的学识、您的个性之后,早就形成了有特色的教学风格,这也是事实。如果用一个概念不行,那么用几句话或一段话加以描述,总还是可以的吧。

于:我感到我的教学风格,既有继承发展传统教学中精华的东西,也有吸收当代教学理论中先进的成分。我要求自己能博采众长,如同杨朔笔下的小蜜蜂,辛勤酿造百花蜜,留得芬芳在人间。如果一定要说什么是我的教学风格的话,那么我比较赞同的是辽宁教育出版社1989年出版的《中学语文教坛风格流派录》一书中编者对我的评价——

闻:"在教学中,于漪讲究'声情并茂,熏陶感染',你不能因此就说她是'情感派';于漪曾提倡'兴趣是学习的推动力',你也不能就此而认定她是'兴趣教学'……你看到于漪教学中讲思维训练,有'引进'的教法,便认为于漪教学是完全抛弃了传统教学的'现代派',也不全面!事实上,于漪在她的教学中,没有排斥传统的精华。于漪的教学,可以称得上是多风格教学,她继承了传统教学中有生命的东西,也吸收改革中的新经验……在教学实践上,她是多面手,有讲有练,善诱导,会指点,既注重教书,又注重育人;既强调感情教育,又不忽视思维训练。"

于:谢谢你的引证。多年来,我追求的就是语文教学的立体性、整体观和它的综合效应。

闻:这使我记起张㧑之教授的一句话。他说:"于漪老师是一位没有固定模式的特级教师。"

于:我接受张教授的评价。

记得我刚刚改行教语文的时候,一位老教师听了我一堂课。课后他对我说:"你的板书很好,语言清晰,可是语文教学的门在哪里,你还没摸到呢!"听了这番话,回家后我大哭了一场。但就是这句话,对我以后产生了很大影响,于是我破门而入,追求教学风格的多样性,不因袭一种教学模式。模式一定,教学就没有活力了。

闻:近10年来,语文教学研究出现过高潮,也有过低谷,总的来看,研究气氛很浓。除了全国中语会、各省市中语会之外,"苏浙沪百校语文教学研究会""历史文化名城语文教学研究会"等纷纷成立,活动频繁,足以说明热情之高涨。每一次年会,收到的论文不下数十篇,再加上十余种语文教学期刊每月刊登的多达百万字的论文,就篇数和字数而言,恐怕在世界上首屈一指。然而我有一个直觉:当前的语文教学研究,虽然热闹,却不精彩。登台的演员不少,却远不是一台交响乐,连主旋律还没有出来。不少教师都很想通过自己的实践总结出一套语文教学的理论体系,于是就有了"三步骤教学法""五阶段教学法"等,但都像飘落河面的树叶,掀不起一点涟漪。这是为什么?

于:研究气氛的确比过去浓了。"文革"前,语文教学的理论研究是少数专家的事,现在理论研究紧紧伴随教学实践,这是一大进步。但我以为,语文教学理论体系的真正建立,或者说,语文教育学的真正诞生,恐怕还要走一段漫长的艰难的路程。目前仍然是探索阶段。

我的看法是,在有限的实践中匆忙抽出理论体系,那不是严谨的治学态度。一人一校一地的实践往往是不全面的。一个教师哪怕有非常出色的教学实践,或许会有一些规律性的东西,但也难以形成理论体系。绝大多数的教学实践呈现出多姿多态的现象,现象能够反映本质,但现象有时也会背离本质。只有规律是长盛不衰的。

闻:您的意思是不是说,目前,我们仍然处在为后人建立真正的理论体系而实践的时代。

于:是的。多做一点理论探索工作是需要的,但急于求成,体系欲太强就要不得。我读过一些教学论文,真正以教育学、心理学为指导的不多。用理论指导实践是要的,但不等于用这个理论的术语。我看,现在有不少把饼干称之为"克力架"式的论文。

教师与作家不同。一个作家二十几岁就拿出了成名作,而建立体系则需要大量的长时间的积累,非几个"十年寒窗"不可,有时候需要几代人的共同努力。我总以为,做学问就要有一点学者气。

闻:现在匠气多了一点。

于:不是匠气,是市侩气、商人气,唯独缺少学者气。真正的能工巧匠也是很刻苦的,他对本职工作总是孜孜以求、刻苦磨炼的。

闻:已经打搅很长时间了,还有一个问题想问。这是一个假设:如果您还有10年,或20年时间,您打算做哪些事?如果您还有一年的时间——我是说,您认为最重要最紧迫的事情有哪些?

于:最紧迫的事情是搞好学校的课堂教学改革。师范学校的目标是培养合格的小学教师,我们要在改革中力求把"合格"具体化。

闻:我读过您的四部专著,除了上面提到的两部,还有《语文教苑耕耘录》和《语文园地拾穗集》也是我爱读的。加上您主编的好几套丛书以及散见于报刊上的大量论文,总计不下七八百万字!

于:大概有吧。

闻:那么,能否透露您的新的写作计划?

于：正在着手写两部书。一部是应新蕾出版社之约，撰写《辛弃疾》，另一部是应香港朗文出版社之约，撰写《教你写作文》。

闻：您做家务吗？

于：怎么不做？大家大家，家是属于家庭每个成员的嘛。每个星期天，总是我去买菜，我就多买一些，花上四五十元，可以吃几天。今天我路过农贸市场，还买了一些赤豆和芝麻呢。

闻：非常感谢您接受我的采访。

对未来的同行说几句知心话[①]

现在在师范院校学习的学生是未来的教师,将担负培养人的重任,党和国家对他们寄予深厚的期望。我是一个从事教育工作 30 多年的老教师,想对我们未来的同行说几句心里话。

要以教师工作为乐

古人说过"得天下英才而教育之"乃是乐事。的确,教育儿童、青少年成为国家有用人才是十分快乐的事。一个人凡对所从事的工作感到有无穷的乐趣,那就会出智慧,出成绩。乐,就不感到疲劳;乐,就会积极主动;乐,就能千方百计。从事教育工作,"乐"字当头,就能坚韧不拔地克服困难,尽心尽力地改进教育教学,不断创造优异的成绩。做教师的见到自己培育的学生长知识、长身体、长觉悟,成为对人民有贡献的人才时,心里比吃蜜糖还要甜。

现在我已有许多学生在不同的工作岗位上,对祖国做出种种贡献。他们一直怀念我这个老师,常常从四面八方来我家看望我。我早年从事的是成人教育,学生年龄多与自己相仿,有些还比我大。他们比我早参加革命,我从他们那儿学到不少革命道理。但因为我教过他们,他们

[①] 作者时任上海市第二师范学校校长,这是她对师范院校学生的寄语,其中谈到的"一身正气,为人师表"正是作者为上海市第二师范学校制定的校训。

尊重我这个老师,常来看望我。最早来看我时他们还是只身一人,后来则带着恋人来,成家几年后还带着他们的子女来。在我还没有在自己的家庭里做奶奶时,我已经是许多可爱的孩子的"奶奶"了。

节假日家里学生不断。特别是春节,拜年的学生一批又一批。一届一届学生来校,年年有新学生来我家里,青少年的欢声笑语常在耳畔,青春气息频频送来,我自己也觉得生命之火越燃越旺盛,自己永远是年轻的,充满活力。

学生来我这里就如同到自己家里一样,一点也不拘束。他们喜欢相约在我家里聚会。有一年春节,相约而来的有40多人,只好举行"冷餐会"。每个角落都挤满人,没有那么多座椅,就挤在床沿上坐,小椅子、小板凳全都派了用场。久别重逢的同学三三两两成群,坐着、站着畅谈,一日欢聚还觉得未尽兴。这真是:"桃李春风一杯酒,江湖夜雨十年灯。"

"乐"来自以教师工作为荣

教师工作之"乐"来自以教师工作为荣。教师工作是太阳底下最光辉的事业。人类生生不息,代代相继,社会向前发展靠的是人去推动。各行各业都需要人去做,而造就各种人才的重要途径是教育。教师担负的正是造就人才的工作,关系到千家万户,联系着社会主义的千秋大业。挑起这副千钧重担,意义非常重大。试想,孩子如果没有老师教,怎能成为有理想、有道德、有文化、有纪律的建设人才?没有大量的建设人才,社会怎能进步?事业如何发展?深刻地理解这些道理,心中就明亮起来,就会热爱教育工作,立志做一名好教师,不断追求,永远向上,一步一个脚印地前进,乐在其中。师范学校同学所选择的正是意义重大的光辉事业。一个人要在社会上做一番事业,首先要立定志向。立志,心中就有准绳,就有标杆。立志做一名教师,燃起红烛,照亮未来,是最光荣不过的。

我教过历史,又改教语文,当过任课老师,也做过多年的班主任,每一项工作我都觉得有无穷的乐趣。当我向学生讲述中华民族文明史、讲述中华儿女浴血奋战的英雄事迹时,我深深感到在学生心田撒播爱国主义种子的欣慰;当我紧扣语言文字以课文中高尚的思想情操熏陶感染学生时,我深深感到塑造学生心灵使命的崇高。"乐",来自对教育学生崇高使命的深入理解和直接体验。

做教师的千万不能忘掉"师"字

做教师,要为人师表,一身正气,事事做学生的表率。只有时时记住这一点,才能认识到加强修养的重要性,经常注意自身的修养。

教师必须有坚定正确的政治方向,如果方向不明确,不立志为祖国的繁荣富强、为社会主义的兴旺发达而奋斗、而献身,不仅自己有时会迷路,更为严重的是可能把学生引入歧途。初等数学的图解给我以启发,有正坐标、负坐标,循着正坐标往前是正一、正二、正三……循着负坐标向前是负一、负二、负三……方向对头,不断努力定能步步向上;方向错了,走下去,往往是每况愈下,道理十分简单。

"读书做人""教书育人",自来就是这样讲的。但是否有人会把其中"做人""育人"给忘了,我看是常常有的。当然,今天要求"做什么人"与"育什么人"和旧社会的截然不同。比如,封建社会把读书中举、光宗耀祖看得最光荣;今天我们则以培养有益于祖国、有益于人民的种种人才为光荣。但不管如何,以个人而言,"做人"最重要;以教育而言,"育人"最根本。"德"与"才"的问题,自古以来谈得很多,总是要求德才兼备。当然,今天的德、才条件与旧社会有所不同,不可一概而论。但人们都知道"无才"做不成事,而"无德"常要坏事。这就提醒我们为人师的更应牢牢记住,应该着重注意对学生进行德育教育,加强自身的修养。

　　教师的威信、尊严不是硬做、硬树起来的,不能在学生面前把自己看得"神圣不可侵犯"。如果这样,学生当面虽说不敢"犯"你,但心里不服气,还是要"犯"你的。教师一定要讲道理,即使自己不慎稍有失检点的地方,也要勇于自我批评,注意改正,以取得学生的谅解和信任。"十年动乱"期间,有这么一个女学生,常跟同学吵架,甚至跟男同学打架,几乎周周闯祸。我多次找她谈心,一再进行家庭访问。在当时的风气下,当然收效甚微,弄得我实在无法可想。一天上早操,她又东一拳西一脚,骚扰得别人无法把操做下去。我一再提醒,她却当耳边风,我心中直冒火,不禁脱口训斥:"你又不是十三点!"话一出口,我觉得言有所失,很后悔。隔了两天,有个学生在周记中对我提意见,说我讲这种话不像个老师。意见虽十分尖锐,但很有道理,击中要害。后来我在这个班级里就这件事作了自我批评。同学对我这种做法很满意,感到师生之间真正平等,是是非非不含糊。

　　"身教重于言教",讲讲容易,真正做到不容易。教师要真正做到一言一行以身作则,得在思想行为上下苦功。教师要有高尚的道德品质和丰富的精神世界,否则就会低格调,低趣味,思想枯涩,语言干瘪,生活没有光彩。若是如此,怎么可能处处做学生的表率?教育重在潜移默化,点点滴滴入心头。教师要善于把自身的修养与培养学生成长有机地统一起来。

不忘"师"字,但不能"好为人师"

　　事事自满,处处自以为是,好为人师,就不容易长进,也做不好教师。"学然后知不足",一点也不错。在学习中,我有这样的体会:开头自己学得少,知之少,往往自以为都懂了;久而久之,反而觉得不太清楚;加深学习和加深实践后,进一步有所认识,就觉得领会加深,知道得多了一点。比如识字,原以为不难,自己总不见得不识字吧!但随着语言实践的增多与深入,越来越深切感到自己识得不周全,识得浅,须重新认真学一番。又如小时识英文生字,往往把此字第一次接触到的含义看成是全部意义。其实不然。后来在不同的文句中多次从不同侧面理解,就对这个字的认识全面些。好比认识人,只见一面印象不深,在不同场合多次与他打交道,才能真正认识他。我体会到我们学习须反复加深,不能浅尝辄止,不能一开头就自以为都懂得了。

在一定的年龄一定的学习阶段应很好地完成这一阶段的学习任务,过后补学,往往事倍功半。比如写作文,中学阶段一定要力求写清楚写通顺,如果把这个训练拖延到大学去完成,效果就很不理想了。青年学生的思想到大学发展比较快,若是在中学阶段写作训练扎实,学习任务完成得好,到大学写文章,"文"与"思"就会相互促进,相得益彰。如若没有很好完成学习任务,文笔不能驾驭成长的思想,写起文章来往往捉襟见肘。举这一例子,无非希望我们未来的教师把握学习的大好时光,孜孜矻矻,积极进取,切莫让美好时光付诸东流。

一个人的学历并不代表他的岗位水平。教育学生的水平与才干靠虚心学习,勤奋锻炼。因此,教师要知不足,勤学习,有丰富的智力生活。要勤学理论,勤学业务,勤学新知识、新经验,充实自己的教育教学工作,使新鲜的时代活水源源不断流入课堂,生机盎然。

要 学 会 谦 虚

我们有时不谦虚而不自知,故谦虚要学。学就要思,如果学而不思,满足于浅尝,仍然会不谦虚。这方面我也有体会。有时所学的东西,不管是书本上的,还是别人的实际经验,尽可以讲得头头是道,似乎懂了,哪知一做,毛病不少,原来不是真懂。有时做了一点,但又往往做不像样,做不周全,此时才知自己懂得实在有限,实践出真知,实践能检验自己懂得的多与少、深与浅。了解这一点,常加反省,行为上不自以为是,才能真正学会谦虚。

有一个并非完全虚构的故事。有人从书本上学习游泳知识(书本上学习一定知识无可非议),能讲得头头是道。一天与友人同去游泳池游泳,朋友到了深水区招呼他游来,他站在池边逡巡不前,只得很风趣地说:"我不能如你由浅入深,更不能如你深入浅出。"以由浅入深、深入浅出比之学习与实践实在太好了。唯其循序渐进,学习才能逐步深入;唯其学得深,在实践中才能深入浅出。

满招损,谦受益。活到老,学到老。曾经有人问我:"你在学习上、生活中有没有行动的座右铭?"我回答说:"锲而不舍。"凡事锲而不舍,不论在学习上、修养上总会有长进。我希望未来的教师也能做到这一点。

一年之计在于春,未来的教师,你们正是生命的春天,要趁青春年少,加倍努力,兼程前进!

昭苏万物春风里

教学的质量说到底是教师的质量。中学教育是基础教育,重在培养学生良好的思想道德素质和科学文化素质。各学科教师是塑造学生素质的工程师。要塑造好学生的素质,教师就须加强自身的修养,努力提高自身的素质。作为一名语文教师,素质修养离不开三个字,那就是:爱,钻,学。

爱

教师的事业是爱的事业,只有真心实意地爱学生,才能收到春风化雨、昭苏万物的实效。

"爱生",尽管在口头上可毫不费力地说百遍千遍,但真正做到,绝非易事。回顾自己的教学历程,对学生的感情就经历了三个阶段的变化。开始教语文时,我心中装的就是语文课本,只想把课上好,学生的观念淡薄得很。也就是说,胸中有书,目中不大有人。后来,在教学实践中,师生接触越来越多,感情日益加深,目中学生多起来,但装的往往是爱好语文、成绩拔尖的少数学生。教师的职责不是教几个拔尖的,应该是教好每一个学生。当我领悟到这一点时,脑子似乎豁然亮堂、胸怀似乎宽广起来。也就是说,心中不仅装书,还装下所有的教学对象,他们中每个人的语文基础、学习难处、心理特点、兴趣爱好都牵动着自己的心。也就在这个时候,我才真正体会到什么叫教师,真正体会到肩上的担子千钧重。

教师对学生有没有爱心,是满腔热情满腔爱,还是半心半意、敷衍了事,教育效果迥然不同。把心贴在学生身上,就会慧眼独具,发现学生哪怕是语文能力低下的学生身上潜在的积极因素,点燃他们智慧的火花,促使他们积极进取;把心贴在学生身上,就能理解和体会他们学习语文的难处,发现各种类型、不同层次学生的特点,千方百计寻找培养他们的有效方法;把心贴在学生身上,总觉得自己这个当老师的学识不够,水平不高,要执着追求,毫不懈怠。

爱学生,就要精心上好每一堂课。语文教学是高难度的教学,综合性强,实践性强,不花费心血难以收到实效。每个语文教师都在特定的空间和一定的时间内授课,但由于种种原因,教学效果有时却大相径庭。因为"教过"不等于"教会"。"教过",对每个语文教师来说,都能轻而易举地做到。上课,下课,时间流逝,不会停滞不前。学生要求教师的是启发、引导,"教会"他们。显然,课不能上得太"飘",追求热闹,要把传授知识、培养语文能力、发展学生智力落到实处。课要教到学生身上,教到学生心中。一个班级有几十名学生,"教会"几个、十几个,不是很难,难的是教会每一个学生。学生有个性,知识基础、心理素质、智力能力各不相同。教师要了解他们,研究他们,洞悉他们的内心世界,把握他们在成长过程中的发展与变化,把自己的教学工作建立在科学的基础之上,使每个学生在原有的基础上获得充分的发展,语文能力有明显的提高。如果不倾注心血倾注爱,不魂系教坛,怎么能收到如此的效果?

举件小趣事来说,有位男学生成绩时好时差,有时答题准确无误,且颇有见地,有时又几乎是茫然无知,回答问题驴唇不对马嘴。下去深入了解,才知这位同学上课时十分注意"自我调节"。有时竖起耳朵听,开动脑筋;有时眼睛虽然看着书,脑子却半睡眠状态,虽不闭目,却"塞听"。课堂上学习呈动脑、动感觉器官，休止，动脑、动感觉器官，休止，又动脑、动感觉器官，休止……的态势，断断续续，形成了知识和能力上的明显缺陷。这种学习上的障碍，既要引导学生加以克服，更要严以责己，改进教学，使课堂上的"调节"机制有利于促进学生学习的积极性。教师有了爱心，学生的一些细微变化都能尽收眼底，从而因材辨势，因材施教。

钻

俗话说：台上一分钟，台下十年功。这话一点不错。在台上有一分钟扣人心弦的精湛表演，台下须有十年苦练的基本功。教学不是表演，教师不是演员，但道理是相通的。果真要把课上好，功夫在课外。

首先要有钻研教材不明底里不罢休的那股劲儿。语文教学属母语教学的范畴，中学生已有相当多的机会进行听、说、读、写的实践。尤其是听、说、读的实践，有一定的理解和使用祖国语言文字的经历与能力。与数理化学习情况明显不同。某一条定理、定律没有接触学习前可能全然不知，经教师教授，"茅塞顿开"，由不懂到懂，"教"起了关键的作用。语文教师在教学中要起到如此的作用，非在钻研教材方面下苦功不可。学生学语文经常处于似懂非懂的状态，课文似乎看得懂，若追问，又说不准、说不清其中的奥妙。教师要把学生的"似懂"教成"真懂"，把"非懂"教成"懂"，就要在钻研时求准、求深、求有自己独特的发现。

求准。语言文字表达情意贵在准确，钻研教材时须仔细琢磨作者遣词造句、谋篇布局的匠心。文质兼美的课文总是以最精当的字句表达丰富的思想感情，钻研时须反复推敲"精当"在哪儿，须反复体会"思想感情"的个性特点，站在语言形式和思想内容结合的高度缘文释道、因道解文，准确掌握作者的写作意图。例如法国大文豪雨果谴责英法联军焚毁圆明园的信中有这样的句子:"我们欧洲人是文明人,中国人在我们眼中是野蛮人。这就是文明对野蛮所干的事情。"粗看,这句话的意思是谴责"文明人"干洗劫、放火的强盗行径,"文明人"实为野蛮人,而"野蛮人"却是创造世界奇迹、创造东方艺术典范的文明人。所谓"野蛮人",不过是"在我们眼中"的歪曲。三个判断句语意很重,倾注了对侵略者罪行的愤怒。但是,仅这样理解,准确性还不够,不能笼统地认为欧洲人都是干野蛮行径的。因为"治人者的罪行不是治于人者的过错",笼统地肯定"文明",或肯定"野蛮",都与作者的本意有距离。钻研教材要通体把握,上下贯通,才能求得准确。

求深。教师的教与学生的学不能在一个平面上移动,要提高学生阅读分析能力,教师钻研教材须认真深究。不仅要理解字面,而且要懂得字的背后,探索可能有的潜在语。深究,不是穿凿附会、不分巨细乱推敲,而是要真正读懂,尤其是重点、难点之处更是不容疏忽。例如《白杨礼赞》一文中描绘白杨树形象、赞美白杨树精神时曾用了这样的句子:"但是它伟岸,正直,朴质,严肃,也不缺乏温和。"乍看,没有难以理解的地方,作者以点睛之笔刻画出白杨树不是树中好女子而是树中伟丈夫的特色。但稍加深究,就可发现句子虽无生字难词,但有的连在一起用,就须斟酌一番。既然"严肃",怎么又"温和"? 二者显然有矛盾,又怎样统一在一个形象身上? 有无什么根据? 经查考有关资料,懂得了:一般说来,在某个形象身上"严肃""温和"并存是不易的,但在有些形象身上可得到统一。如《论语·述而》中说到"子何人也?""子温而厉,威而不猛,恭而安"。孔子温和而严厉,二者统一在一个形象身上,使所描绘的形象更为丰满。再说,作者描绘白杨树笔墨轻重极有分寸,"伟岸,正直,朴质,严肃",字字铿锵,一气呵成,然后捎带一笔——"也不缺乏温和",既突现了树的阳刚之气,又从另一角度刻画出树的内在气质丰满。从总体上说,作者对白杨树的赞美不仅仅限于此文,1943年他在白杨图上题诗,同样表达了自己的心志。诗云:"北方有佳树,挺立如长矛。叶叶皆团结,枝枝争上游。羞与楠枋伍,甘居榆枣俦。丹青标风骨,愿与子同仇。"深究教材的目的不是难倒学生,而是多懂得一点,教时可收居高临下之效。

求有自己独特的发现。钻研教材要深入教材之中,有感受、有发现,不能人云亦云,跟着教学参考书转。教参是别人脑力劳动的产物,不独立钻研教材,不对别人写的东西咀嚼消化,照搬照抄,很难锻炼出阅读分析的真本领。钻研教材须以我为主,借鉴他人。开始会碰到困难,但三篇、五篇、八篇、十篇、几十篇、上百篇,一个劲儿地钻研、分析,不厌其烦地查资料、寻根由,就能洞悉文章的来龙去脉,尝到"庖丁解牛"的滋味。就以《一件小事》中这样一个段落来说:"我这时突然感到一种异样的感觉,觉得他满身灰尘的后影,刹时高大了,而且愈走愈大,须仰视才见。而且他对于我,渐渐的又几乎变成一种威压,甚而至于要榨出皮袍下面藏着的'小'来。"粗读,可领悟到这是表达文章主题的重要段落。再读,领悟到作品中"我"的"异样的感觉"非同一般,而是灵魂的震动、内心的觉醒和对自我的否定。作者是怎样把这种思想感情入木三分地刻画出来的呢?进一步钻研,就可发现作者勾勒形象有独特之处。按照观察事物的常规,近大远小,而此处却一反常规,愈远愈大,大得"须仰视才见"。这就好像是运用连续转动的特写镜头,使心中的形象越来越强化,分量越来越沉重,心灵的震动也就随着"威压"的形成与增添而显现。一个"榨"字极言外力之大。车夫高尚灵魂是极大的外力,促使"我"自惭形秽,自我觉醒。钻研教材时不断积累点滴体会,有助于阅读分析能力的提高。

其次是要花一定的功夫研究教法。备课不仅要备教材,还要备学生,备怎样教学生才能掌握的方法。"备学生"就是研究自己的教学对象。要做有心人,通过各种渠道,运用各种方法,了解、熟悉自己的教学对象。知之准,识之深,才能教到点子上。了解,不能只站在学生世界的外面观察,要走进学生世界之中眼看耳听,摸准他们的脉搏。学生学语文处在变化之中,有的是顺着原来的方向发展、进步,有的会变化很大,或成拐弯之势,或呈飞跃之姿。教学不研究学生,就如盲人瞎马,往往事倍而功半。

方法要研究。教语文有法而无定法。方法可以因教材而异,因教学对象而异,因教师特长而异。每个教师都可创造许多行之有效的方法。但是,不管采用和创造怎样的方法,有几点是必须遵循的:(1)必须从教材实际和学生实际出发;(2)必须在加强语文基础、培养语文能力、发展智力等方面收到实效;(3)必须着力调动学生学习语文的主动性和积极性,充分发挥他们的聪明才智。课既要"实",又要"活",在"活"与"实"有机结合的情况下,教学方法可百花齐放。

学

语文教师要有拼命吸取知识营养的素质与本领,犹如树木,把根须伸展到泥土中,吸取氮、磷、钾,直到微量元素。只有自己知识富有,言传身教,才能不断激发学生求知的欲望。学习能使人心明眼亮。《颜氏家训·勉学》说:"夫所以读书学问,本欲开心明目,利于行耳。"学得扎实,学得深入,学得宽广,就为不断改进教学、提高教学质量准备了重要的条件。

在实践中学习,从书本里学习,都很重要。对教师来说,读书更不易,更难坚持。语文教师工作繁重,要想有大块时间学习难以做到。为此,锲而不舍的精神尤为重要。出于对知识的渴求,要坚持把零星的宝贵时间有计划地用上,每天坚持半小时、一小时,一日不多,十日许多,天长日久,也是可观的。根据我的体会,这条学习路是光荣的荆棘路,能不能坚持走,是意志和毅力的考验,是事业心、责任感强不强的检验。

读书要会读，要学思结合；如果读而不思，只是"对书"而已，就很难从中吸取到养料。记得冯至给茅盾的杂诗第十二首中有这么两句："愧我半生劳倦眼，为人为己两蹉跎。""劳倦眼"意思是劳累眼睛，结果如何呢？"两蹉跎"，对别人对自己都无所收获。冯至先生是自谦之词，他在学问上很有成就，但从这两句诗中我们仍可得到启发。学必须思，阅读精思，学一点懂一点，既立足于积累，又注意运用，长此以往，就可收到效果。

理论学习应放在相当的位置。理论上的模糊必然导致实践中的盲目。教学中的无效劳动往往是由于理论上认识不清、理解上偏颇所致。语文教学方面多，内容繁杂，比如语文教学目的中知识、能力、智力、思想情操之间的关系，语文能力中听、说、读、写之间的关系，教学过程中教师、学生、教材之间的关系，语文训练中单项训练与综合训练之间的关系，等等，都需要有正确的理论指导，才能妥善处理。其中最为重要的是学习辩证唯物主义观点，要学会全面地辩证地分析问题，孤立地、割裂地看问题，往往会违背教学的基本规律、语文的基本规律。又如语文学科中德育教育的问题，要见诸实践，教师需具备德育的基本功。要对学生进行马列主义基本观点教育，教师自己就得具备观察社会、认识世界的辩证唯物主义和历史唯物主义观点；要以理服学生，教师首先得以理服自己。不知德育为何物，当然就看不见也找不准结合点，也就无从谈德育教育。

理论学习最忌语录式。任何一个教学观点的提出，都有一定的文化背景和教育背景。为了阐述某一观点，有针对性地强调一些问题，是允许的，也是可以理解的。如果寻章摘句，强调到不恰当的程度，就走向事物的反面。因为真理跨越一步就会是谬误。在我们这块土地上，由于文盲、半文盲的绝对数相当可观，长期以来，语录式、口号式的教学容易流行。其实，语文教学既是科学，又是艺术，其中的规律难以用几句话囊括。学理论就是要下功夫掌握一些基本观点,力求融会贯通,指导语文教学实践。

借鉴外国的经验也很重要,他山之石,可以攻玉,但学习时自己须有主心骨。我们从事的是有中国特色的伟大的教育工程,从事的是母语教学,与国外的教学目的不同,条件有异,因而不能照搬照抄。学习外国科学的教育理论,借鉴语言、文学教学的方法,目的在于丰富自己。忘了自己语文教学的个性与特色,就容易迷失自己。更何况由于语言的隔阂与障碍,翻译的文章有的已失去时效,有的已在实践中修改或扬弃。因此,阅读时要注意鉴别,从我国语文教学实际出发,取其精华。

业务学习要毫不懈怠。"吾生也有涯,而知也无涯",对语文教师来说,"知"的"无涯"更为贴切,更为现实。语文教材的内容可说是古今中外,无所不包,要能把握教材,对学生进行有效的教育与训练,确实要博览群书,懂得越多越好。我觉得紧扣教材深入学,不失为一种好方法。

例如教《木兰诗》中"愿为市鞍马,从此替爷征。东市买骏马,西市买鞍鞯,南市买辔头,北市买长鞭"诗句时,作者用多方铺排的方法渲染从军准备工作的忙碌气氛,但为什么"市"要分"东西南北",难道买东西还限制"东西南北"吗?带着这个问题读一读有关的史书,就可发现我国宋代以前,城市中一般是商业区和居民区分开,市区开市闭市有一定的时间。唐代首都长安,就有专门商业区东市、西市。古时市制,课上不必讲,但教师自己可以懂一点。

学知识如汲深泉之水,越学越能品尝到其中的甘甜。深入学有益,广泛学也不可少。自然科学、社会科学的读物要经常翻阅,以开阔视野,增长见识。

做一名语文教师,在学生心中应该是既"师风可学",又"学风可师",言传身教,不断进取。教师爱得深,钻得精,学得勤,德、识、能、绩必能全面长进。

老教师指导下的青年教师培训[①]
——中国教师师徒帮带事例

写本文的目的有二。

第一,把中国在职教师岗位培训方法介绍给西方。目前,中国许多中小学都有自己一套新教师岗位培训的方法。这些方法不同于师范院校的正规培训,而是由各学校自己制订、执行,并进行总结和修改、完善的。新教师虽然都毕业于师范院校,学历上符合要求,但在实际工作中教学任务还不能胜任,须经过锻炼才能适应。在这些学校里,教师岗位培训既是新教师的任务,也是老教师的职责,二者协作共同完成。通过岗位培训,新教师得到提高,其他教师也有所收获。因为几乎所有教师或多或少地参与了这一工作,这就给整个学校造成了一种教学学习的气氛。

第二,向教育研究界介绍一位有成就的教师的教育观点。中国与美国一样,很多时候,教育实践和教育研究是完全分割开来的两个领域。在研究领域里,往往把教师的观点、看法只是作为研究的基本数据

[①] 本文是作者与马立平同志合著,是美国密歇根州立大学国际教师学习研究中心国际合作研究项目的论文,1992年3月在美国教育研究会年会上宣读,引起重视。其后作者陆续收到美国伊利诺伊大学、加利福尼亚大学、阿巴拉契州立大学、加州大学海沃德分校、加拿大多伦多大学、西班牙格拉纳达大学、澳大利亚昆士兰大学、以色列海法大学等教授专家来信,要求拜读此文。可见青年教师培养是各国教育界普遍重视的问题。相关内容亦可参阅《中、英、美师带徒职初培训模式比较研究》。

资料,而没提高到作为学术研究的论点。不少教育杂志上的文章只由教育学家、研究人员提供,文章的风格、语言和课题往往拒教师的智慧、经验于门外。

为了更好地把教师的观点介绍给教育学界,本文不采用研究报告形式,而是以对话来显示。于漪是位具有40年教龄的优秀中文教师,现任一所师范学校校长,她在谈话中阐述了她所在学校里新教师岗位培训的方法与过程;同时,我作为她与教育研究界的一中介人物,以问答方式,请她谈谈对美国一些教育学观点的看法。这篇论文不是普通对话的实录,它显示的是关于教育研究与教育实践两个方面的一位优秀教师的观点,也是中国文化与美国文化的比较。

学历符合要求不等于岗位上符合要求

马:听说贵校有一个新教师五年岗位培训制度。所有分配到学校的新教师都受过师范教育,理应符合教师工作要求,为何还要接受职业岗位培训?这种培训是怎样进行的?又为何要持续五年?

于:建立岗位培训的初衷是为了缓和新教师入校工作后带来的紧张气氛。多年来,每当新教师来校,总有一种紧张、杂乱的气氛,原因是新教师对工作的不适应不仅影响自己的工作,也影响教同一班级的其他教师。如果让新教师自己解决所遇到的问题,需较长时间,这就给学生和学校带来不必要的损失。为此,我们采取一些措施帮助他们解决问题,克服不必要的紧张气氛。随着新教师岗位培训的实施与完善,效果好于我们的预料,整个学校的教学水平有了一定程度的提高。该制度的实施过程成了所有教师自我完善的过程。

马:你能简单谈谈你们是怎样完善这个制度的吗?

于:开始,我们通过教研组的形式来帮助,后来发现,大家虽教同一课程,但由于年级不同,帮助的针对性不强,实效也就不显著。于是,我们尝试选择一些富有经验的老教师作为指导,与新教师配对,形成师徒关系。与此同时,教研组仍担负培养新教师的责任。此外,每年还开展新教师评优活动,要求他们开公开课,写关于教学改革的论文,交流读书笔记。评优活动的评委,由具有实践经验的骨干教师组成,最后评出一、二、三等奖获奖人员。岗位培训这三个步骤,使新教师与其他教师能进行多方位的交流。

马:确实,三个步骤代表了三种不同范围的交流。一是新教师与他们的师傅学习交流,二是与整个教研组成员学习交流,三是在评优活动中,新教师之间,新教师与其他有经验的教师之间,广泛地学习交流。通过这三种不同范围的交流学习,新老教师教学质量都得到了提高,是吗?

于:是的。五年岗位培训后,我们发现有些徒弟在某些方面甚至超过了师傅。新教师在教学上不断完善,培训才告一段落。

马:你的意思是说,完成了高等师范的学习任务并不能算真正完成了教师的培训工作?

于:是不是可以这样理解:学校不应只是"使用"接受过高等师范教育的教师,而不担负继续培养的责任。事实上,完成了正规的高师教育,只是完成了成为合格教师的一半工作,另一半需在他们工作的学校里完成。尤其在中国,教师是一种终身制的职业,科技迅猛发展,新知识层出不穷,教师的培训和自我完善没有止境,而这种培训和自我完善只有在学校里进行。

马:为什么你认为在正规的高师中所接受的师范教育只是完成了教师培养的一半?在岗位上的教师培训的宗旨又是什么?

于:正规的高等师范教育并不能提供完全合乎实际工作需要的教师,这一点不是什么秘密。新教师初上工作岗位,常感教学内容、教学进程、课堂纪律难以把握,大学里学到的理论一时用不上。

马:新教师在哪些方面有欠缺呢?

于:对此我未作过专门的研究。我的基本印象是:新教师有不少优点,但不足之处不少,他们不善于组织课堂教学,由于教学环节松散,难以积极调动学生的智力活动,尤其不善于处理一些意想不到的事,这是一。第二,新教师安排教材缺乏经验,专业知识也许并不差,但不大知道怎样剪裁,怎样组织,怎样表述讲解,有时不明白一节课究竟可以教多少内容,哪些要重点强调,哪些仅简单带过。第三,与学生交往中容易缺乏持重,应变能力不强。第四,批改作业时往往从自己想法出发,不知怎样根据学生原有的思想和思路来完善答案。当然,还有责任心、良好的职业道德、职业习惯等。所有这些都说明刚毕业的高师生,并不完全合乎教师这一岗位要求,需要继续学习。

标本兼治,重在治本

马:在你们的岗位培训中,能不能纠正这些新教师的"通病"呢?

于:能。但我们并不是立即直接地纠正。

马:这是什么意思?难道你们不希望尽快纠正这些毛病,使新教师更快地符合工作的要求吗?

于:培养一名合格的成熟的教师需要时间。刚才我列举的新教师不足之处只是一些"症状",性急的病人和庸医往往只知道急着治标,而高明的医生更注重治本,须知"欲速则不达"。

人们通常认为新教师所遇到的问题只是不知道"怎样"去做,怎样去安排课程,怎样维持课堂秩序,怎样组织和表达教学内容,等等。而事实上他们不知道怎样做的根本原因在于他们不知道要"做什么"和"为什么这样做"。一般地说,他们还不能真正理解"什么样"的课才算好课,"为什么"是好课。当人们对目标不明确或不甚明确时,又怎么知道"怎样"去做呢？因此，可以这么说，"不知道怎样做"是病症，而"不知道做什么"和"为什么这样做"是本质。

马：刚才你强调"真正理解"，有什么特别的含义吗？

于：在高等师范他们应接受这样的教育，从理论上、道理上知道一名好的教师应该做什么以及怎样去做，但在实际工作中、在情感上他们并不真正懂得。事实上，任何一个人只有当他从理论到实践，从道理到情感上都了解了某件事，我们才能说他理解了这件事，教学也是如此。

马：在你刚才的谈话中，提出了一些在研究领域中我未曾听过的被定义的词，如"实际上""情感上"理解，但我能体会你话中的含义。你们是怎样帮助新教师从"实际上""情感上"理解他们应该"做什么"和"为什么这样做"的呢？

于：有些时候，能用言辞表达对事情的理解，有些时候，难以用言辞准确地表述，这时就须借助一些实际与某一范围的人进行交流。这就是我刚才说的"实际上"的理解。当原理在理论知识中占重要地位时，人的情感、激情在"实际理解"中就起着很大的作用；当理论知识是抽象的，不能用言辞准确表述时，实际的理解就很重要，人们可以意会。为了让新教师真正知道一位好的教师应该"做什么""为什么这样做"和"怎样做"，我们的岗位培训采取了三点措施。

马：你能逐一介绍这三点措施吗？

于：第一点，我们让新教师理解"教师"的含义，理解职业的价值，这是通过学习一些著名教师的榜样去完成的。什么样的教师是好教师？我曾读过许多理论家的文章，我的观点是：虽然不同的时代有不同的强调方面和表述方式，但在人们的心目中，它们的基本概念却是不变的，而这些基本概念就蕴含在世界上伟大教师的身上。我们可以列出一长串伟大教师的名字，从中国古代的孔子到西方的苏格拉底，从捷克的教育家约翰·夸美纽斯到意大利的教育家玛利亚·蒙台梭利，从苏联的教育家安东·马卡连柯到美国的教育家约翰·杜威等，他们都是教育学界公认的伟大教师和教育家。从他们的思想和实践中，我们可以获得"什么是好教师"的基本概念。了解这些杰出人物的教育方面的故事，是实际理解什么样的教师是好教师的重要途径。我们并不要求新教师以文字的形式总结出"好教师"的概念，而是相信，他们了解了这些伟大教师，会为伟大教师的敬业精神所感动。当他们面对学生进行教育时，他们脑子里会想到一个优秀的教师应该怎么样，这种观念会帮助他们树立职业的目标。同时，学校的优秀教师以及全国、全市的优秀教师也都是新教师学习的榜样，鼓励新教师与他们接触，了解他们。通过这些国内外实实在在杰出教师的事例，我们希望新教师从实际上理解"好教师"的含义。

马：我觉得这是对他们在大学里所学到的知识的一个重要补充。

于：对。第二点是使新教师知道作为一名好教师所应具备的素质。教师须具有不断追求新知识、不断完善自己的品质。教师这种职业就像万米长跑，不是百米冲刺。教师应具有韧性，具有持久的精神来不断进行自我完善。我们所追求的就是"完美的结果"和"锲而不舍积极进取的精神"。这就是教师的基本素质。

马：你认为教师在他的教学生涯中应学习什么？

于：总的来说，应准备学习任何事情。当然，作为一名教师，学习的重点应与自己的工作有关。教师具有两个责任：一是对所教学科负责；二是对所教学生负责。学习应与这两个责任相关。比如我是语文教师，我应对中国的语言文字、中国的文学负责，应对我的学生，尤其是他们与中国文化相联系的心智生活负有责任。要切实负起责任，自己就须努力学习，不断学习，否则脑子就发僵，活不起来，更不要说有新体会、新见解、新教法，令学生受益，令学生信服。我相信，一名教师如果真正知道什么样的教师才是好教师，并具有不断求索的精神，他就会清醒地知道自己去学什么。

马：刚才你所说的使我想起戴维·伯罗门在他的一篇题为《教育中理论与实践的关系》文章中所提出的观点。他说：一名教师只有永远是他所教科目的学生，他的"学生心理活动学习"的学生，才能成为一名真正的教师，一位精神生活的指导者和激励者。

于：正是这样。一位好的教师应该永远是一名学生，一名善于学习的学生。

马：你们的第三点措施呢？

于：培养新教师日常教学工作的技巧。它包括：怎样进行课堂教学设计，怎样处理教材，怎样安排板书，怎样批改作业，怎样拟定试题，怎样评定成绩，等等。开始，可模仿师傅的做法，而后，可根据自己的想法进行设计。俗话说，"教学无常规"，但刚开始工作的新教师必须有一些规矩来规范自己的教学行为。

马：你谈到的三点中有没有哪一点特别重要？

于：无严格的轻重之分，虽然在实际中会有所侧重。从时间角度看，刚开始比较侧重于学习和掌握教学的技能，而后侧重其他相关内容的学习。

实际教学是知识的优化组合

马：刚才你谈了你们的新教师岗位培训工作，你认为你刚才所谈的工作非得在实际的教学工作中来完成吗？有没有可能，设计一个教学计划，在高师教育中完成。

于：我并不认为对一名教师的培训可全部在大学里完成。在大学里学习的一门一门课是分别进行的，就好像在一片土地上有许多条河流，它们的目的地可能是一个，但各自都是独立的。教师工作不是这样。当所有河流接近入海口时，各支流就汇成了一股，这新的大河流由原来的各支流组成。实际的教学工作仿佛这汇合的河流，所有新教师面临的任务就是要把以前所学的一门门知识根据需要有机地、灵活地组合起来，形成新的、有活力的整体。

马：你说的各学科知识的汇集与组合使我想起一位美国教授所提出的教师学习学科知识的方法——"教学法式方法"。也许你以前没听过这个名词，但是我觉得你刚才所谈的观点与"教学法式方法"相似。

于：是的，我想是这样。虽然我并不具体了解这位教授"教学法式方法"的含义，但我可从我的角度来理解它——从特定角度对不同学科的知识进行"优化组合"。"优化组合"，不只局限在专业学科上，而是从教学目的出发，把以前所学的知识进行再组合，使之成为一个整体。不仅教学如此，艺术家创作时也是从艺术表达的角度把自己已掌握的知识重新组合，从事其他各项工作也如此。你听说过中国古代书法家王羲之的故事吗？一次他去访友，竟然跟在两只鹅的后面走了几公里的路，观察鹅脖子的活动。鹅颈的优美姿态激发了他的灵感，他想运用于他的书法之中。教师也一样，要善于把各种知识运用于日常的教学之中。

马：你所谈的关于"教学法式方法"的观点很有意思。舒曼博士的观点虽然不完全与你的一样，但却有许多相同之处，我能感受到你们之间的内在联系。从我的理解来看，舒曼博士研究"教学法式方法"的目的在提高高等师范的教育质量，换句话说，他想把"教学法式方法"的学习引入高等师范的教育课程中去，你对此有何看法？

于：我认为对各种知识的优化组合的学习只能在实际的工作中来完成。各学科知识从逻辑上讲，是相互独立的，并不像玩具积木，你可以在任何想搭的时候就搭起来。是什么使王羲之想把鹅颈的姿态引入他的书法？是他对书法艺术的投入。书法，是他精神、情感及审美世界的追求，正是这追求使得他能把各种知识融于一体，只有当他把自己的身心全部投入到书法中,才能做到这一点。在实际工作中,只有真切感到确实必要,发自自然,才会对各种知识做到优化组合。也只有在实际中,才能找到真正的出发点来优化组合各学科知识。这就是我为什么认为对"教学法式方法"的学习,只有当一个人真正投身于教学实践中而非其他时候才能完成。我并不认为有做教师的愿望就足够驱使一个人实现各种知识的综合。

马:你讲了一个很有意思的观点,我发现其中包括许多别的因素,比如道德思想因素。

于:是的,一个人只有当他成为学生的教师,真正进行学科的教学,他才会感受到自己的责任,否则单纯地进行"教学法式方法"的学习可能只是隔靴搔痒。

通过教师间的交流获得反馈信息

马:新教师岗位培训须在老教师帮助下进行,这是你刚才介绍的,那可不可以由他们自己独立解决实际中的问题呢?

于:我认为有经验的教师的帮助是一条有效的途径。每个初学者都是从以下两点开始的:模仿和与知者之间的交流。以你写研究论文为例,如果你从未读过任何一篇研究论文,你会知道怎么写吗?在实际中,你读了而且也必须读许多研究文章,从它们中,你不仅了解了作者的观点,而且懂得了他们怎样组织材料,选择语言,阐述观点。这样,你就知道怎样去写。论文完成后,你从你的指导教授处得到他的批注,根据这个反馈,你再检查自己的文章,或者去见导师就他的批注进行讨论。虽然对你的论文你可以有自己的观点,但你却还是须用人们常用的方法表述,你不可能全部另创造表达模式。如每篇课文方式独特,语言独特,人们就难以理解了。对教师来说也是一样。大学是适合做像写研究论文等学术工作的场所,不对中学生直接进行教学,在大学可完成教学方法课程的学习,但真正地发挥作用须经过教学实践,在实践中学习教学。遗憾的是,许多人往往认识不到这一点。没有一个人能在没学会读之前先学会写,但许多人却忽视了新教师向老教师学习的重要性。

马:你不认为任何受过教育的人都经历了10多年的教学吗?美国著名社会教育学家洛蒂认为,每一位受过学校教育的人都可称作是教法的"被动的学徒",你也这样认为吗?

于:每一位受过教育的人都亲历了实际的教法十数年,这是事实。但是,作为一名学生、作为一名学生的教师和作为一名新教师,他们对一节课实际教学的观察很不相同。他们听课的目的不同,所见也就不同。例如看一出哈姆莱特的戏,你认为一名普通的观众、一名演员和某一剧团准备扮演哈姆莱特这一角色的演员,他们会有一样的收获吗?对后者来说,他会情不自禁地把台上演员的表演与自己的亲身感受比较,这也会带来很强烈的反馈信息。同样,经历过教学并不能代表理解了教学。我们认为听课就是教师间相互交流,创造接受反馈的机会。通过指导教师(师傅)和其他教师听课,会促进新教师之间以及新老教师之间的交流。

马:唐纳德·史可把教师比作"举一反三的实践者",就"辅导员"与"实习教师"的对话,他提出了他的观点。他认为能够培养"举一反三的实践者"的对话,至少有三个要点:(1)对话的内容与学生的行为有关;(2)对话中既要利用文字,又要利用行动;(3)对话建立在相互反馈交流的基础上。他认为师范教育还须重新计划,有必要把对科学的应用和现场交流的训练结合起来。对师范生来说,这种学习至少要求他们做到三点:现场的理解、现场的反馈和对现场反馈的再反馈。

于:我认为他的观点是正确的,这三点相互关联,我尤其赞同"相互的交流反馈"。事实上双向的交流更容易理解对方的反馈。换句话说,让新教师自己去适应教学工作,所不足的就是缺乏因相互交流而取得的反馈。在我们的岗位培训中,相互交流反馈不仅在师徒之间,而且有更广泛的范围,如教研组之间、新教师之间、全校各科教师之间大范围的交流。

与杜威的建议不谋而合

马:你说听课可以获取反馈,是不是任何时候都这样?有人认为不恰当的听课会抑制新教师的创造性,我非常欣赏杜威关于师范生听课的以下一些建议:"师范生听课,不应只是找出优秀教师的做法,把它作为自己知识的积累。当然按这些方法做,也会获得教学上的成功。但他更应注重师生之间的内在交流,听课首先应从心理的角度出发,而非实际的角度。"你是否认为杜威的建议只是一种理想,或者说根本不可能实现?当一位新教师带着解决他的"病症"而非"病根"的目的来听你的课,他真正想得到的是什么?我想他们应观察的与他们想注重的并不太吻合,而且后者往往由于更具迫切性,战胜了前一个目的。

于:我并不认为杜威的建议只是一种乌托邦的设想。从我们的经验来看,对还只是注重课堂组织安排的新教师开公开课,采用三种做法。第一种做法,听课前告诉新教师应注意的重点,不能指望在一夜之间解决所有的问题。我经常告诉我的学生,这好比吃东西,不能指望身体能立刻利用所吃的食物,需要有一个吸收的过程。我要求他们用一段时间来消化吸收我的课。也许他们不会马上接受我的建议,就像你刚才说的那样,他们应该看的与他们想注意的并不总是吻合,但事先告诉他们重点,比什么也不说强。第二种做法我认为非常重要。一堂好课,它的活跃的师生之间的精神交流,它的具有特色的思想问答,教学语言的魅力,会牢牢吸引听课的人。在一堂好课中,我们所说的课堂管理技巧会巧妙地融于师生间的思想活动之中,甚至不为听课者所察觉。听这样的课,即使新教师带着学习方法与技巧的目的,也会迅速地沉醉于师生思想交流的气氛之中。新教师应多听好课,以提高他们鉴别教学方法好坏的品位。虽然他们不能在很短的时间里实现这点，但可引导他们独立辨析什么样的课才是好课，或一堂好课应是怎样的。有些人批评青年教师太"苛求"，眼高手低。在教学鉴别上苛求又有什么不好呢？我认为这是成为一名好教师的开端。为此，新老教师配对，我们采取了审慎的态度，"老"与"好"毕竟是两个概念。第三种做法是抓听课后的反馈。听完一节课，趁印象还新鲜，展开讨论，指出优点，分析不足，上课的教师参与讨论并对某些问题进行解释式论述。我想，听课采用这些做法，取得的效果与杜威的建议可不谋而合。

马：你刚才讲的话很让我受益。你指出了师徒帮带给教师培训带来质上而非形上的不同。事实上，师傅好，新教师的创造性不仅不会被抑制，而且会得到鼓励与支持。

于：完全正确。我们自己也清楚地认识到，我们所取得的成绩离不开自己的革新与创造。我从不希望新教师完全踩着我们的脚印走，正如画家齐白石所说的那样："学我者生，仿我者亡。"

师徒帮带不能取代正规师范教育

马：在我看来你们的教师岗位培训是非常缜密和有实效的，你认为对你校新教师来说，正规的师范教育仍有必要吗？

于：很有必要。我前面说过，大学里的师范教育只是完成了教师培养工作的一半，另一半是在教学岗位上完成的。我认为任何一半都不可能取代另一半。大学里的师范教育为师范生提供了一个理论框架，是新教师日后工作与发展必不可少的基础，这是我们学校里的岗位培训无法做到的。

马：我们已谈到了下一个话题——师范教育与岗位培训的关系。我非常满意这次谈话，对你所讲的内容很感兴趣。谢谢。

做知识的富有者

在当今社会,"富有"这个词对众多的人来说,是具有很大的吸引力的。然而,人们想到的往往是物质财富,精神上怎样富有起来,想得就比较少了。人要生存,就要吃饭,就要穿衣,物质生活当然要考虑。但是,精神上贫乏,是个一无所有的乞丐,人的味道也就荡然无存了。

教师,作为人类精神文明的传播者,特别要讲究知识上的富有。生活上要逐步改善,这是无可非议的,但如果作为追求的唯一目标,那就会走线离谱。对物质财富要看透。如从事电脑行业的王安,曾是世界上十大富翁的首富,上西天时带不走一美元。到他儿子手里,家业逐渐败落。这是众所周知的事实,从中可获得人生的启迪。明确肩负育人的重任,锲而不舍地学习业务,学习文化,学习政治,学习科学技术,做一名精神富有的教师,就会在平凡的岗位上出成绩,出智慧,闪发人生的光彩。

首先,把"学"放在十分重要的位置上。要做到诲人不倦,先必须学而不厌。在现代信息社会,尤其如此。有一种误解,认为教师教学生,当然"教"是第一位的,教有余力,才挤时间学一点。似乎"学"在教师生涯中无足轻重。其实不然。教得好关键在于学得好,课的内容丰富生动,开启学生智慧,单讲究教学方法是远远做不到的,有源头活水流淌,不断以新知识充实自己,不断增长新的见识,课就有质量,就有风采,对学生有吸引力。课外与学生结交也是如此。教师,尤其是青年教师,与学生的关系是亦师亦友。在学生面前,应该做到师风可学,学风可师,学习方面也是学生的榜样。通过不断学习,知识日益富有,人就变得有才华。与学生交流,学生耳濡目染,不仅增长对教师的信赖与尊敬,而且受到良好的熏陶。因此,教师要有拼命吸取知识营养的素质与本领,犹如树木,把根须伸展到泥土中,吸取氮、磷、钾,直到各种微量元素。语文教师尤其要如此,因为语文教学的内容十分广泛,可说是中外古今,无所不包,非认真学习,不能驾驭一二。

学什么,这是第二个要研究的问题。尽管每个教师具体情况不同,学习要从实际出发,但有些基本的东西都应认真把握。例如,学政治,邓小平同志关于建设有中国特色的社会主义理论,就要领悟精神实质。如要坚持两个文明一起抓,两个文明建设同步发展。物质文明起着基础的作用,精神文明建设的根本任务是培养有理想、有道德、有文化、有纪律的新人。两个文明的建设互相渗透,双向推进。思想上对这个理论真正有认识,分析问题、处理问题的本领就大大增强。

又例如学文化。大学毕业生还要学文化吗?这里所说的文化,当然不是指识字的 ABC,是指文化素养的"文化"。有学历不等于有文化,是不是刻苦读书,是不是成为文化人,得靠自身的努力。语文教师要学中华民族优秀的传统文化。传统文化,作为中华民族的伟大创造,虽历经时代变迁,人间沧桑,却始终活在一代又一代人们的心中,并以它博大精深、辉煌灿烂的魅力,影响着人们的思想和行为。许多史书蕴含着历史的智慧,朱熹认为"读史当观大伦理、大机会、大治乱得失",从史书中获得历史知识,认识过去的中国,了解历史进程中的种种得与失,增强历史选择的意识,可以出见解、长智慧。读一些先哲、学者、名家的著作,如《论语》《孟子》《史记》及诸子百家代表作,可长民族的志气、民族的自尊、民族的自信。鲁迅说过:"我们从古以来,就有埋头苦干的人,有拼命硬干的人,有为民请命的人,有舍身求法的人,……虽是等于为帝王将相作家谱的所谓'正史',也往往掩不住他们的光耀,这就是中国的脊梁。"读史书,读先哲著作,接触到为中华民族做贡献的众多人和事,你会为艰苦奋斗、自强不息的民族精神所震撼,你会为他们洞悉社会、探讨人生的深邃思想所折服,从中吸取丰富的营养。结合中国文学史的学习,广泛地读一些散文、诗歌、小说、戏剧,能开阔视野,加深对知识的深入理解。知识丰富了,教学时不必也不应该故弄玄虚,但是,作为一名语文教师,知其二,知其三,心里就踏实得多。

学习优秀传统文化的同时,外国的优秀文化也要学习。优秀的文化是人类的共同财富,它往往跨越时空,跨越国界,在人们心中留下永不磨灭的思考与遐想。语文教师读一点世界文学名著,了解他国他人他事,借鉴写作技巧,欣赏异国风情,乐在其中。

最新的科学技术动态也要多加注意,如现在全球正在掀起建设"信息高速公路"的热潮,美国克林顿政府提出在今后10年至15年内建成全国信息网络——"信息高速公路",日本也制定有关计划。这实际上是一场继电话时代和航天时代之后又一场更加深刻的科技革命,将大大推动世界经济的发展。

总而言之,学习既要从自己的实际出发,有主攻方向,比较有系统地学习某些知识,扎扎实实读点书。紧扣教学深入学,拓宽思路广泛涉猎,以聚沙集腋的精神积累知识,逐步成为知识的富有者。

积累需要时日,绝非一蹴而就,因此,"恒"就特别重要。要有坚持不懈、锲而不舍的精神。一日不多,十日许多,长此以往,学的东西就很可观。学习毅力从何而来?来自对教育事业的满腔热忱,来自育人的崇高使命感。

在浪潮中搏击

如何根据语文教学大纲的要求有效地提高全体学生的语文水平，是富于事业心和责任感的语文教师努力探讨的热点问题。于是，各种改革的方法和措施在全国各地涌现，形成语文教改的浪潮，从教材到教法，从课堂教学到课外活动，从语文知识的传授到语文能力的培养等，研究并有初步成果的不乏其人。青年教师应像许多有志者一样，投身于语文教改的浪潮中，在浪潮中搏击。

现代社会里凡事都要讲实效，语文教学也是如此。如何在课堂有限的时间里提高教学实效，是教学第一线的语文教师进行改革的主攻方向。学生在中学里要学六年语文，要上近千节语文课。如果每节课都有明确的目的，训练都到位，学生理解和使用祖国语言文字的能力、赏析文学作品的能力，应该说可以达到一定的水平，其中佼佼者能在文科方面脱颖而出。然而，遗憾的是实际状况与应达到的目标还有相当的距离。时间花得不少，效果不理想，原因何在？改革，就要静下心来思考与研究这类问题。

改什么？怎么改？要调查，要分析，不能盲从，不能人云亦云。影响课堂教学质量提高的因素很多：从面上说，普遍性的问题是哪些，可以排排队，分分轻与重、大与小；从个人说，哪些好的有效的做法要坚持，哪些方面存在问题，突出反映的是什么。经过认真的调查研究，作实事求是的分析，应该怎样改革，心中就有底。比如，教学是围着考题转,还是以教学大纲为准绳,就含糊不得。如果学生一进高中,就对准高考的范围与题型进行操练,而忽视对课文的深入学习,"准星"偏了,语文能力就不可能获得有效的培养。有些课文确实是佳作,是训练学生读写能力、熏陶学生思想情操、发展学生思维力、想象力的好依据,但由于高考指挥棒的困扰,好端端的"文"斩头去脚,整体不见了,只是某个局部,某个局部也不是从整体认知,从语言文字和思想内容辩证统一的高度去揣摩,去领悟,而是抠几个字眼微言大义一番,支离破碎,碎尸万段。文章没有了,文味没有了,动情点消失了,学生脑子里塞进的是乱七八糟的"题"。语文能力怎能切实提高?这种情况不下决心改革,行吗?

改革,一定要紧紧扣住学科的性质与特点。语文教学是汉民族的母语教学,和学外语不能等同。外语教学行之有效的方法有的适合语文教学,有的并不完全适合,甚至很不适合,这就要用心分析。比如听和说的训练,学母语的环境和学外语的环境完全是两回事,应严格区别。训练的重点、程序、方法等,都要从学生的实际出发,针对性越强,训练效果越好。又如标准化试题,我们借鉴一点未尝不可,但把它奉为是最先进的、最科学的就大可不必。中学学习语文,一要重理解,二要重运用。别人说的话、写的文章要听懂、读懂,不能弄错,不能走样。话要说明白,写的文章要通顺。这些都是最基本的要求。迷信标准化试题,其结果是学生运用语言文字的能力很差,有些连一篇文章的中心意思都表达不出来,没有组织语言文字的能力。学生读写能力不能有效地提高,这种移植乃至照搬,就值得打问号。

改革,是要具备勇气的。既要敢于破除陈旧的确实束缚学生主动性、积极性的观念与教法,又要善于识别包装得美的但缺少实际效果,乃至有科学性错误的做法。着力于一味地讲解、分析,细碎又细碎,学生读课文、想问题、谈看法的机会被占掉,学习积极性就受到压抑,这种教法当然要改。改，就须有转变观念的勇气，把相信自己转变为相信学生。学生是有主观能动性的人，有一定的学习能力，只有充分认识这一点，启发、点拨、引导，学生才会学有兴趣，学有所得，学有旺盛的求知欲。改，不能搞形式主义，不能搞花架子，不能醉心于口号的响亮、迷人，而应追求实实在在的内容，实实在在的效果。复杂的语文教学及其规律，非简单的口号所能囊括，可为什么有的口号又会产生轰动效应呢？这与我们这块文化土壤有关。长期以来，我国有数目可观的文盲、半文盲，复杂的东西简单化很容易接受。我们青年教师是文化人，立志教改要善于识别，在科学性、实效性上多下功夫。

改革，要增强实验的意识。可有总体设想，可以局部改革为突破口，取得经验，再扩大成果。但无论采取怎样的方式，都要从教与学的实际出发，在调查研究弄清情况的基础上进行，而不是凭主观臆想，要怎么改革就怎么改革。改革是改掉不科学的、低效率的、影响学生学习主动性的，绝不是把好的、有效果的东西丢弃。比如，多读多写是提高语文能力的有效方法，被大量实践所证明，不能因为是传统教法就丢弃。至于怎么读怎么写，怎样更有效果，改革的天地十分广阔。改革的结论应产生于一定时间的实验之后。改，有成功，也会有失败，成功与否不能凭主观臆断，应该实事求是。实践出真知，实践是检验真理的标准。有计划有目的地进行教改的实验，三年磨一剑，五年磨一剑，认真积累，科学分析，就会越来越认识语文教学的规律，越来越会有真知灼见，取得语文教学的主动权。

愿青年教师在语文教改的浪潮中搏击，成为语文教学的中坚力量！

爱国主义铸师魂

社会上并不是所有的人都能做教师的,除了学科专业的教育才能外,教师要有教师的气质、教师的风骨、教师的魂。在商品经济大浪潮中,要维护学校教育的纯洁,确保学生按德智体全面发展的要求健康成长,铸师魂就十分重要。最近,中共中央印发的《爱国主义教育实施纲要》给我们铸师魂以极大的精神力量。

一、深化认识,提高以爱国主义塑造心灵的自觉性

师范学校进行爱国主义教育有其特殊的重要作用,关系到民族素质的塑造。

我们这个古老的民族历经内忧外患,而今自立于世界民族之林,并以巨大的发展业绩使世人刮目相看,这是由于党的领导,由于一代代志士仁人继承和发扬爱国主义精神。爱国主义是中华民族赖以生存发展、兴旺发达的精神支柱,民族气节是我们的民族魂。在几千年的风风雨雨中,我们民族历经挫折而不屈,屡遭坎坷而不回,披荆斩棘开辟道路,奋然前行,这种自强不息的奋斗精神和炽热的爱国精神构成了中华民族的浩然正气。教育代表未来,教师是未来的塑造者、先驱者,因此,必须具备这种精神。我们学校以"一身正气,为人师表"为全校师生的座右铭,就是要以爱国主义精神、以中华民族的浩然正气塑造全校师生的灵魂。

《爱国主义教育实施纲要》中指出:"爱国主义教育的重点是青少年。"师范生是青年,当然是教育的重点。而且,与一般青年比,对他们的教育似乎更为重要,也可说是"重中之重"。因为师范生是明日的教师,今日师范生的质量就是明日小学教育的质量,今日师范生的思想情操、道德面貌,就是明日小学教育的面貌。因为一名师范生毕业后工作几十年,要教数以千计乃至万计的小学生,他自身的素质和能力影响儿童一大片,辐射面极广,今日师范生的质量关系到明日民族素质的铸造,其战略意义不言而喻。《纲要》指出:"广大教师在爱国主义教育中要身体力行,为青少年做出榜样。"对师范学校来说,提高教师实施爱国主义教育的自觉性、主动性自不必说,就是对学生,也要不断灌输"身体力行"的意识,毕业后能对儿童施以良好的爱国主义教育,为此,我们强调两代师表一起抓。

二、认真钻研,充分发挥课堂教学育人的主渠道作用

学生在学校大部分的时间是在课堂里度过的,各学科对学生进行怎样的教育,学生长期耳濡目染,就会在脑海里留下深深的痕迹,甚至某些思想、某些语言镌刻在心,永志不忘。课堂教学在学校教育中确实是教书育人的主渠道。

然而,这一点并不是所有教师的共识。谈到思想教育,就会立即想到班主任,想到课外活动,想到社会实践,寓教育于教学之中的反应不直接不强烈。这是因为进行思想教育有显性与隐性之分,参观、瞻仰、听报告、作讲演,都是显性的教育,一目了然,课堂教学中进行思想教育,根据教学内容的特点,有显性,有隐性,而隐性更为普遍,就没有给予足够的重视。

要充分发挥课堂教学对学生进行爱国主义教育主渠道的作用,首先各学科教师须变无意为有意。应该说绝大多数教师重视对学生进行

思想教育,但教学时是有意识还是无意识,这种意识强烈不强烈,就很有差别了。教育是有计划有目的的活动,不能企求"无心插柳柳成荫"的意外效果。爱国主义是立国、立身的精神支柱,教师要牢牢把握住爱国主义这条红线,根据学科特点,根据教学内容与训练要求,适时地撒播到学生心田,滋润他们健康成长。

其次要认真钻研。与教学业务一样,爱国主义教育也要认真钻研教材。正如《纲要》所说的,中华民族悠久历史的教育,优秀传统文化教育,党的基本路线和社会主义现代化建设成就的教育,国情教育等,"素材非常广泛,从历史到现实,从物质文明到精神文明,从自然风光到物产资源,社会生活的各个领域都蕴藏着极为丰富的爱国主义教育的瑰宝",这些瑰宝必然会在各学科教材中有所反映。不管是显性还是隐性,教师要练就一双慧眼,挖掘教材中的爱国主义种子,撒播到学生心中,激起感情的波澜。

当然,在学科中进行爱国主义教育绝不是生拉硬扯,绝不是外加。要在熟悉教材的基础上寻找爱国主义教育和学科知识传授、能力培养的最佳结合点,渗透、溶化,水乳交融,学生获得知识,获得能力,思想感情受到熏陶。教师在认真钻研教材,挖掘爱国主义教育因素的过程中,也用爱国主义思想铸造了自己。只有自己动真情,才能以情激情,给学生以有效的教育。

三、开阔视野,高扬当代中国爱国主义的主旋律

爱国主义是一个历史范畴。作为一种体现人民群众对自己祖国深厚感情的崇高精神,是同促进历史发展密切地联系在一起的。在当代中国,在改革开放、现代化建设的新的历史时期,爱国主义与建设有中国特色的社会主义是统一的。邓小平同志指出:"中国人民有自己的民族自尊心和自豪感,以热爱祖国、贡献全部力量建设社会主义祖国为最

大光荣,以损害社会主义祖国利益、尊严和荣誉为最大耻辱。"这是对当代爱国主义精神的高度概括。对学生进行爱国主义教育,不仅要有纵向的思考,从古代到近代到现代,把中华民族爱国主义的光荣传统扎根到学生的心中,为学生做中国人、有中国心在思想建设上奠基,更要放眼当今,突出民族自尊心、自豪感的教育,突出全心全意为建设有中国特色的社会主义做贡献才最光荣的教育。

在改革开放的浪潮中,社会主义现代化建设事业以惊人的速度和规模突飞猛进,自力更生、艰苦创业的人和事大量涌现,各个领域、各项事业的成就中,都蕴含着一曲曲感人肺腑的爱国主义之歌。这些活生生的、有血有肉的爱国主义教育资源,看得见,摸得着,学校要注意收集,注意积累。不仅教师要主动做,师范生也要积极做,既自我教育,又为明日教育儿童做扎实的准备。

对学生进行思想教育,方面很多,理想、信念、人生观、价值观、荣辱观等,都要认真引导,而这些教育的共同基础是爱国主义。师范学校对学生进行爱国主义教育、集体主义教育、社会主义教育和师德教育,应有机结合起来,高扬当代爱国主义的主旋律。

人是要有点精神的,师范学校师生胸中有爱国主义思想感情的激荡,必能精神振奋,干劲倍增,为师范教育事业贡献聪明才智。

要真心与阅读为伴

这是一件真实的事：历史课上，教师要求学生做填空练习，其中一道题是：《满江红》表达了岳飞怎样的心愿。许多学生木然，个别学生脱口而出：还我河山，精忠报国。不少学生仍茫然，教师提示：收复失地。作业交上来，不少学生把"失地"写成"师弟"，令人啼笑皆非。是把字写别了吗？貌似别字，实质是阅读的缺失，孤陋寡闻所致。

青少年时代是好奇心、求知欲、记忆力、想象力最旺盛的时期，阅读精品佳作对精神成长的滋养毫不次于粮食、蔬菜、蛋禽等食品对身体成长的恩泽。只不过后者显而易见，前者包含在素质的孕育之中，难以立竿见影。在功利思想泛滥的今天，短视已成为时代病，醉心于题海题库中浮沉徜徉，忽略或无暇顾及阅读兴趣、阅读习惯、阅读能力的培养也就见怪不怪了。

许多人生阅历丰富的人，对阅读在人生中的重要性认识的深度、见解的精辟，令人震撼。诗人约瑟夫·布罗茨基是视文化为全部生命的人，1987年他获得诺贝尔文学奖，在获奖演说中他这样沉重地说："鄙视书，不读书，是深重的罪过。由于这一罪过，一个人将终生受到惩罚；如果这一罪过是由整个民族犯下的话，这一民族就要因此受到自己历史的惩罚。"这个典型的例子有力地说明了阅读对人生、对民族无可比拟的价值和意义。

在当今社会要做素质良好的现代文明人，不认真阅读，不大量有效地获取信息,怎能生存怎能发展?尤其是青少年求学时期,如果不抓紧阅读,不努力用人类创造的精神佳品哺育自己成长,怎能有扎实的学识、丰富的思想、开阔的视野,成为国家建设的有用之材、优秀之士?

阅读的重要性已不言而喻,青少年学生怎样才能把阅读作为自己的一种生活方式,作为人生的伴侣呢?

首先要发展自己对阅读的兴趣爱好。兴趣爱好是阅读的内驱动力。众所周知:知之者不如好之者,好之者不如乐之者。阅读是一种心智锻炼,是一种快乐。每个人生活的空间有限,能直接接触的事物更是有限,而用文字装载与传承文化的书中描绘的世界却是古今中外,无边无际,色彩纷呈。只要打开一本书认真阅读,它就给你开了另一扇窗,引领你不由自主地步入第二生活,关心,担忧,兴奋,哀伤,蓦然回首,你发现自己增长了见识,悄悄地长大了。

阅读要有兴趣,须有探究的意识。《庄子·列御寇》中说:"千金之珠,必在九重之渊而骊龙颔下。"经典著作、优秀作品中蕴含着人类精神文明的宝藏,阅读它们,就是一种寻找,渴望与一些人、一些灵魂、一些伟大思想、伟大人格相遇,有的是数十年一面,有的是百年千年一遇。相遇,交谈,宝珠闪发的光亮会开你心窍,启你智慧。当然,此处说的是读好书,尤其是经典。经典是人类文化积淀下来的精华部分,经得起时间的考验,它的思想、智慧的普遍性,在不同时空中传播,仍被许许多多人信奉,提升人的精、气、神。

其次要养成阅读的良好习惯。清人刘蓉说,为学贵慎始。求学在起步时就须养成良好的习惯,阅读也是如此。习惯成自然,好习惯持之以恒,就能形成良好的素质。学业紧张,也要学会合理安排时间,挤出一点时间读书。每天读几页,犹如生活需要,日久天长,就有了文化积累。一学期要下决心读两三本好书,认真仔细地读,思考,对照,摘录,写点读后感想。与此同时,可浏览一些书报杂志,自行选择,略知大意,开阔视野，无须花很多时间。

当前，阅读习惯难以形成的障碍之一是图、屏、博客对学生的冲击。不少人读图代替了读文，读屏代替了读书，读博客代替了读经典。图像、网络确实扩大了人们接受各种信息的渠道，但不可能取代文字的书的阅读。复杂的情感、抽象的思维，难以用图像来表达。阅读是个性化的行为，沉浸在语言文字之中，可咀嚼，可品味，可思索，可想象，思想遨游的空间很大，深入探究的厚度极深。阅读可以多角度理解，可有自己的创见。读一本优秀读物，你可以参与其中，扮演角色，期待事件的发展；你可以评论，对人、事、景、物发表自己的看法；你可以从中找到志同道合的朋友，高山仰止的榜样，也可以批判丑恶的思想、丑恶的行为，与人间丑恶势不两立。

阅读是人类特有的神圣权利，青少年学生在人生的黄金时期珍视这个权利，用好这个权利，一辈子受用不尽。

随笔三则

"老师,植物也会走!"

在自然常识课上,一位年轻的女教师讲述生物与非生物、生物中动物与植物的区别。突然,一个小男孩举手说:"老师,植物也会走!"像谁在蜂窝里捅了一下,教室里一片嗡嗡声。老师问:"你怎么知道的?"小男孩答:"我从电视里《动物世界》看到的。"老师解释:"动物会走,植物不会走,这是正常情况……"接着几个兴奋的孩子七嘴八舌地嚷了起来:"'吃人树'会动,人碰到树的一根枝条,枝条会伸过去把人紧紧缠住,能把人弄死。""还有洗衣树……""还有牛奶树……""还有柴油树……"刚才还镇静的老师这下招架不住了,腼腆地一笑,承认自己"说不清楚"。孩子们立刻安静下来。

多可爱的小学生啊!他们的小脑袋里装的东西真不少。一个个读故事,听广播,看电视,翻画报,阅读课外读物,游戏,玩耍,无不吸取来自自然、来自社会的种种新鲜、奇异的知识和信息。

教师是诚实的。面对着几十双求知的眼睛,她没有找一些含糊其词的话语来搪塞学生,也没有用"你们长大了就懂了"的挡箭牌来压抑学生求知的欲望,而是知之为知之,不知为不知,老老实实告诉学生自己"说不清楚"。在做老实人方面为学生做了榜样。别看这些小学生年龄小,他们也能心领神会,拆除关卡,使课顺利地进行下去。时代在进步,社会在发展,科学技术飞速向前,新知识新信息层出不穷,传递知识与信息的渠道也日新月异。教师要胜任教学任务,只钻研教科书是远远不够的。教师工作十分辛苦,但再辛苦也要挤出时间来开阔自己的视野,增进自己的新知识,跟随着时代前进。教课,满足于已有的知识,几年一贯制,课就没味儿,就难以开启学生的心窍,当然,也就不可能激发学生旺盛的求知欲。

要是遇到学生提"植物也会走"之类的问题,教师不懂,说不清楚,在课堂上偶尔为之,这是无可非议的。知识浩瀚如海洋,教师不是万能博士,当然不能解答每个学生所有的问题。但是,厚积而薄发,是一条重要的原则。须知:教海无涯,学海更无涯。教师总体上要超过学生,在自己的专业领域内更是要胜过学生,否则捉襟见肘之事就会频频发生。大而言之,影响学生的成长;小而言之,自己在学生心目中的形象将会受到损害。

45比10

几位素不相识的外地高中生写信给我,诉说他们上课的苦恼。苦恼什么呢?他们说要学的学不到,不要学的充斥课堂45分钟,课文咬了又嚼,嚼了又咬,没劲,不如去看10分钟的《东方时空》,又学知识,又懂道理,轻松而愉快……

此话说得绝对,不可能一堂课45分钟的教学内容都是无味的,无价值的。课堂学习与看电视是两回事。要学习一点知识,增长一点能力,须付出艰苦的脑力劳动。不费吹灰之力,就成为有文化的人,只是异想天开而已。电视以图像、声音、色彩取胜,容易娱人耳目,使人在轻松愉快中获得知识,开阔视野。但是,学生的重要任务是学习,学习的主要场所是学校,主渠道是课堂,这是任何电视节目都无法取代的。因此,"10"与"45"没有可比性。

然而,这封信又使我想起这样一件事。几个初中生曾围着我说:

"刚拿到书读《谁是最可爱的人》真有点感动,可老师一讲解,却感动不起来了。这个词,那个句,翻来覆去,一点劲儿都没有了。"听到这话,我心中颇有几丝凄凉,总觉得学生不大理解教师的苦心。不过,在伤感的同时,不得不反躬自省:语文课究竟应该怎么教?怎样才能给学生一些兴趣和欢乐呢?

课堂里学生是学习的主人,学习母语他们更有充分的发言权。从呱呱落地算起,他们口说耳听眼看的都是祖国语言文字,对这个学习语文的背景无足够的认识,就会低估学生学习的潜力,就会讲述一些学生认为是多余的无意义的话,使学生感到索然无味。

教学要坚持唯物论,从学生的实际出发。在学生似懂非懂之处、难以理解之处、易入误区之处,语文教学要浅者深之,窄者宽之,误者正之,要启发引导学生耳听、口读、眼看、手记、心想,对课文饱含的感情、作者谋篇布局的匠心、遣词造句的奥妙能从整体上领悟,在吸取文化营养上产生"心有灵犀一点通"的愉快。相反,如若支离破碎,反复地机械训练就会堵塞求知的大门,贻误学生的青春。

学生的学习如与兴趣无缘,效果必差;了解并研究学生,加强教学的针对性,是提高教学质量的有效途径之一。

补　心

经调查,某校初二年级 175 名学生中有 18 名学生的父母是离异的,多的班级单亲家庭的学生占全班学生总数 19%,并且年级越低的班级单亲家庭的学生越多。这 18 名学生且不说学习状况,单就精神卫生来说,有缺陷和严重缺陷者占 11 人之多,即就自信心、责任感而言,18 人全都程度不等地有缺陷。

此类调查见到多份,具体情况大同小异。

担负着育人重任的教师须清醒地面对这个现实。当前,人们的婚姻观念发生了变化,离婚率不断上升,单亲家庭增多。这对子女教育产生种种弊端,给幼小的心灵造成严重的创伤。这些孩子思想情绪往往受到压抑,不合群,怕同学知道自己家庭的情况,自我封闭,自卑感很强。有的表现出冷漠、固执、桀骜不驯。学习、生活、为人、处事,缺乏良好的自信心和责任感,学习成绩优异的极少,在校园生活中表现优秀的微乎其微。

这些孩子是无辜的。在本应受到父母双亲爱抚教育、健康成长之时,他们却遭到了不幸。他们在迷惘中注视着家庭的裂变,在动荡不安的心情下度日。

对这些人为造成心理缺陷的孩子,教师要做补心人。孩子心灵上的破损首先是感情上遭受重大打击所致,因此,教师要付出比一般学生更多的爱来温暖他们的心。经过狂风暴雨洗礼的幼苗,更需要园丁的精心照顾,精心栽培。埋怨他们不守纪律,责怪他们学习不好,乃至有歧视他们的想法,这无疑是雪上加霜,对他们的健康成长不利。

补心,来源于历史的使命感。学生都是祖国的未来,教师对每一个学生都要浇灌心血,培养他们成才。特殊家庭的学生需要特殊的爱。今日心理健康,素质良好,明日就能为祖国建设出大力。

补心,植根于浩荡的师爱。教育事业是爱的事业。教师的爱是超越亲子的爱,蕴含着人民的嘱托、祖国的期望。对失去父爱或母爱的孩子弥补心灵缺陷,是责任,是义务,是师爱奏鸣的乐章。

补心,要讲究教育的艺术。要深入了解,接近这些孩子,理解他们的喜怒哀乐,懂得他们的兴趣爱好,做他们的知心朋友。要通过日常的一件件小事,让他们走出封闭,进入群体之中,感受友情,感受温暖,增强自信,增强责任感。要通过对生活的剖析,让他们体会挫折能催人奋起、不幸能使人坚毅的道理,激励他们认清前途,充满希望。

补心人献给孩子的是无私的爱,愿颗颗受损伤的心在爱的甘露洒播下治愈。

追求卓越,让青春在教坛上闪闪发光[①]

欣闻全国青年语文教师联谊会今夏将于山东泰安成立,兴奋不已。青春就是财富,就是无价之宝。在当前市场经济的浪潮中,青年教师不为外界引诱而动心,致力于语文教学的探讨,切磋交流,共同提高,这是语文教育事业兴旺发达的希望,语文教育事业后继有人。在衷心祝贺联谊会成立的同时,谈一点粗浅的体会供青年朋友指正。

一、定位

把自己的位置定在什么基准线上是十分重要的问题。我改行教语文时不是没有自知之明,自知与中文专业毕业的教师从功底上说无法攀比,但是,我清醒地认识到既然已是语文教师,就要有那么点志气,那么一股劲,成为合格教师,成为优秀教师,这样才不愧对学生,不愧对教育事业,当然也才不愧对自己,不虚度年华。

教学上要有高标,要追求卓越。"颖"要有锋芒,要有光彩。标准一定要高,这不是从个人获取渺小的名利出发,死乞白赖地维护个人的得失,拼搏个人欲望的实现。标准高,定位高,这是语文教育事业的需要。要深刻地认识这一点,须放眼看世界。目前,世界的政治形势由对抗转

[①] 本文是 1995 年时任全国中学语文教学研究会副理事长的作者为全国青年语文教师联谊会成立而写的贺信。

向对话,军事上的对抗与竞争日益为科技领域的激烈竞争所取代。在这种新的形势下,作为新科技革命的基础与动力的教育,被推到各国的前沿阵地,具有越来越重要的战略意义。在未来的社会里,知识和信息被看作是最重要的战略资源。一个民族要想在未来的世界里取得政治和经济的优势,就必须大力发展教育。当前,教育实际上已处于全球性的战略地位,要建设强盛的国家,非创一流的教育不可。一流的教育最为重要的是要有一流的师资,青年语文教师须立志创一流、做贡献。语文教学要提高质量十分不易,然而,年轻人要有脱颖而出的锐气。年少气要盛,这个"盛"不是目空一切,瞧不起人,而是有朝气、锐气,不达目的誓不罢休的勇气。

树立高标,做一流教师、优秀教师是第一步,还要有无畏的精神说"我要成为语文教育家"。由于历史的曲折以及种种原因,我们这一代往往只有支离破碎的经验或一鳞半爪的理论,语文教学中许多问题扑朔迷离,许多问题正确与谬误纠缠,需要年轻的一代教师站在我们的肩膀上去粗取精,去伪存真,探索规律。定位定得卓越,就有持久的内驱力,一心钻研教学。

二、守恒

不积跬步,无以至千里,不积小流,无以成江海。有鸿鹄之志绝不等于事业的成功,要锲而不舍坚持学习,坚持教学实践。

没有入门的人会把教课看得十分容易,认为一堂课45分钟,只要有教材都能上,殊不知不同的教师在等同的教学时间内创造的质量可以大相径庭。平铺直叙与多维角度的塑造,学生得益必定很不相同,从学生着想,从学生日后语文能力、做人素质的后劲着想,备课不能有丝毫的懈怠。自己真懂,才能正确地向学生传授知识,才能有效地培养学生语文能力。教学须严谨,一个字一个词一个句子,都要认真对待,不能小视。小学里"的""地""得"区别不清的,长大了模模糊糊用错了的大有人在。幼功重要,切不可掉以轻心。教课最怕大而化之,笼而统之,都点到了,又似乎都没有到位,学生如在云里雾里,发展受到影响。我在教课过程中,自知底子薄,每教一节课都在以下几个方面花力气:熟读教材,力求自己有所得;从学生实际出发,精心设计教学过程,使学生真正有所得;教后反躬自省,寻找不足与缺陷,于是在遗憾中奋起,继续努力,一步一个脚印。就这样春花秋月数十载,跬步再跬步,逐渐摸索到语文教学的大门。

当教师最怕成为教油子,五年一贯,十年一贯,年年如是,没有长进。求知要日新,教学也要求日新,不能墨守成规,裹足不前。所谓"新",不是变戏法,走捷径,而是除弊布新的"新",年年有新的认识、新的观点,越来越接近和掌握语文教学规律,越来越能有效地提高语文教学质量。恒,是意志的锤炼,毅力的锤炼。岁月为砧恒为锤,锻炼出语文教师对语文教育事业的忠诚。

三、博采

语文学科由其性质与任务所决定,教师须博学多才,千万不能孤陋寡闻。今日所处的时代已与往昔大不一样,社会发展,科技以惊人的速度飞快进步,教育单一功能价值观正在向教育多功能价值观转换,教育片面质量观正在向教育全面质量观转换,教育低效率观正在向高效率观转换,学科教学要适应新形势,教师就应该以学为本,让知识长流水滋润自己的心田,努力提高教书育人的本领。

"书到用时方恨少。"这句话非常精辟,入木三分,我深有体会。在教学全过程中,我几乎都处于捉襟见肘的困境。这绝不是故作谦虚,而是真实情况。要深入浅出地剖析问题、对词句篇章一语破的等均非易事,总觉得肚子里墨水少,既不能居高临下,又不能左右逢源。为此,年轻的同志要从中吸取教训，多读书，而且要扎扎实实地多读书。一名教师抱着教学参考书转，是不可能成为优秀教师的。上课，只是教学参考书的迁移与搬家，不仅难以赢得学生的信任，而且更为遗憾的是闭锁知识的源泉，闭锁自己智力的发展。思想枯竭或者是思想贫瘠，教学中只能是一筹莫展。

博采除了博览群书外，还得做有心人，学习别的教师创造的经验。这里有两点须注意。一是要虚心，不能孤芳自赏。任何一名教师的教学都有长处，善于学习就能拿来为我所用，丰富自己。即使别人的不足，也可引以为戒。青年教师要有容他性，不能有排他性。心中要有语文教师的群体，任何一名教师的长进，对事业的发展总是有利的。心胸要宽广，自己的经验再好，也会有某些局限，更何况凭个人的才智，实在难以创造十全十美放之四海而皆准的经验。二是要独立思考，不能盲目崇拜。学习别人并不是被别人牵着鼻子走，而是要认真思考，认真筛选，择善而从之。特别是虚张声势的口号蛊惑人的，更要审视一番。这并不是哪个人要怎样做，而是限于认识水平、理论水平，容易受市场经济影响，容易正误糅杂。就这一点来说，特别要学习鲁迅先生的教导，放出眼光，自己去拿。

博采，要学蜜蜂采蜜，辛勤酿就语文蜜，造福学生心甘甜。

守恒、博采，最后应归结到创造，在继承精华的基础上创新，形成特色，形成风格，形成流派，既广博，又专精，为语文教学贡献聪明才智，贡献青春年华。

怎样提高语文课堂教学效果

一节语文课的时间、空间是固定的,对每个教师都一样,但不同的教师上的课,效率、效果是不完全一样的。我们的基础教育必须采取班级教学的形式,学生的语文能力得法于课内,所以课内就十分宝贵、重要。怎样提高语文课堂教学成效?我觉得要注意以下几点。

第一,要充分认识语文学科的特点。语文学科作为一门人文应用学科,是语言的工具训练与人文教育的结合,其综合性非常强。关于这一点,我已撰文阐述,在此不再重复。

第二,课堂教学应该立体化,多功能,一箭数雕,熔知识传授、能力培养、智力开发、思想情操陶冶于一炉。比如初中教材有《晋祠》,我在教这篇课文的起始阶段就设计了这样两个环节。首先请每一位学生用响亮的完整语句介绍一处名胜古迹,学生从上海小刀会故址讲到西藏布达拉宫,从杭州的西湖讲到长白山的天池。这个环节可达到以下几个目的:(1)传递信息,扩大视野。一个同学讲一处名胜,几十个同学就讲几十处,相互进行了知识传授。(2)培养说的能力。(3)发展智力。当学生站起来讲杭州"柳浪闻莺""三潭印月"的时候,自然会唤起记忆,展开想象。(4)陶冶情操。让学生知道祖国数千年文化平铺在九百六十多万平方千米的大地上,名胜古迹无处不在。这个环节只用了几分钟的时间,活跃了课堂气氛,使学生兴趣盎然。接着我顺势引导他们进入第二个环节,拿出一本厚厚的《中国名胜词典》,说山西名胜的第一个词条就是晋祠,让学生打开练习本听写。听写完之后,又齐读一遍,校对一下。这样做,试图达到下面几个目的:(1)激发求知欲,在教学全过程中不断调动求知的积极性,让学生体会到他们知道得太少了,需要学习。(2)培养听写的能力,我是用记录速度读的。(3)检查阅读的准确度。让学生听写之后,每一句再用号码标出来,然后以浏览速度对照课文,看哪一句可以跟哪一段对应。有个学生说数字不对,课文说晋祠离太原40里,而词典说离太原50里。究竟哪个说法对呢?我让学生再仔细读,学生们说都对,因为课文说晋祠在太原西里,词典说在太原西南50里,那个学生是漏看了一个"南"字。于是我总结说:"漏看一个字,就差10里,真是'失之毫厘,谬以千里'呀!"学生因而切实感到阅读要准确,不能粗心。(4)锻炼比较思维的能力,让学生区别词典与一般文章的写法有何异同。(5)激发民族自豪感,让学生知道在那么早的年代,我国就建造了那么高超的建筑物。这样,"一箭数雕",两节课学完,80%的时间都是学生在学、读、写、听、说,老师只起指导作用。

举《晋祠》的例子,旨在说明几个问题。(1)课的出发点要搞清楚,是从教出发,还是从学出发,不能弄错了。施教之功在于引导、点拨、启发、开窍,而不是自己在讲台上讲个没完,占用课堂的大部分时间。所以课堂教学一定要以学生的学为出发点。(2)建立有效的联系网。课堂教学是有结构的,传统的结构是单向型的,直线往复,即老师讲,学生听,或学生问,老师答。这固然有其合理性,但也有不少的缺陷,导致有些学生只习惯于当听众,而不积极主动思考。所以要转变为辐射型的、网络式的,让教师的教作用于每个学生,每个学生的反应再作用于教师。同时还要注意"兵教兵",让学生之间互相交流,最大限度地发挥教师教的主导作用和学生学的主动性。学生一旦主动了,教师就会跟着长学问。有一次我教《白杨礼赞》,一个女生突然举着手说:"我想不通,白杨树不成材,楠木是贵重的木材,茅盾为什么赞扬白杨树,贬低楠木?

我是个小孩,人微言轻,但有的大作家也说白杨树是不好看的!"说着,她从课桌中拿出屠格涅夫的《猎人笔记》,说文中写白杨树"叶子硬得像金属,枝条也不美"。我虽然以"象征手法,景随情移"向她作了解释,但这个问题是我备课时从没有想到的,这促使我更进一步地思考,以弥补备课的不足。

第三,上课一定要有鲜明的节奏。语文课最怕上得模糊一片,因此每一个教学环节都要有很强的目的性,至少一堂课的起始、高潮、结尾三个段落要清晰明了。课的起始阶段不能疲疲沓沓,要如爆竹鸣响,如京剧中的"亮相",一开始就吸引学生。这一点应根据情况进行灵活设计。我教《藤野先生》,开始就使用了直观教具,先问"朝花夕拾"的含义,让学生明白这本散文集是回忆性的。然后拿出鲁迅在厦门大学时的照片和东渡日本时的照片,让学生观看。学生看惯了鲁迅的标准像,还没见过他年轻时的照片,所以感到惊奇,注意力马上就集中了,而我也就不用介绍时代背景了。教《孔乙己》时,我开头就制造了两个悬念。第一个悬念:我告诉学生,凡是读过鲁迅小说的人,没有不知道孔乙己的,也无不被这个小人物的形象所感动。据鲁迅先生的朋友回忆,鲁迅在世的时候,对他创作的小说最喜欢的是《孔乙己》(学生没有这个知识,一听耳朵就竖起来了)。鲁迅为什么最喜欢《孔乙己》呢?它是以怎样的鬼斧神工之笔来塑造这个小人物的形象的?读后请大家回答。接着,我又推出另一个悬念:有人说古希腊的悲剧是命运的悲剧,莎士比亚的悲剧是主人公性格的悲剧,而易卜生的悲剧是社会悲剧。悲剧一般使人泪下,而我们读了《孔乙己》以后,眼泪不会夺眶而出,而是内心感到一阵阵的痛楚,这究竟是命运的悲剧,主人公性格的悲剧,还是社会悲剧?这个悲剧是在人们的笑声中进行的。这样,学生带着悬念去学,积极性被调动起来,学完之后回答说:它既是社会(清末下层知识分子)悲剧,也是主人公性格的悲剧——一个手不能提,肩不能挑,还不肯脱掉长衫的下层知识分子的性格悲剧。所以,我觉得在课的起始阶段,一定要花一点功夫来凝聚学生的注意力。

  课启动完毕之后,即进入阅读分析、训练学生读写听说能力的阶段。这个阶段必须把握好课的高潮。上一堂课就和写一篇文章一样,好课应该是师生共同创造的一篇优美的散文,其中有老师的智慧、学生的闪光点,有读写听说的结合。同时,课一定要有节奏,要有张有弛,张弛结合,起伏有致,疏密有节。有时训练密度要很大,有时要缓解一点,这是基于学生的学习心理和生理状态。青少年的自控力是不可能45分钟始终全神贯注的,老师要意识到这一点,要有节奏地、一浪推一浪地组织教学内容。教学一定要"胸中有书,目中有人"。"胸中有书"就是胸中要有教材,有教学目的,有教学大纲,对教材要烂熟于心;"目中有人",就是要明白老师只是导演而不是演员,要让学生多表演、多练习。我常跟青年教师讲,45分钟要全把握好是不容易的,但可先上好一刻钟的课,组织一个高潮,让学生全身心地投入,充分调动学生的感觉器官和思维器官。

  课的结尾当然也不能松懈。语文教师天天要跟学生见面,因此不能"毕其功于一课",要想着今天的课应撒一个求知的种子,为明天做伏笔;有些问题可以暂且搁置,也可以留着问题下课讲,也可通过讨论逐步解决。我教《藤野先生》,采用的是多个环节让学生质疑的办法。这篇课文学生比较生疏,所以我就让学生多提问。学生问了许多问题,其中有的问题问得非常好。例如一个学生说:课文第一句话就有语病,"东京也无非是这样","也"字是连接性的关联词,前面没有句子,怎么能用"也"呢?我没有立即回答,而让学生思考、讨论,使他们明白"也"字含有许多潜台词:鲁迅先生东渡日本留学,寻求救国救民的道路,但到东京一看,那里的留学生醉生梦死,所以说"东京也无非是这样"。

把握课的节奏,还必须注意速度的问题。19 世纪蒸汽机时代、20 世纪内燃机时代已经结束了,而今是信息时代,社会生活节奏加快了。教育必须适应社会和时代,适应经济建设,所以语文课必须训练学生思维的敏捷性。在教《春》的时候,我就采用了"面上开花"的办法,让学生讲一讲有关"春"的美言佳句,一分钟之内,学生说出了"万象更新""大地回春""春回大地""春雨霏霏""万紫千红总是春"等语句,既活跃了气氛,又锻炼了思维的敏捷,扩大了思维的容量。

第四,课要讲究容量。提高效率,必须有容量作保证,才能熔知识传授、能力培养、智力开发、思想情操陶冶于一炉。提高容量的关键,在于讲和练的角度要准、方式要活。《七根火柴》描写无名战士牺牲前的那段文字十分感人,我的教案第一次是想这样提问学生:无名战士牺牲前的语言描写和动作描写是怎样的?但我马上感到,这样的提问苍白无力,角度太糟了,于是划掉,改成:无名战士临死前说了哪些话?有哪些动作?表现了怎样的思想?可是这样的提法也不行,我立刻又把它否定了。我想起了许多音乐作品的主旋律一出现,就能打动听众的心,震撼人们的心灵。于是我重新思考,调整了提问的角度:无名战士留给人间的最后的话语是什么?最后的动作是什么?与常人比有什么不同?反映了他怎样的心灵?当两个"最后"的字眼一出现,学生的感情立刻就调动起来了。所以,同样一个问题,角度的选择至关重要,一定要想法拨动学生的心弦,使语言和思想双管齐下。

第五,要有时代活水流淌。学生跟教材的距离很大,古文好比是天书,外国文学距离也很大,即使是现代文学作品,课文选的也多是 30 年代的。教师应精心备课,缩短学生与教材的距离,想方设法把现实生活引进去,使课堂教学中有时代的活水流淌,课文不管是古的还是洋的,一律拿来为我所用。比如梁启超的《少年中国说》,这跟我们所进行的政治思想教育相差很远。我教这篇课文,特意放在国庆节一过就教,采用对比的手法,让学生回想一下:1900年中华民族是怎样的情况?从1840年以后中国遭受到多少屈辱?无数志士仁人前仆后继,寻求救国的道路,康有为、梁启超就是这样的志士仁人。梁启超变法失败,逃亡日本,仍念念不忘国家的强盛,写了《少年中国说》,表达爱国情怀。用今日国庆的欢乐去映衬昔日的苦难,学生很快就能把近代的爱国思想与今日的爱国思想联结起来,意识到《少年中国说》尽管有时代局限、阶级局限,但它毕竟"有一颗中国心";过去的人尚且如此,更何况我们今天的青少年呢?教过去的文章,如有时代活水流淌,学生就会感奋,学习语文的积极性也就提高了。

当然,提高语文课堂教学效率,不仅仅是教学技巧问题,还与教学观念有关。教文要符合育人的大目标,教师要站在育人的时代的制高点上,时刻想着培养的是明日的建设者,是21世纪的人,所以要以语言训练和思维训练为核心,让学生自己学会思考,千万不能搞机械训练。另外,教师要学而不厌,打好功底,做一个知识的富有者。一个功底深厚的教师对学生的影响是巨大的。我自己回想起来,在初中时遇到一位擅长教现代文学的老师,高中时遇到一位擅长教古代诗词的老师,使我打下了语文的"幼功",为后来改行教语文奠定了基础。

语文教学难是很难,但其乐无穷。我从22岁登讲台到今年66周岁,44年的教坛生涯,我觉得教语文使我生命的价值更实在了。我能有机会涉猎祖国语言文学的宝库,和那么多的文人学者对话,受他们的熏陶,这是人生一大幸事。虽然岁月无情,我已是"黄昏"之年,但我们的语文教育事业却是"齐鲁青未了"。我觉得教师的价值是在学生身上体现的,教师的生命是在学生身上延续的。"江山代有才人出,各领风骚数百年"。青年教师们只要珍惜青春、刻苦钻研、努力学习,就一定会有才人出、能人出,有成批的语文教育家出现,不仅在国内有名,而且要把汉语教学推向世界,使得世界各民族像学英语一样,将来能学我们的语言。这是我的想法,在我们这一辈可能是奢望,但在下一辈,在年轻同志身上,是能逐步实现的。我以一个教育战线老兵的身份,向同志们致以殷切的希望:不要成为教书匠,要成为教育家,成为语文教育专家!

论中学语文教师[①]

新时期中学语文教师肩负教文育人的重任,应当德才兼备,成为塑造学生优美心灵的工程师。要精心地塑造学生,首先须严格地塑造自己。新型的中学语文教师要有坚定正确的政治方向,自觉地同社会主义现代化建设事业,同社会主义教育事业,同呼吸,共命运;要有高尚的道德情操,在为人处世、求知好学、行为举止等方面成为学生的榜样;要加强政治理论修养,学习建设有中国特色的社会主义的理论、路线、方针、政策,认识教育发展与社会的政治、经济、文化发展的相互关系;要加强教育理论修养,掌握教育科学知识,研究语文学科教育规律;要掌握语文学科的基本理论和基本知识,学习和了解与语文教学有关的其他学科知识,具有扎实的语文基本功;要有独立钻研教材、驾驭教材、选择教法、驾驭课堂的教学能力,能从教与学的实际出发,选择研究课题,开展实验,积累资料,探索提高语文教学质量的途径与方法,并勤于笔耕,撰写论著;要有自我教育的主动性和积极性,不断增进新知识,更新知识结构和教育观念,勇于改革创新,在教学实践中积极锻炼,使自己成为一名受学生欢迎的合格的乃至优秀的中学语文教师。

《中华人民共和国教师法》第一章《总则》中第三条明确规定:教师

[①] 本文是 1995 年作者以中学语文教师专业成长为主题而写的文章,较早地对基础教育学科教师发展进行系统思考和实践指导。

是履行教育教学职责的专业人员,承担教书育人,培养社会主义事业建设者和接班人、提高民族素质的使命。教师应当忠诚于人民的教育事业。

语文教师担负着教文育人的重任。由于语文学科教学的特点,教师在传授语文知识、培养学生语文技能的同时,在晓之以理、动之以情方面更能触动学生的心灵。语文教学质量说到底是语文教师的质量。语文教师要在教学上取得成功,在学生心田切实撒播知识和做人的良种,须在德才方面严格要求自己,加强自身的修养。

社会主义现代化建设波澜壮阔,新时期的语文教师要善于审时度势,使自己的教学工作适应现代化的发展需要;要使自己从事的语文教学勃勃有生气,学生能深受其益,就须认真抓自身的思想、道德、文化、业务的建设,做到日有长进,月有长进,年有长进。

第一节　中学语文教师的修养

教师是太阳底下最神圣的职业。崇高的职业要求每一个语文教师都具有良好的修养。修养表现在诸多方面,德、才、识、能,构成中学语文教师修养的基本内容。德,指思想品德;才,指语文专业知识及其他相关知识;识,指教学见识,能发现问题,独立思考,有创见;能,指教学能力与研究教学的能力。

一、政治思想修养

政治思想素质是教师整个素质结构中的统帅,在很大程度上支配着教师职业活动的目的、方向和动力,对学生的成长有着深远的影响。

(一)坚定正确的政治方向

邓小平同志在《党在组织战线和思想战线上的迫切任务》一文中指

出:"思想战线上的战士,都应当是人类灵魂工程师。在当前这个转变时期,在社会主义精神文明建设和整个社会主义建设事业中,他们在思想教育方面的责任尤其重大。十年内乱的消极后果和历史遗留的种种因素,新形势下出现的新的复杂问题,在人们的思想上引起各种反映,包括一部分模糊和错误的认识。作为灵魂工程师,应当高举马克思主义的、社会主义的旗帜,用自己的文章、作品、教学、讲演、表演,教育和引导人民正确地对待历史,认识现实,坚信社会主义和党的领导,鼓舞人民奋发努力,积极向上,真正做到有理想、有道德、有文化、守纪律,为伟大壮丽的社会主义现代化建设事业而英勇奋斗。"教师应当是人类灵魂工程师,通过自己的言传身教,教育和引导学生正确地对待历史,认识现实,坚信社会主义和党的领导。社会主义精神文明建设的根本任务是培育有理想、有道德、有文化、有纪律的社会主义新人,提高中华民族的思想道德素质和科学文化素质。人的素质是历史的产物,又给历史以巨大的影响。教师是培育学生成为"四有"新人的灵魂工程师,自己必须努力做到有理想、有道德、有文化、有纪律。

新时期的理想是什么？新时期的理想就是社会主义现代化。把坚定正确的政治方向放在第一位,就是坚持把社会主义方向放在第一位,把社会主义现代化放在第一位。我国实行改革开放,改革开放取得了巨大的成就,同时也带来了许多新情况新问题。例如资产阶级自由化思潮就是消极因素。资产阶级自由化,崇尚西方资本主义国家的"民主""自由",否定社会主义。四项基本原则的核心就是坚持共产党的领导,而资产阶级自由化的核心恰恰就是反对共产党的领导。二者截然对立,水火不相容。资产阶级自由化思潮在学校教育方面的反映,集中表现在否定党对教育的领导,否定思想政治教育,否定教育为社会主义现代化建设服务。因此,每一个有革命责任感的教师都必须旗帜鲜明地反对资产阶级自由化。美国现在有一种提法:打一场无硝烟的世界大战。所谓没有硝烟,就是要社会主义国家和平演变。帝国主义搞和平演变,是把希望寄托在后几代人身上。学校不是世外桃源,而是激烈争夺年轻一代的前哨阵地。教师对国际资产阶级对待社会主义国家的战略要有清醒的认识,对资产阶级自由化思潮的危害性有高度的政治警惕,对西方文化有正确的鉴别力,才能对学生的思想进行有效的指导,才能培养出社会主义事业的建设者和接班人。

教育作为上层建筑,必然为一定的经济基础、一定的社会制度服务。坚持四项基本原则,坚持改革开放,是我国社会主义教育的根本原则。教师要认清这些根本性的问题,在语文教学中牢牢把握正确的政治方向。

(二)高举爱国主义伟大旗帜

语文教学中德育的主旋律是爱国主义精神。

爱国主义就是对祖国的热爱,就是"千百年来巩固起来的对自己的祖国的一种最深厚的感情"。爱国主义是中华民族数千年来赖以生存、发展的精神支柱,它在中华民族悠久历史文化的基础上产生,随着历史的发展而发展,又反过来给中华民族的发展以重大影响。爱国主义是民族精神中最有凝聚力、号召力、生命力的伟大力量,是动员人民团结奋斗的一面旗帜。在中国的近代史和现代史上,爱国主义在维护祖国统一、维护民族团结、抵御外来侵略和推动社会进步方面,发挥重大作用。

爱国主义在社会发展的不同阶段、不同时期有不同的具体内容。在当代中国,爱国主义与社会主义本质是统一的。社会主义是中国人民的历史选择,符合我国国情,是中国走向现代化的必由之路。只有社会主义能够救中国,只有社会主义能够发展中国。新时期的爱国主义集中表现在团结各族人民建设社会主义现代化,着眼于振兴中华民族。新时期的爱国主义特别要强调树立高度的民族自尊、自信、自强精神。

我们要认真学习和吸收世界各国人民创造的优秀文明成果,但绝不崇洋媚外,屈服于任何外来压力,搞全盘西化。中国人民有自己的民族自尊心和自豪感,以热爱祖国、贡献全部力量建设社会主义祖国为最大光荣,以损害社会主义祖国利益、尊严和荣誉为最大耻辱。我们必须发扬爱国主义精神,提高民族自尊心和自信心,否则就不可能建设有中国特色的社会主义。

广大教师有爱国主义光荣传统,总是把祖国和人民的利益放在第一位。教师担负着传递中华民族爱国主义光荣传统的伟大使命,尤其是语文教师,要发掘语文教材中极其丰富的爱国主义宝藏,给学生以强烈的熏陶,教师本身应具有深厚的爱国主义感情。教师只有真正被民族精神、民族文化、民族语言所感动,才能用出自肺腑的真情教育学生,使爱国主义成为学生的精神财富。

（三）学习马克思主义理论

语文教学大纲规定"语文教学必须以马克思主义为指导",这就要求语文教师必须努力学习马克思主义理论,并用马克思主义的基本原理指导教学。

马克思主义世界观建立在辩证唯物主义和历史唯物主义基础上,是一个科学的思想体系,它包含马克思主义哲学、政治经济学和科学社会主义三个部分。教师要努力学习并逐步掌握其基本原理,树立马克思主义的世界观和革命的人生观。理论上的无知往往导致实践中的盲目,理论上的糊涂往往导致政治上的动摇。要努力掌握马克思主义的立场、观点,系统了解社会发展的规律,认识建设有中国特色的社会主义的理论、路线、方针、政策,认识社会主义的本质特征,认识教育发展与社会的政治、经济、文化发展的相互关系。

革命人生观的核心是坚定社会主义、共产主义信念。发扬全心全意为人民服务、大公无私、艰苦奋斗的精神,正确对待权利与义务、贡献与索取、集体与个人、苦与乐等问题。语文教师应树立革命的人生观，在学生中起表率作用。

学习马克思主义、毛泽东思想，要注意联系语文教学的实际，在语言观、文章观、文艺观、美学观等方面有正确的认识与理解。要树立正确的思想方法，运用唯物辩证法处理教与学、语文知识与语文能力、能力培养与智力开发、语文训练与思想审美教育之间种种关系，提高教学质量。

二、道德情操修养

教师对社会文明的承前启后起着重要作用，是人类科学文化知识的传播者，理应一身正气，为人师表，道德情操高尚，堪为学生的楷模。新时期的教师道德，是建立在社会主义生产关系之上，适应改革开放和教育面向现代化、面向世界、面向未来新形势的教师道德体系，教师高尚的道德对学生良好的道德品质的形成起十分重要的导向作用。

（一）热爱学生，献身语文教育

教育的事业是爱的事业。师爱超越亲子之爱、友人之爱，因为它包蕴了崇高的使命感和责任感。教师肩负着祖国的期望和人民的嘱托，挑的是关系千家万户、千秋万代大事业的重担，怎能不为之倾心，不一往情深呢？

学生是祖国的未来，要把他们培育成社会主义现代化的建设者，须对他们的心灵精心雕塑。对学生只有丹心一片，才能心心相印。热爱学生，就是要为每个学生着想，教好每个学生。教师对学生不能有偏心，对一部分学生热情，对一部分学生冷淡，会伤害学生的心灵，是教育工作中的大忌。学生的文化基础、智力水平、成长环境等有差异，有时差异还比较悬殊，但他们都是我们的后代，都应花精力、花心血培养。教师千万不能用一成不变的目光来看待学生，每个学生都是"变数"，在发展,在变化,教师对他们情深似海,加温到一定程度,他们会开窍,会飞快进步,茁壮成长。当然,爱不是姑息,不是迁就,爱是严的孪生兄妹。没有规矩,不能成方圆。教书育人,要有严格的要求,要以党的教育方针为准绳,以语文教学大纲为规矩,不能凭主观臆造。爱是严的基础。爱是对事业的忠诚,是对莘莘学子的无限期望;有了爱满天下的胸怀,严才会有效果。严要严在理上。爱中有严,严中有爱,学生就会健康成长。

语文教师对学生要满腔热情满腔爱,对所教的学科同样要满腔热情满腔爱。语文是工具,是学习其他学科和从事各项工作的基础工具,要教会学生正确理解和运用这个工具表达情意,其中艰辛难以言表。要做到坚持不懈地对语文教学探索、追求,必须对学科倾注极大的爱心。对祖国语言文字有深切的爱,对语言文字宝库中无数瑰丽璀璨的名著佳作心向往之,才会有钻劲,才会有持久的内驱力,也才会真正体味到其中的甘甜。

奉献,是教师的天职。语文教师应把对社会主义祖国的热爱倾注到所教学科和所教学生的身上,发扬献身语文教育的"泥土精神"。鲁迅先生在《未有天才之前》一文中说:"譬如想有乔木,想看好花,一定要有泥土;没有土,便没有花木;所以土实在较花木还重要。"又在《三闲集·〈近代世界短篇小说集〉小引》中说:"只要能培一朵花,就不妨做做会朽的腐草。"这种"泥土精神"正是语文教师所需要的奉献精神。甘为泥土育春花,应该是当语文教师的信条。

(二) 遵纪守法,情操高尚

新时期的语文教师绝不是只教书不育人的"教书匠",而是共产主义思想和道德品质的传播者。邓小平同志在《一靠理想二靠纪律才能团结起来》一文中说:"教育全国人民做到有理想、有道德、有文化、有纪律。这四条里面,理想和纪律特别重要。"语文教师必须树立革命的理想,为培养青少年成为革命后代而奋斗终生。然而,有了理想,还要有纪律才能实现。纪律和自由是对立统一的关系,二者不可分,缺一不可。纪律中很重要的一条是法制。而法制是社会主义现代化建设的重要保证,是社会安定团结的重要保证,因此,语文教师必须认真学习国家制定的有关法律法规,做遵纪守法的模范。

由于"文化大革命"造成的种种消极影响,也由于西方资产阶级腐朽没落思想的侵蚀,人们的社会公德心大为降格,损人利己,损公肥私,一切向钱看的歪风常会碰到。学校不是真空地带,也会有不同程度、不同形式的反映。作为语文教师,要弘扬中华民族的传统美德,弘扬社会主义道德风尚,一身正气,为人师表,敢于批评和抵制歪风邪气,排除社会上不良影响对学生的干扰。孔子在《论语·子路》中说:"其身正,不令而行;其身不正,虽令不从。"语文教学质量的高低与语文教师在学生心目中形象高大与否成正比,教师言行一致,表里如一,堂堂正正,温文尔雅,学生就尊敬,就信服。"桃李不言,下自成蹊。"教师良好的道德、良好的言行对学生起潜移默化的作用。

情操高尚与审美情趣是否健康高尚有十分密切的关系。语文教学目的中规定要培养学生"健康高尚的审美观",教师自己当然就要有健康的审美情趣。要区别真善美与假恶丑,区别高雅与庸俗,区别健康向上与低级趣味。语文教师对社会上的人、事、物,对教材中的各类文章,对形形色色的书报杂志、电影电视等,有正确的审美观点,衡量美丑、好坏的尺寸把握得十分准确,就能从美好的事物中不断吸取营养,陶冶情操,成为脱离低级趣味的人。

(三)团结协作,互相尊重

任何一个学生的健康成长都离不开教师群体的智慧和指导。一个班级语文教师再出色,也离不开其他学科教师的支持与帮助。正因为如此,语文教师要具备尊重别人,善于与别人团结协作的道德。

语文教师要善于团结教研组里的语文同行,共同探索语文教学的规律;要善于团结班级教学中的各学科任课教师,互相支持,齐心协力搞好工作。要做到团结协作和提高教育质量,须:(1)明确奋斗目标。学校最大的事就是按照国家要求把学生培养成为素质良好的社会主义现代化的后备军,语文教师和其他教师一样,为了这共同的目标走到一起来,有责任有义务做教师集体的向心力。(2)尊重别人,以诚相待。每个教师性格、习惯、觉悟程度、业务水平、教学能力不完全相同,相处时要有相容性,取人之长,补己之短,形成合力。

语文教师要善于联系学生家长,与他们团结协作,相互配合,教育学生成长。学生的进步是学校、家庭、社会共同教育的结果。语文学习有相当的难度,不易见到显著的成绩,语文教师要争取家长的理解和支持,克服认识上、做法上的不一致,互相支持,互相配合,共同教育好学生,提高学生语文水平。学生家长尽管职业不同,教养不同,教育孩子的指导思想和方法也不一样,但都要尊重,认真地听取他们的意见,千万不能因某个学生语文学得不符合要求而埋怨家长,乃至训斥家长。对家长不尊重,或暗示家长惩罚学生,都是缺乏师德的表现。

三、学业修养

扎实的知识功底,良好的学业修养,是语文教师从事语文教学必备的基础。学识浅薄,浅尝辄止,教起课来必然干瘪无味,捉襟见肘的状况会时有发生,甚或错误迭出;学识丰富,源头活水汩汩流淌,教学就会有声有色,带领学生在知识的海洋中扬帆远航。

语文教师学业修养应包括三个方面,即语文专业修养、教育专业修养和文化科学修养。

(一) 语文专业修养

专业知识是从事学科教学的基础,一名教师如果不熟悉、不精通自己所教的学科的基本理论和基础知识,其结果必然是误人子弟。语文学科是一门综合性很强的学科。从知识来说,有字、词、句、篇、语法、修辞、逻辑知识、文学常识等;就能力来说,有听、说、读、写。语文教师要掌握语文业务,努力提高业务水平,教学时才能游刃有余。

语文专业知识范围广阔,语文教师要着力学习的有:

1. 现代汉语

语文教师须具备现代汉语的系统知识,懂得普通语音学,熟悉汉语的声、韵、调,掌握汉语拼音方案和普通话语音系统;学习语言学概论,了解语言的产生、性质、结构及发展规律。

学习文字学,了解汉字的起源与发展,掌握汉字的形、音、义的构成,熟悉汉字的笔画、笔顺与各种结构,掌握简化汉字,掌握查检汉字的各种方法,掌握识字法、正字法和写字法。

学习词汇学,懂得词的构成和组合规则,了解词的基本意义、引申意义、比喻意义之间的关系,掌握辨析词义的方法,把握词语的感情色彩,熟悉词汇的发展变化。

学习汉语语法学,了解常见的语法体系。学习《中学教学语法系统提要》,掌握语言结构的规律,掌握短语、句子、句群组成的规律。

学习汉语修辞学,懂得规范修辞、积极修辞与词语修辞的作用与基本要求,熟悉并掌握常用的修辞手法,了解并熟悉连用修辞法、兼用修辞法以及兼连综合修辞法,明辨种种修辞方法在用词造句组段谋篇中的表达作用。

学习逻辑学,懂得概念、判断、推理的结构,以及它们之间的关系,掌握形式逻辑的同一律、矛盾律和排中律等基本规律;了解反映事物的联系和发展的辩证思维的形式及其规律、方法,熟悉思维形式如何反映客观事物的运动变化,如何反映事物的内部矛盾、有机联系及转化,掌握唯物辩证法的最根本的规律——对立统一规律。

懂得标点符号是书面语言中不可缺少的组成部分,熟悉标点符号使用规则,正确使用标点符号。

2. 古代汉语

学习古代汉语,具有较为系统的古汉语基础知识,掌握常用的古汉语的实词、虚词及词法、句法上的特点,熟悉古今词义的变化,把握一定数量的文言通假字,了解古代重要的字书、词书,并会查检使用。略懂一点音韵学和训诂学知识。

3. 文章学和文学

文章是客观事物的反映。客观事物既包括宏观,也包括微观;包括自然界,也包括人类社会。中学语文教学的大量内容是文章的读写教学,因此,中学语文教师必须学习与精通文章学。

要掌握文章本身的构成规律,熟悉文章的主旨、质料、结构、表达方式等要素,了解它的内部联系。学习阅读学,研究文章的阅读、分析和鉴赏。掌握各种实用文章的阅读方法,熟悉各种阅读方式,明确各种阅读方式的目的要求,研究阅读的反应过程和训练方式,懂得阅读与写作的关系。学习写作学,掌握写作基本理论及常用文体知识,对内容与形式、素材与题材、思想与思路、语言与文风等有深刻的理解,能作切实而有效的指导。

中学语文教材中有相当数量的中外文学作品。要教好这些文章,语文教师须认真学习文学理论,学习中外文学史,了解古代文学、现代文学和当代文学的基本内容,熟悉各个时期主要的作家与作品,涉猎世界文学宝库,对驰名世界的作家作品特色有所了解;学习美学理论,懂得一点美学知识,懂得结合语文教材的特点进行审美教育的方法;懂得一点文艺创作和文艺批评的基本理论,提高对文学作品、艺术作品分析、鉴赏的能力;民间文学、儿童文学的形式、内容与发展也应掌握。

为了教好文言文,语文教师对古代一些典章制度要有所了解。

4．语文教育史

语文教师读一点语文教育史，了解语文独立设科以前的教学状况，了解语文学科独立设科以后发展的历史进程，包括教育目的和教材内容的演变，教学方法的改革等，了解语文教育发展进程中讨论的重大问题。对发展、演变的情况弄清楚，有利于提高认识，吸取经验教训，改进当前的中学语文教学。

（二）教育专业修养

语文教学是科学，也是艺术，它是一个复杂的系统工程。它不仅要向学生传授语文知识，培养读、写、听、说等语文能力，而且要结合语文教材的特点开发学生的智力，陶冶学生的情操。面对综合性如此强的十分复杂的教学实践，语文教师必须用教育学、心理学、语文学科教育学的理论武装自己，才能做到既懂得教什么，又懂得怎样教，才能取得教学上的成功。

学习教育学，比较系统地了解教育的本质、方针、目的、过程、内容和方式方法；学习比较教育学，了解中外名家教育思想，从中获得借鉴；学习教学论，懂得教学方法论的理论基础，学习现代教学论，开阔视野，从中吸取有益的养料。

学习心理学和教育心理学，了解在教育过程中学生的心理特征和个性差异，了解学生心理品质的形成及发展的规律，应用心理学中感知、注意、想象、思维等规律指导语文教学，提高语文教学质量，培养学生优良的心理品质。

学习语文学科教育学，懂得中学语文学科的性质，掌握语文教学的目的、要求、过程、原则、方法；熟悉语文教育的对象，研究他们的共性与个性，掌握在教学全过程中根据语文训练特点实施德育和美育的规律。

要学以致用。学习教育学、心理学、语文学科教育学，须树立正确的观点，树立正确的教育观、学生观、质量观。

1. 教育观

教育观是人们对教育问题的根本看法。它的核心问题是怎样看待教育价值标准。社会主义的教育应体现工具价值标准与理想价值标准的统一。工具价值标准指的是：教育要主动适应经济、社会、政治、科技发展的需求，为社会主义现代化建设服务。理想价值标准指的是教育本体的价值标准，要使受教育者德、智、体、美、劳全面发展。两个标准统一的教育功能是：教育为社会主义现代化建设服务，培养德、智、体、美、劳全面发展的社会主义事业建设者和接班人。基于这样的认识，必须克服片面追求升学率的倾向，必须面向全体学生。教育思想端正，语文教学才能大面积丰收。

2. 学生观

教学是教师与学生的共同活动。教师的教学活动和学生的学习活动，是以教学内容为中介的。教师是教学任务的实现者，传授文化学科的基础知识与基本技能，组织教学活动，引导学生学习；学生在教师的指导和启发下，充分发挥学习主动性、积极性，由不知转化为知，由知之较少变为知之较多，由知之不完善到知之较完善，体现教学质量、教学效果。

从整个教学过程来说，教的主体是教师，教师是矛盾的主要方面，应起主导作用；学生是教的客体，在教师的主导作用下，积极地进行学习。主客体这对矛盾相互依存，不可分离。但认识的主体是学生，学生是学习的主人，学生由未知、未能转化为知和能，必须通过自身的努力方能实现。教师的教对学生来说，是外因，是学生学好的一个极重要的条件；学生是学习的主体，是内因，是学好或学不好的根据。教师的教要通过学生的学来起作用。教师的主导作用就是设法提供和创造良好的条件，促进学生的发展。教学的最终目的是"教为了不教"，是"教会学生自己学习"，是"教会学生独立地去发现，去创造"。

学生是学习的主体,学习的主人。教师在教学中要十分重视学生的主动性,千万不能把他们作为知识的容器,向他们灌输,要他们死啃书本,不能包办代替,越俎代庖,把他们当作听众、观众。学生是具有从事实践和认识活动能力的人,教师要千方百计激发他们的求知欲,启发他们积极思维,促使他们自觉地积极地获取知识,训练能力,发展智力。树立正确的学生观,语文教学中就能摆正教与学的位置,学生能生动、活泼、主动地学习,教学可取得良好效果。

3. 质量观

评价教育质量用什么标准?我国教育的培养目标是使受教育者德、智、体全面发展,成为社会主义现代化事业的建设者和接班人。因此,衡量教育质量,应该遵循全面性原则,从整体上抓教育质量的全面提高,不是重视一点,忽视其他;应遵循长效性原则,着力对学生思想品德素质和科学文化素质的根本性的提高,而不是一时一事,满足于短期行为;应遵循客观性原则,以客观性的社会价值标准衡量教育质量的高低,不是凭主观经验。把升学率作为评价教育质量的主要目标乃至唯一目标的质量观,违背了教育方针,远离了培养目标。树立正确的质量观,语文教学的教文育人才能落到实处,才可避免高分低能的弊病。

(三) 文化科学修养

良好的思想政治修养、高尚的道德情操,需要以相当的文化科学修养为基础。由于语文学科工具性、综合性的特点,语文教师除具备专业知识修养外,须具备广博的知识修养。教师知识面越宽,视野越开阔,教学时就能内容充实,厚积而薄发,左右逢源。

1. 自然科学知识

现代社会中缺乏科学意识、对科技知识一无所知的人,几乎是寸步难行。语文教师虽不直接向学生教授系统的自然科学知识,但无论如何不能是"科盲"。小而言之,要教好语文教材中有关介绍自然科学知识的说明文,就必须弄懂文中所介绍的有关科学知识,如宇宙学、气象学、物候学、生物学、建筑学、物理学等;大而言之,我们要培养21世纪在世界上有竞争能力的建设者,从小就要培养很强的科学意识,对科学技术有浓厚的兴趣,有积极参与的愿望和行动。课内启发,课外阅读推荐,在学生心灵深处播撒科学的种子。

语文教材中涉及的自然科学知识很广,可说是上自天文,下至地理,包罗万象。语文教师当然不可能通晓各门科学,但是读一点科普读物,关心与了解现代科学技术的迅猛发展,读一点科技发展史,对某一门或某几门科学知识了解稍多一些,是应该的,也是必要的。

2. 社会科学知识

语文教材有广泛的社会内容,教学时要把文章的思想内容和语言形式有机地统一起来,使学生学有成效。语文教师除须具有很强的理解语言的能力外,还须有丰富的社会科学知识,才能准确地把握思想内容。

要熟悉我国的国情,学习中国历史,尤其是近代史、现代史;学习经济学,了解社会主义市场经济的本质与特点;学习法学,尤其是有关教育的法令、法规;学习文化学,了解中华文化的形成与发展,中外文化的比较;学习民族习俗、风土人情、人际交往等。总之,要博览群书,以百科知识丰富自己,做知识富有的人。

语文教师"精"于语文专业,"博"于文化科学知识,能以正确的教育理论指导教学,居高临下,学生必能学有所得,受益终身。

四、语文能力修养

语文教师不仅要具有良好的学业修养,在语文能力方面尤其要刻苦锻炼,达到较高的水平。

传统教育的一个重要特征是重知识的传授,轻能力的培养,语文教学也是如此。现代社会要求语文教师能进行创造性的劳动,面向现代化,面向世界,面向未来,开发学生的智力,培养学生具有较强的听、说、读、写能力,以适应经济建设和社会发展的需要。学生能力的强弱和教师能力的高低有密切关系。要有效地培养学生的语文能力,语文教师自身须有较深的语文能力修养。

语文能力修养包括听、说、读、写基本能力、语文教学能力与语文教研能力等。下面着重讲讲语文教学能力与语文教研能力。

(一)语文教学能力

语文教学能力是一个复杂的综合体,它包含众多因素,众多系列,既可分解,又可综合。从语文教学过程看,有钻研教材的能力、设计教案的能力、驾驭课堂的能力、测试考评的能力。要使教学井然有序地进行,须有制订语文教学计划的能力。从语言文字来说,有阅读教学能力、写作教学能力、听话教学能力、说话教学能力、语文基础知识教学能力。这些能力又各自形成系列,纵横交错,相辅相成。语文教学能力不仅表现在课内,而且表现在课外。如课外阅读指导能力,语文课外活动组织与指导的能力等。

语文教学能力是一个立体结构。中学语文教师要练就多项本领,在教学中综合运用,充分发挥,才能取得理想的教学效果。

1. 制订语文教学计划能力

语文教学须有目的有计划地进行,切忌随意性。学生在一定的阶段,完成一定的学习任务,教学缺少切合学生实际的计划,就会顾此失彼,贻误学生学业。中学语文教师要重视语文教学计划的制订,并提高制订的能力。

学习和深入理解语文教学大纲,把握阅读、写作、听话、说话及基础知识等方面的教学要求,理清读、写、听、说训练的具体内容,弄清基础知识的具体内容,把要求和内容按由易到难、由简到繁的顺序分解到各个年级，既循序渐进，又适当重复，增强训练效果。训练的项目要与课文对应，寻求最佳的载体。语文教材中的课文按单元编排，每个单元须有明确的教学目的要求。

制订语文教学计划要从学生的实际出发。要研究学生语文的实际水平，学习语文的主要心态，学习语文的方法与能力，以此来调整教学要求的高低，调整训练项目的难易，调整教学的进度。初中义务教育阶段三年是一个整体，根据学生语文程度，可采取先慢一点，后快一点的做法，也可匀速发展。不管怎样安排，读、写、听、说，应各自形成系统，有明显的坡度，又相互渗透，相辅相成。

年级语文教学计划、学期语文教学计划须认真制订。在把握三年总体要求的情况下，分年级、分学期制订的教学计划应目的明确，内容具体，重点突出，线条清晰，可操作性强。

制订的教学计划不是一成不变。在主客观条件的影响下，可作适当的增删，可作部分的调整，目的在有利于教学，取得良好的效果。

2. 钻研教材的能力

教材是教学的依据。语文教师能否正确地掌握语文教材，关系到语文教学大纲能否得到贯彻，语文教学质量能否提高。掌握教材是提高教学质量的基本条件，要切实掌握，须有独立钻研的能力。

一是从总体上把握。对语文教材的编写意图、体例安排、知识结构，范文特色，梳理得一清二楚，做到心中有全局。通晓全套教材的思路，脑中就会有教文育人的大框架。

二是把握单元组合的规律。在通读全册教材的基础上，弄清楚每一单元的内部组合以及单元与单元之间的关系。研究单元的内部组合，要正确把握读、写、听、说的知识点和训练点；研究各单元之间的关系，要妥帖地把语文知识和读、写、听、说能力的训练分别连点成线，做到纵线清晰，横向能有机联系。

三是把握课文的个性。一篇课文写什么，怎么写，为什么要这样写，须透彻理解。要从语言文字入手，探究思想内容，又从思想内容的高度推敲语言文字的表达；反复琢磨，领悟作者遣词造句、谋篇布局的匠心，剖析语言文字独特的表现力，洞悉课文的个性。共性寓于个性之中，写文章的内在规律在一篇篇具体课文中有各自不同的特点，语文教师要善于用慧眼识特点。《庄子·列御寇》中说："千金之珠，必在九重之渊而骊龙颔下。"语文教师对课文的钻研要能由表及里，见人之所未见，把握到细微之处，须具有入深渊探取骊龙之珠的勇气和劲头。

四是正确查阅资料。涉及课文中的种种知识，要查阅各类工具书，查阅有关书籍，力求准确无误，力求真正弄懂。切不可搞教学参考书搬家。钻研教材的过程，应该是教师精读课文的过程，广泛学习的过程，应该是教师自觉提高教学业务的过程。在独立钻研的基础上借鉴他人，才有真提高；照抄别人，只会在原地踏步，体会不到获得真知的欢乐。

3. 设计教学的能力

吃透教材是教学的第一步，与此同时，必须了解学生，研究学生。教学须有的放矢，有很强的针对性；只从教材出发，忽视学生实际，不可能收到良好的教学效果。

教学，教学，就是教学生学，教学生学会，教学生学好，因此，设计教学必须对教学对象作认真的了解与研究。当代中学生与过去的比，在年龄、生理等方面有共同之处，但在思想、心理、习惯、追求等方面有许多明显的区别。要了解和研究当代学生的特点，他们的理想、志趣、爱好、性格特征，他们的语文基础、学习方法，他们的可塑性等，在课内外做有心人，眼看，耳听，心想，让一个个活泼泼的学生形象印在脑子里，既能抓住他们的共同点，又了解他们各自的个性特征。

从教材实际和学生实际出发设计教学，应包括以下一些内容：

（1）确定教学目的。不管是单元教学目的还是课文教学目的，不管是新授课还是复习课的教学目的，都应体现语文的性质，语文的工具性、人文性、实践性和综合性的特点。教学目的不能"泛"，要紧扣课文或单元的特点；不能面面俱到，要集中又单一；不能任意拔高，要切合学生的实际水平。"准星"定得准，教学就不会偏离。

（2）确定教学重点、难点。根据教学目的确定教学重点。不管是知识点还是训练点，不能平均使用力量；突出重点，兼顾一般，教学目的才能真正达到。难点的确定：一是视教材本身，如某篇课文的某个段落、某些词句难以理解；二是视学生实际水平，大部分学生感到困难的地方。难点可能就是重点，但也不一定就是重点。教学设计时要注意剖析难点，化难为易。

（3）安排教学程序。教学思路不等同于写作思路，要根据教学目的、教学重点、难点和学生学习心理安排教学程序。先教什么，后教什么，教师如何引导，学生如何学习，均要妥善筹划，力求取得最佳教学效果。各个单元在每册教材中的地位和作用不相同，各篇课文有各自的体裁、各自的特色，学生学习各类课文的兴趣、学习方法不尽相同，因此，安排教学程序不能拘泥于一个模式，要有效果第一的观念，要有创新的意识。

（4）选择教学方法。方法是实现目的的桥梁，选择怎样的教学方法受教学目的的制约。讲述法、讲读法、问答法、讨论法等，各有优点，也各有局限性。教学设计时，要根据教材特点、学生实际加以选择。教学方法不宜单一，应根据教学目的选择多种教学方法，加以优化组合。不管选择怎样的教学方法，有一点应特别注意，就是设计启发学生积极思考、深入思考的问题。语文教学中难度最大而又必须切实解决的，是如何使学生开动脑筋，主动积极地学习语文知识，进行读、写、听、说能力的锻炼。"问题"是学生通往阅读课文、深究课文的铺路石子，设计得精彩,学生就会兴趣盎然,求知欲旺盛,举一反三。

(5) 设计作业。语文作业的设计不能只理解为新课结束以后的作业和课外的作业。语文作业的主旋律是语文能力的培养,因此,在教学全过程中应该在适当的教学环节里安排能力的训练。设计语文作业应着眼于突出重点,落实教学目的;应有启发性,避免机械操练,抑制学生的创造性;应着眼于素质教育,避免进入应试误区;应形式多样,开发学生智力;应分量适当,避免学生过重负担;应具有弹性,使各个层面的学生均能得到提高。

(6) 设计板书。板书是教学的重要手段之一,它对学生的学习起提示、启发、强调作用,帮助学生理解课文,加强记忆。板书大致可分两种情况,一种是就课文、就单元复习进行总体设计的,一种是随写随擦的。前者重提纲挈领,重醒目,后者往往是生字、难词,须说明的,须强调的。板书可用不同色彩的粉笔,但忌五彩斑驳,使学生眼花缭乱。成功的板书源于对教材的深刻理解,对学生的了解、熟悉,源于教学思路的清晰、新颖。

教学设计行之于书面,就是教案。教案根据教师教学经验是否丰富,根据教学实施的需要,可写详案,可写简案,可部分详,部分简。教案须眉目清楚,教学步骤明确,教师的"教"与学生的"学"两个方面均有所反映。书写力求规范,第二遍、第三遍,乃至多遍教的课文,应根据学生不同的情况及教师自己理解的程度而作修改、补充,乃至重写,体现改革精神,以求逐步完善,精益求精。

4. 驾驭课堂的能力

以班级为单位的课堂教学,是语文教学的主要形式。教学设计的蓝图能否有效地实现,取决于课堂教学中教师主导作用发挥得如何。要使所有的学生在课堂上思维积极,主动进行语文训练,须着意提高以下几种能力。

(1) 组织能力。语文教师是学生学习语文的组织者和指导者,面对班级几十个学生,如何把他们组织到教学过程之中,调动每个学生的学习积极性,这是科学,也是艺术。教学过程应是师生共同参与的一个脑力劳动过程,教师的脑力劳动应当跟学生的脑力劳动相结合,而最终目的是激励学生开展积极的脑力劳动,因此,教师和全班学生在课堂教学中应该有合理的关系。这种合理关系就是:教师的"教"作用于全班所有的学生,学生积极性极大地被调动,既向教师反馈,又与同窗交流;课堂里形成思想、知识、情感、能力交流的网络,传递信息的渠道通畅;在特定的教学活动中,学生之间不仅可切磋琢磨,而且能充分发展个性与才能,能者为师。这种合理关系的主导者是教师。语文教师要善于组织这种辐射式的教学网络,创造活跃的课堂气氛,优化学习情境。驾驭课堂的组织能力不能误解为只是课堂起始阶段的集中学生注意力,只是为了维持良好的课堂纪律,它应该贯串一节课的始终,为实现教学目的服务。

(2)应变能力。课堂教学是教与学的组合体,在教学进程中,教与学的矛盾,教师与教材的矛盾,学生与教材的矛盾,教学内容与教学时间的矛盾等时有发生,语文教师要善于调控,妥善处理多种矛盾,使教学秩序井然,教学目的实现。其中尤以教与学的矛盾为多,教师须具有教育机智,善于应变。学生学习积极性调动,思想高度集中,会对教材的思想内容与语言文字提出种种疑难,会对教师的讲解、同学的看法持不同意见。教师应充分认识到这是课堂教学中闪光的所在,应把握时机,充分肯定正确的意见,把学生组织到讨论的热潮之中,促使学习深入,促使课堂教学的质量提高。应变能力强不强,受以下几个因素的影响:一是对教材熟悉的程度,理解的程度;二是反应的灵敏度,能及时组织学生开展讨论,及时综合来自众多学生的正确意见,去粗取精,去伪存真,能及时调整或修正自己的看法,使学生信服;三是有相当的知识储存,并能信手拈来为我教学所用。摆脱照本宣科的死板教学,加强教学的针对性,使课堂教学活起来。这取决于教师应变能力发挥得如何。

（3）语言能力。教师的教学语言在课堂教学中起重要作用，它与学生交流思想，沟通感情。教师语言不是蜜，但可以牢牢吸引学生的注意力，对课堂教学起凝聚作用。语文教师语言要活泼、生动、流畅，能悦于耳，入于心，对学生产生说服力与感染力，产生春风化雨般的魅力。语文教师语言要善于激趣，要新鲜、优美、风趣；要深于传情，要传真情，要亲切，要向学生传递健康的、高尚的、积极向上的情；要工于达意，要准确无误，简明、严谨，词汇丰富；要巧于启智，善于点拨、引导、启发。教师语言规范，能对学生正确理解和使用祖国语言起榜样作用，教学效率会大大提高。

驾驭课堂的能力是教师教学的重要的基本功，课堂教学能否闪发光彩，教学质量能否提高，关键就在于此。这种能力的培养靠精心的探索研究，靠长期的持之以恒的磨砺。

5．处理作业的能力

学生的语文作业在一定程度上检验教与学的质量，它帮助教师发现教学中的经验与问题，促使教师改进教学。正因为如此，处理学生作业不能停留在只判断正误、只打分数，要做到：

（1）明确学生作业是教学的有机组成部分，是课堂教学的延伸和反馈，不过方式是学生独立操作，独立训练，以巩固或加深理解课内所学的内容。处理时要加强目的性，了解学生掌握的情况，重视反馈教学质量的信息。

（2）对不同类型的作业，如口头的、书面的、单项的、综合的等，采用不同的处理方法。可分别处理，可集体讨论，可互批互改。无论采用什么方法，都要落到实处，使学生一步一个脚印往前走。

（3）批改作业要以正面鼓励为主，积极引导为主，千方百计树立学生学习的信心，激发他们克服困难的勇气，切忌横加指责。对错误与不足要说得具体，指引修改的路子。

(4) 因材施教。对不同的学生可采用不同的方法,如对有的学生的作文可面批面改,重点帮助。从学生的实际出发,有目的分阶段地采用不同方法处理,以求得最佳效果。

6. 组织语文课外活动的能力

教师组织和指导学生学语文,要树立大语文的观念,不能封闭在课堂小天地里。从大语文的观念看,可探讨的问题很多,这里不赘述,但作为语文教师,必须有这样的意识。

要在思想上重视,明确语文课外活动是语文教学整体中的有机组成部分,纳入教学计划。

语文课外活动内容要具体,形式要多样,要有助于激发学生兴趣,开阔学生视野。语文课外活动应有相对的独立性,不能搞课堂教学的延伸,不能以规定的作业束缚学生,加重他们的负担。

要让学生做语文课外活动的主人,培养他们的组织能力、主持能力、实践能力。教师当参谋,充分发挥学生的聪明才智。组织活动时,应积极争取学校、家庭和社会有关方面的支持。

语文教学能力表现在众多方面,上面仅仅就几项主要的加以简述,其他如考核学生语文程度的能力、对教学评价的能力、运用教具的能力等,也都应该积极锻炼,不断提高。

(二) 语文教研能力

作为一名合格的语文教师,不仅应具备比较强的教学能力,而且应具备一定的教学研究能力。语文教学研究并不仅仅是语文研究机构中研究人员的事,也是广大语文教师的事。语文教师不仅要掌握教什么、怎么教,还要懂得为什么要这样教,怎样教可以提高教学效率和教育质量,这就需要认真研究,探索语文教学规律。

语文教学规律是客观存在,它反映语文教学的内在联系。发现它,认识它,就能遵循它施教,就能取得良好效果。怎样才能发现?当然要研究；怎样才能深入地认识，当然更要研究。

有一种误解，认为教学研究高不可攀。其实不然。语文教师是教学第一线的实践者，有教学正反两个方面的经验，在教学过程中经常会遇到各种各样的问题，经常思考有关问题，寻求解决的途径与方法，提高到理论上来认识，就是进行研究。语文教师在这方面有足够的发言权，应该成为教学研究的主力军。

中学语文教师为了提高教学研究能力，应在以下几个方面积极锻炼。

1. 选题的能力

选题是教学研究活动的开端。课题一旦选定，研究的目标与方向、研究的对象与范围、研究的主要方法与步骤等也随之在某种程度上被决定。

语文教学研究的课题是指语文教学领域中具有普遍意义的特定问题，有明确而集中的研究范围、目的、任务的题目。所谓普遍意义，是指教学中有规律性的，能解决某一层面的，反映某些本质的；所谓特定问题，是指目标明确，讨论的对象和范围清晰。

选题就是寻找研究语文教学问题的突破口。语文教学十分复杂，要探索其客观规律，必须有确定的着手点和突破口。先在一个方向上，通过一个具体课题突破，逐步扩展，逐步深入，才能对语文教学规律有越来越深的认识。

选题要角度小，有价值，有新意。

要根据语文学科性质、目的、任务，先搭选题的框架，形成选题网络，然后由总到分，纵横交错，找汇聚点，找熟悉点，确立课题。

2. 收集资料的能力

围绕课题收集资料，力求范围广一点，内容实在一点。一是检索古今中外的文献资料，做摘记、笔记、卡片。二是开展调查。常用的调查方法:(1)问卷调查。面可宽些,取得数据,作定量分析。(2)开座谈会。口问手写,取得具体的材料。(3)访谈。抓住典型,作较细致的了解。资料是研究的依据,越具体、越典型、越有研究的价值。

资料收集后须排列梳理,归类集中;须剖析材料意义,分清主次;须认真筛选,选取最有意义的。

3. 撰写教学研究论文的能力

语文教学研究论文是语文教学研究的结晶,撰写时要遵循几条原则:(1)论证要以事实为依据。研究论文中列举的数据和例子,应该是千真万确的。(2)内容的阐述要有逻辑性。论文内容的逻辑性是研究思路逻辑性的必然反映。(3)语言要准确、明白,不能含糊其词。(4)引用文献资料要注明出处。

教学研究论文有论述性的,有描述性的。如果是开展教改实验以后形成的报告,那就是实验性研究报告。

教学研究论文一般由以下几个部分构成:(1)论题,即论文题目。(2)引论。(3)本论。(4)结论。文前可加"内容提要",文中可加注,文末可说明写作时间。

初稿完成后,应反复琢磨,认真修改。

进行语文教学研究是语文教师提高自身理论水平和教学能力的必由之路,是揭示语文教学规律、提高语文教学质量的必由之路,语文教师要克服畏难情绪,勇于在这条路上迈开大步。

第二节 中学语文教师自身的提高

语文教学的生命力在于教师不断提高自己。中学语文教学是高难度的教学,要有效地提高教学质量,当然可以借鉴别人的经验,但最为根本的还在于抓自身的提高。根深才能叶茂,居高才能临下。教师基础牢靠扎实,源头活水汩汩流淌,就能因教材,因教育对象的实际情况而充分发挥自己的特长,在广阔的语文教学领域中导演出一幕幕精彩的育人戏剧。

一、语文教师的自身提高是一项长期的工作

语文教师要永葆教学上的青春,必须在他自身不断增强内驱力,那就是坚持自我教育,把自我教育作为终身的任务。自我教育的积极性、主动性从何而来?

(一) 对自己的教学业务有清醒的认识

语文教学任务繁重,要求教师知识全面,读、写、听、说全能,要求教学技艺纯熟,教学方法多样。以这样的标准来衡量,教师总会有这样那样的不足和缺陷,认真弥补,才能逐步合乎要求。即使没有明显的缺陷,也有功底深不深的问题,视野开阔不开阔的问题,在教学改革上能不能开拓进取、善不善于开拓进取的问题。讲到教学技艺,课上能不能撒得开,纵横自如,能不能收得拢,聚意点睛,这些都应认真反省。

清醒地认识自己,就会虚心。"虚"才能容物,主宰自己的眼睛去看,主宰自己的耳朵去听。否则,眼睛、耳朵总像蒙上了障碍物,不是视而不见,听而不闻,就是看走样,听走音。虚心是鞭策自己前进的动力。

(二) 身上要有时代的年轮

语文教师的政治、业务素质的提高与整个社会有密切的联系。作为一名语文教师,应该具有相当程度的职业敏感,要跟随着时代奋力前进。

人类社会已经跨越了19世纪的蒸汽机动力时代,今天,科学技术已经发展到了一个全新的信息时代。时代对教育提出新的要求,语文教师要学会认识时代的特征,关心国内外大事,善于接受来自各方面,尤其是教育、科学、技术方面的新信息,使自己思考问题、从事教学实践

具有时代的气息。

当前,我国人民所面临的最为重要的任务是建设有中国特色的社会主义。建设有中国特色社会主义理论的核心是发展生产力,精髓是解放思想,实事求是。发展的强大动力是改革,发展需要有稳定的政治局面。现代社会的发展又是一个动态的系统工程。改革开放的深入推进,特别是社会主义市场经济目标的确立和它的蓬勃发展,必将引起人们生活方式和思维方式的深刻变化。为了推动整个社会全面进步,在抓好物质文明建设的同时,必须抓好精神文明建设,要坚持"两手抓","两手都要硬"。生活在现代社会的语文教师,对国民经济和社会发展的一些基本理论要有所了解,并以此武装头脑。

教师的政治水平、业务水平应随着社会的不断发展而提高,思想观念也应及时更新。比如教育思想观念的更新,内容就十分丰富。教育体制问题、学校内部管理机制问题、素质教育问题、社区教育问题等,均应关心、了解,加深认识。

(三)坚持不懈,必有成效

"十年树木,百年树人",教育工作具有长效性。正因为如此,作为教育学生的教师就需不断自我完善,自我提高。教师思想、道德的完善,学业、能力的提高,绝非一时一事所能奏效,要靠日积月累,细水长流,持之以恒。

"恒",是进步的法宝。只要坚持不懈地努力学习,积极进取,必能跟上时代的步伐。"恒"来自对教育事业的无限忠诚,对青少年学生的无限热爱。高度的事业心和责任感是自我教育的不尽的动力。

二、提高的途径

语文教师自身提高是一项长期的工作,提高的途径虽因人而异,但也有一定的共性。主要的途径是:

（一）阅读

教师的一生必须是学习的一生，在现代社会，这应成为包括语文教师在内的所有教师的共识。

学习是接受外界信息、开阔眼界、增长见识的过程。当今时代新思想、新知识、新技术、新观念层出不穷，只有孜孜以求，不断学习，才不落伍于时代。要获得知识的增进与更新，阅读是最重要的手段。

从书里，可以迅速汲取人类几千年进化所积累的知识，使智力的发展一日千里；可以超越时间空间的局限看到世界，使视野的广阔度增加千倍万倍；可以超越独自思维的单信道联系，从几辈人中获得大量信息。读书使人聪慧，使人明理，对人的德、识、才、学等方面，有深刻的影响。语文教师对阅读的重要性有深刻的理解，就会自觉阅读，把阅读作为须臾不能缺少的活动。

阅读的内容很广泛，须注意的是：

1. 认真学习重要的理论

建立在辩证唯物主义和历史唯物主义基础上的马克思主义世界观，是一个科学的思想体系。语文教师应逐步掌握其基本理论、立场、观点和方法，系统地了解社会发展的规律，正确对待客观与主观、必然与自由、理想与现实之间的关系，正确认识和理解社会主义阶段的现行政策。

以历史唯物主义基本原理来说，恩格斯的《在马克思墓前的讲话》里，用一个长句加以阐述；列宁的《卡尔·马克思》一书中对此又拎出了两个要点：(1) 以往的历史理论，至多是考察了人们历史活动的思想动机，而没有考究产生这些动机的原因（物质生产发展的程度）；(2) 过去的历史理论恰恰没有说明人民群众的活动，只有历史唯物主义才第一次使我们以自然史的精确性去考察群众生活的社会条件以及这些条件的变更。这样反复学习，就可有所领悟。对马克思主义基本原理的理解,读原著十分重要,读其他书籍也会有所帮助。比如刘心武的长篇小说《钟鼓楼》,其中有两段文字对历史唯物主义的基本原理阐述得精辟、透彻,用形象化的语言表述,与理论对照阅读,更可加深理解。

对教育教学理论的学习也是如此。如叶圣陶主张"教是为了不需要再教"。反复学习,就会懂得不能误解为"少教""不教"。"教"是教师今日的任务,"不教"是明日的目标。今日的"教",要达到明日不需要教的目的。其中有个过程。自学能力的培养非一朝一夕,靠的是科学的步骤与方法。如果把目标和过程混淆起来,揠苗助长,其结果是禾苗枯死。

2. 深入学习语文业务

要真正弄懂一点知识,就要深入学习,认真钻研。既要深入,就要锲而不舍,因为一锹两锹是掘不出宝物的。比如诗歌,每学期都要教,围绕它,阅读有关的书籍,可发现其中许多有趣的学问。诗中有方位、色彩、数字,在诗人笔下各有奥妙。如语文教材中有《木兰诗》,诗中有"东市买骏马,西市买鞍鞯,南市买辔头,北市买长鞭"的句子。紧扣方位词的运用,可在《楚辞·招魂》中找到"魂兮归来!东方不可以托些……魂兮归来!南方不可以止些……魂兮归来!西方之害,流沙千里些……魂兮归来!北方不可以止些……"可在曹植的《游仙诗》中见到"东观扶桑曜,西临弱水流。北极玄天渚,南翔陟丹丘"的诗句。同是东西南北,有的是写到处奔波为准备出征购买物品的繁忙;有的是写四方不可留,希望死者灵魂归故土;有的是写诗人自己受到曹丕、曹叡的猜忌,郁郁寡欢。同是在诗中用方位词,表达的情意却很不一样。学习知识如汲深泉之水,越学越能品尝到其中的甘甜。

3. 广泛学习,开阔视野

语文教师不仅要学习马克思主义理论,学习党的方针、政策,学习教育学、心理学、教学法的基本理论,攻读专业著作,而且要博览其他各方面书籍,尤其是文化方面的、文学方面的、艺术方面的。语文教师在知识修养上应当是"杂"家,知识面广,视野开阔,容易触类旁通。

语文教师工作量大,负担重,要想有大块时间阅读不大可能。为此,锲而不舍的精神尤为重要。把零星的宝贵的时间有计划地用上,天长日久也是可观的。

（二）进修

教师要切实做到日有长进,月有长进,年有长进,须不断以精神养料滋养自己,自觉地接受终身教育。进修是接受教育的一条有效途径。

教师职后教育的特点是针对性强,时效性强,实用性强,研究性强。语文教师参加职后进修,对增进知识、完善知识结构、提高语文教学质量起重要的促进作用。要使进修有成效,应做到：

1. **思想上重视**

认清时代对语文教师的要求,认清担负的任务与自身的条件之间的差距,增强进修的紧迫感。

2. **课程上选择**

从自己的实际出发,选择最需要的课程学习。可选择语文学科内各门有关的课程,可旁及其他学科的有关课程,或弥补不足,或意在提高,或开展研究。

3. **时间上保证**

要下决心挤时间。不论是业余进修还是脱产进修,都要千方百计克服困难,坚持学习,切不可三天打鱼两天晒网,或半途而废。

4. **方法上讲究**

岗位上语文教师有实践经验,要取得良好进修效果,须理论联系实际,采用科学的方法。避免死记硬背,不能懒于思考。

（三）实践

实践出真知。一名成熟的语文教师总是经过大量教学实践锻炼出来的。然而,毋庸讳言,有的语文教师教了半辈子,乃至一辈子,却讲不出多少教语文的道理。应该说,教学是辛苦的,精力也花得不少,为什么会出现这种情况呢?关键在缺乏理论指导,教学实践有很大的盲目性;在于不注意及时总结,让有价值的经验与教训和时光一起流逝;在于缺少潜心研究。

要在教学实践中使自己切切实实获得提高,须在以下几方面努力。

1. 教学实践要有正确的理论指导

语文教师学政治理论、学马克思主义哲学、学教育理论等,不是为理论而理论,学习的目的在于以正确的理论指导教学实践,减少盲目性,提高有效性。

教育要三个面向,面向现代化,面向世界,面向未来。这是当代指导我们教育教学的重要理论,用这个理论指导语文教学实践,从教学内容、教学方法到测试考评,有一系列问题可探讨研究。教学时要有明确的指导思想,而不是想怎么教就怎么教,有很大的随意性。

语文教学大纲中"教学中要重视的问题"提出的观点,是从长期语文教学实践中总结提炼出来又被实践证明是正确的认识,从不同角度反映语文教学的规律。教学时有目的有意识地以这些观点为指导思想,在实践中加深认识,探索规律。

2. 重视总结,善于总结

语文教师在教学实践中常常有这样那样的点滴体会,如果不重视总结,这些体会也就流失得无影无踪。

一步一陟一回顾。要做好任何工作,都要重视走过的足迹,看是否离线离轨,是否步履坚实。回顾过去,目的在吸取经验教训,使今后的路走得更好。

教学总结是对教学工作的一种总鉴定。总结的作用在于把肤浅的、零星的、表面的、感性的认识上升到本质的、系统的、全面的、理性的认识。通过总结,可以在复杂的教学现象中找出事物的内在联系,在个别中找出一般,在个性中找出共性,在特殊中找出普遍性。语文教师重视总结教学中的经验教训,认识就能符合语文教学规律。

总结要"勤"。懒于思考,懒于动笔,认识就总是在原地踏步,教学也就裹足不前。人总是要"逼"自己,教师尤其如此。为了肩负的育人的使命更好地完成,教师要自觉地"逼"自己。教学实践中勤于思考,勤于动笔,习惯成自然,也就不以为苦,不觉得难了。

总结要善于选角度,善于在内容上剪裁。一开始写洋洋乎大观的文章当然比较难。要选感受最深、最有体会的写。面面俱到,蜻蜓点水,达不到通过总结提高认识指导教学的目的。

3. 潜心研究,着力改革

语文教学要改革,改革才能摆脱长期存在的效果不理想的困境。改革不是少数人冥思苦想,也不能只是少数教师探索实践,而要靠广大的语文教师。语文教师处在教学实践的第一线,掌握丰富的第一手材料,根据提高教学质量的需要,根据自身的条件,完全有可能也完全应该就某些方面的问题开展实验,进行研究,着力改革。

开展实验,进行改革,要制订实施方案,安排实施步骤,选定实施方法,检测实施效果。改革前要进行调查研究,实施方案要目标明确,步骤清楚,切合实际,可操作性强。实施过程中可根据具体情况调整方案。

(四)积累

《后汉书·列女传》中说:"一丝而累,以至于寸,累寸不已,遂成丈匹。"对语文教师来说,这种积寸、积丈匹的精神十分重要。

一是知识的积累。广泛阅读,随读随记,收集整理。

二是教学资料的积累。自己的教学资料,同行在书报杂志上发表的有关教学资料,择其善者收集起来,供参考、研究。剪贴、做卡片、装订成册等方法皆可用。

三是教学经验的积累。"教后记"是一种有效的积累方法。上完课把教学中值得思考,值得研究的问题记几笔,有教的,有学的,有经验,有教训,久而久之,就会从中找出规律性的东西。总结教学经验,撰写教学论文也是一种积累方法。

改革开放呼唤人才,人才呼唤教育,教育的关键是教师。每个热爱祖国、热爱青少年学生的语文教师应振奋精神,加强修养,加强自我教育,在学生心目中树立起光彩照人的形象。

中、英、美师带徒职初培训模式比较研究[①]

青年教师培养是各国教育界普遍重视的问题。"关于向老教师学习的研究",是美国教师学习研究中心的科研课题,密歇根州立大学邀请英国牛津大学与中国上海第二师范合作研究。我们就此进行了青年教师职初"师带徒"的培训模式的跨国比较研究。

一、研究的目的

(一)探索青年教师职初成长的重要途径,从理论和实践结合的高度寻求和认识培训的规律,提高培训的质量

国外学者认为,对于教师这一职业来说,担任教师第一年被认为是最重要的。我国学者的研究表明,骨干教师成长过程一般要经过"角色适应阶段—主动发展阶段—最佳创造阶段"。"角色适应阶段"是指青年教师从师范院校毕业后,一两年内要从心理、思想、行为等方面承受社会对他们的角色期望,要完成从学生到教师的角色转换,认识到从事教师职业实际上是承担社会赋予自己的培养社会接班人的重任,要适应新的教育环境,并在教育实践中拓宽知识面,掌握教育教学的基本技

[①] 本文是作者与李熹、沈莉合著。1992年,上海市第二师范学校与美国密歇根州立大学、英国牛津大学合作开展了"关于向老教师学习的研究",在学校坚持多年的青年教师培养工作基础上,作者带领学校团队完成研究结题工作,该课题1995年获上海市第五届教育科学研究成果二等奖。

能,逐渐将自己合格的学历水平转化为合格的岗位水平。青年教师在这一阶段中形成的职业认识、职业责任感、职业技能是以后发展的基础。职初角色适应阶段培训工作扎实有效,可为青年教师日后胜任教育工作奠定厚实的基础。

(二) 较为具体深入地了解欧美一些中小学对青年教师初上岗老教师指导的情况,进行跨地区、跨国家、跨文化的比较研究,弘扬我国教育文化的瑰宝,对照、借鉴国外的先进思想和先进做法,总结和完善我国师带徒职初培训工作

由于国情不同、政策不同、教育文化背景不同,对青年教师实施培训的思路与方法必然不尽相同。美、英课题研究的帮带中心在于青年教师的"教学学习",我国的帮带中心则是青年教师的"综合教育学习",即在老教师指导下学作风、学常规、学方法、学技巧。为此,我们的研究"以我为主,借鉴别国",从我国实际情况与优势特点出发,借鉴与汲取国外的长处,使这项研究背景广阔,具有新意。

二、探索的内容

青年教师职初培训有多种形式,师带徒只是培训模式的一种,它的优越性如何,理论依据是什么,着重培训哪些内容,管理方面如何保证等,都是本课题探索研究的内容。

(一) 理论支撑的探索

(1) 青年教师师范院校毕业后进入学校,迫切需要解决的问题是如何进入教师角色,适应新的工作。一般来说,这里存在着一个摸索磨炼的过程,而其实质和核心就是如何尽早尽快地做到理论与实际相结合。师傅带徒弟的培训模式正是适应了这一需要。老教师经过长期的教育实践积累了丰富的经验,经验是理论与实践结合的"中介",凡属称得上"经验"的东西都在一定程度上反映事物发展的规律;经验本身就蕴含、凝聚着理论,较之于写进书本的理论更具有实践性和生动具体的特征。从认识角度来说,"师带徒"模式就是以带教老师的经验为"中介",促进新教师把教育理论、学科知识与教育教学实践结合起来。这里的丰富经验不能只看作是某师傅的个人积累,而应看作是诸多教师共同创造,包括前人遗留的精华,师傅不过是结合自己的深刻体会现身说法,启发指导。从这个意义上说,师带徒不能简单地理解为仅仅是老教师向新教师传授经验,或新教师向老教师学习经验,而是彼此以"经验"为中介,使理论与实践有机结合,促进新教师的成长。

(2)从人才学角度来说,师带徒模式充分发挥"外因"、激发"内因"的作用,进行德、才、学、识融为一体的综合培养,符合人才成长的规律。马克思认为"个性"是在社会历史中发展形成的。用这一根本观点来考察青年教师的成才过程,一方面不能脱离培训对象个人的思想文化素质和心理素质的基础,另一方面又必须引导他们适应社会需要和发展水平的制约。师带徒模式正是兼顾这两个方面,与正规培训方式比较,它更能充分发挥外因通过内因起作用的威力,师傅的人格力量具有能激发、培养新教师内在品质精神的优势。

(3)从终身教育理论来说,师带徒模式是基础教育、高等教育与继续教育的最佳结合点,是终身教育中十分具有活力的组成部分。教育时限终身化,对于改革传统教育的形式、内容和方法,具有重要意义。在现代社会,人们要学会生存,就要学会学习。青年教师要进入教师角色,担负起育人重任,必须树立终身接受教育、终身学习的观念。师带徒的模式就是促使青年教师把学习与实际工作乃至社会生活联系起来,既是职前教育的延伸,又能在师傅指导教育实践的过程中矫正某些不足。

师带徒职初培训模式由于有哲学认识论、人才学及终身教育理论的支撑,故在实施过程中,效果比较显著。

(二) 师徒帮带内容的探索

1. 职业意识

教师职业不同于其他职业,有其特殊性。加强青年教师职初岗位培训,首先必须对他们进行职业道德的教育,而在职业道德的教育中,最突出的是要帮助青年教师增强教书育人的使命感和责任感。因为责任感能督促青年教师充实今天,使命感能激励青年教师创造明天。在个案研究中,可以看到老教师对青年教师的职业认识和职业行为有着很大的影响,接受帮带指导的青年教师一致认为老教师作为指导教师,其无私奉献的师魂,诚实正直的师德,严谨求实的师风,是他们学习的典范。在帮带过程中,老教师潜移默化地影响着青年教师对职业价值的理解和认识,在与老教师的共同工作中,青年教师认为不仅加深了对"教师"含义的理解,而且更深刻地懂得了"好的教师"的内涵。在谈到"五年后,你将成为一名怎样的教师"时,青年教师满怀信心地说:"在师傅的帮助下,我希望成为一名受到学生喜爱,在同事眼里比较优秀的青年教师。"这种经老教师激起又发自青年教师心中的责任感和使命感,使青年教师热爱自己所从事的教育工作,并且自觉地按照教师的职业要求去做。对550名青年教师的调查表明,经过师徒帮带,38%左右的青年教师热爱工作,安心工作,责任感强,立志为教育事业献身;32%左右的青年教师工作安心,责任感较强。这表明大多数青年教师在接受老教师帮带后,职业意识明显增强。

2. 职业技能

教学技能是在教学过程中,教师运用教学理论、专业知识以及教学经验,为促进学生的学习,实现教育目标而采取的特定的教学行为方式。教学技能是教师的职业技能,就如同医生、律师、演员等的技能一样,是一名合格教师必须掌握的。对青年教师进行教学技能培训,是师徒帮带中尤为重要的一个组成部分。

经过师徒帮带，老教师对青年教师各项教学技能的掌握情况比较满意，尤其对提问技能、讲解技能和组织技能表示满意的程度较高。因而可以认为，青年教师在老教师的帮带指导下，其教学技能，诸如讲解技能、组织技能、提问技能、反馈技能、演示技能等，均有不同程度的进步和提高。

3. 职业人格

这里所谓的人格，是指教师的人格。教育是培养人的特殊职业，从人格的角度来看，教育是按照一定社会的政治理想、道德规范和专业方向对人进行全面的人格教育的工作。老教师与青年教师在帮带活动的双边关系中，无论是内容，还是相互间的作用，老教师都是主要、主导的方面。一般说来，青年教师也都把"传道、授业、解惑"的老教师作为学习的楷模，并在老教师的帮带指导下不断地"进德修业"。正是从这个角度，我们去考察个案研究中的师徒帮带工作，总结他们的经验，发现他们在帮带过程中，不仅依靠了科学真理的力量，依靠了作为青年教师的指导者的管理手段，而且依靠了老教师自身的人格力量。老教师的"以身作则、为人师表"积极有效地引导了青年教师把对教师人格的规范变为自觉的选择，并通过自身积极的努力和修养逐步内化为自己的人格。在帮带过程中，老教师以自己的言传身教，让青年教师逐渐懂得教师的人格是一种职业人格，它既是立身之本，又是育人之基，教师人格的修养与完善离不开教师的教育实践，也就是说教师人格是在学生身上迁移、转化的过程中得以体现的。

在老教师的帮带指导下，青年教师不仅懂得了完善教师人格必须以"爱"为基础，而且更深刻地理解了掌握教育规律、学会运用恰当的教育方法，是教师人格力量得以充分发挥的重要条件。如一位小学青年数学教师，她在上课时总觉得小朋友思想不够集中，学习效果不明显，在与老教师的共同探讨中，她注意到了小学低年级学生具有持久性差、有意注意时间不宜过长等特点,她就及时变换了教法手段,在课的前20分钟内以游戏的形式进行教学,如让小朋友唱唱歌、做做操、调节情绪、活跃气氛,这样小朋友们学得专心,学得开心,教学效果明显提高。通过这一教育实践活动,这位青年教师不胜感慨地说道:"课堂教学要'量体裁衣、因材施教',否则,动机再好,方法不当,也会直接影响教育和教学的质量,甚至会削弱教师人格的力量。"

(三) 加强管理的探索

质量管理是学校管理的核心问题,学校教育目标实现的程度是以教育质量的高低为首要标志的。对青年教师职初师带徒模式的培训,要取得良好的质量,同样须加强管理。

1. 充分发挥环境优势,创造师带徒的良好氛围

从大环境来说,近几年国家制定和颁布了一系列的教育法令法规,保证教育的战略地位。其中,对教师队伍建设有明确的要求,这种态势,对学校抓青年教师职初岗位培训十分有利。从小环境来说,学校历来把青年教师的培养作为大事来抓,一届届教育教学评优,常抓不懈,形成传统。宣传并发挥环境的优势,为师带徒培训模式的研究创造良好的氛围。

2. 组建强有力的领导核心,使师带徒的工作落到实处

学校培训青年教师原有三级网络,即:师傅与徒弟,教研组组长及中老年教师以培养组内青年教师为己任,学校由学科骨干教师组成评优领导小组。这次进行课题研究,对原来的成员筛选、调整,力求精干,再配以课题组成员,形成核心。从制订计划到过程管理到效果测评,实实在在,充分调动了每一位参与课题研究教师的积极性。

3. 建立必要的制度,保证师带徒培训工作在和谐欢乐的气氛中进行

学校建立考评、检查、激励一系列制度,既及时长善救失,精神上鼓励,又适当结算课时量,以慰老教师帮带的辛苦。师徒关系和谐、亲密,培训工作有声有色。

三、结果与分析

辩证法认为,事物的共性往往包含在个性之中,通过一定量的个体的分析,可以得出普遍性的结论。剖析中、美、英三国师带徒实验资料,不难得出如下的结论:

青年教师职初师带徒培训模式用以培养青年教师是完全必要的,有成效的,有应用与推广价值。因为它大大缩短了青年教师熟悉教学常规、教学过程的周期,对促进老教师再学习、再思考、再研究、再提高也发挥了重要作用。熟悉教材、熟悉学生,以书本知识指导教育教学实践,青年教师原来要用较长时间摸索,从无数失败中寻找路径。现在在老教师的点拨、示范、具体指导下,大大缩短了周期,少走或不走弯路。"经验"这个"中介"在他们身上起了不可低估的积极作用。

个案研究由于中、美、英三国社会背景、文化背景、教育背景不相同,师带徒教学过程中的探索内容与效果呈现出明显的差异。

(一) 师带徒过程中各项问题讨论的比重不同

根据中、美、英个案研究资料汇总统计,有关纪律与管理、对学生学习的评估、学生个人、作业、父母、计划、教学、新教师的进步与感情上的要求、教与学的广泛讨论、纲要与教材等方面问题的讨论在整个教学过程中的比重,中、美、英三国各不相同。

(二) 优势与不足

从统计的资料分析,中、美、英师带徒所讨论的问题各有侧重,帮带的重点不同,各有自己的优势与不足。

1. 中国师徒的明显优势是教学在研究中占的比例相当大

日程表、周记及访谈中,中国师徒探讨得最多的问题是教学,占整个教学过程的比例是 43.4%，较英国的高 21.6%，较美国的高 28.1%。这符合我们的教育国情，也符合我们要探索的培训内容。

我国学校教育以教学为中心，对教师的要求是教书育人。教师在学校中的地位以及在学生心目中的威望与教学技能关系密切。教学技能包括一般能力和特殊能力。前者指教学活动中所表现的认识能力，了解学生的观察能力，预测学生发展动态的思维能力等；后者指教师从事具体教学活动的专门能力，如教学的组织管理能力，把握教材、运用教法的能力，语言表达能力等，它贯串于教学全过程。老教师在这方面积累了比较丰富的经验，初上岗的青年教师缺少实践锻炼，这方面有欠缺，因此，把教学作为探讨的重点极其顺理成章。在学校领导心目中，在学生心目中，教师教好课是最为重要的第一条，老教师手把手带教青年教师，当然极其自然地把这放在核心位置上。新老教师对这一点有共识，探讨得多，新教师的进步就明显，教学技能迅速提高，实现了培训的预期目的。

美、英与我们比较，略输一筹。美研究人员 Iynn Paine 说，如果师徒帮带，美国的比例只停留在 15.3% 上，那是不成功的。

2. 新教师主动性发挥得比较充分是美国师徒带教的特色，相比之下，我们明显不足

从影像资料及周记、访谈的材料看，美国新教师思维特别活跃，他们对教学、对学生、对种种事物有自己的想法；他们学得主动，不盲从。这与他们的社会背景、文化背景、教育背景有关。他们强调个性发展，教师教学的自主权很大，没有统一的教学计划、教学大纲、教材的制约。

我国的教育有统一的教学大纲可以遵循，师傅对徒弟教学上的指导是较为系统全面而又具体的，规范性比较强，符合教育原理，有一定理论色彩，师傅的主导作用发挥得相当充分，徒弟可能觉得这些经验经过实践检验是可行的，宝贵的，无可非议的，无形之中，自己的主动性积极性在一定程度上受到抑制,聪明才智未能充分发挥。

3. 师徒帮带的视野,英、美较我们开阔

英、美师徒讨论教与学问题,不仅仅局限于课堂纪律、组织管理、突发事件的处理,而且涉及教师的兴趣爱好、家庭生活、学生的性格、特长等,把"教"与"学"放到社会大背景下探讨,表现出视野较为开阔。这方面我们也显得不足。师徒帮带往往以教学为核心,从更高的层次上有新意地讨论一些问题想得比较少。这可能与师带徒学"手艺"的传统思想与传统方式有关,须突破,才有创造性。

(三) 思考与对策

师徒结对是我们帮带青年教师的传统做法,各个学校虽都有一套实施帮带的方案与计划,但对帮带的年限的限定随意性很大。有的学校为二至三年,有的学校则长达五年。在整个帮带期限内如果计划不够缜密,措施不尽得当,就会出现"时松时紧"与"名不副实"的现象。因此严格而科学地限定帮带年限,适时地撤离指导教师是必要的,否则帮带的效果与愿望往往背离。

为了适应未来社会对教师职业的更高要求,为了使我国师徒帮带职初培训方式收到更多的教育效益,发扬优势,克服不足,我们认为要采取对策措施。

1. 更新带教观念

师徒帮带是双向流动过程。在这一过程中,青年教师在老教师指导下的学习与进步与老教师在青年教师促动下的再学习和再发展是同步发生发展的。因此,带教观念不能是一方主动,一方被动,一方传授,一方服从,而应该是"互动、促进"。即必须启动青年教师和老教师双方的心智活动,最大限度地调动双方的主动性和积极性。既重视老教师的经验,又重视新教师积极的有主见的学习。既要鼓励青年教师敢于发表意见,放开手脚勇于实践勇于探索,又要激励老教师在帮带过程中更新知识结构,加深对教育理论、教育过程的理解,在认知、情感、人格方面得到升华。

2. 优化带教指导

要使老教师的带教指导起导向性作用,就须优化老教师的指导,而优化带教指导又须从优选老教师(师傅)和建立新型的、民主的、合作的师徒关系两方面着手。

要重视与做好老教师的挑选工作,清醒地区别"老"与"好"。要审慎地挑选一批素质好、业务精、水平高,有进取精神、善于吸收新鲜知识的老教师担当培养青年教师的重任。特别要重视挑选思维活跃,视野开阔,不墨守成规,不自我封闭的人。老教师心中有时代活水流淌,有一定的宏观思路,在教育微观上又进行具体指导,青年教师就可受到很好的熏陶与培养。

带教指导不仅是一个教育过程,更是一个情感过程。师傅的教育技能固然重要,但师徒关系本身的性质与水平也直接影响带教的质量与效果。师徒关系应该是真正平等的、民主的、新型的,不是支配与被支配的关系。须知,师傅和徒弟不是普通意义上的教师与学生,从两者的社会角色来看,他们都是教育教学实践的主体,在工作中是平等友好的同事,因此和谐的关系更有利于青年教师创新意识和创造能力的发挥。

3. 优化带教设计

师徒带教要有宏观控制性质的整体设计。"让每一个初上岗位的青年教师成为合格教师",是课题研究的最终目标,怎样接近目标,务必有个包括带教原则、带教安排、带教机制等在内的总体设计。

(1) 带教原则:以老教师为主导和青年教师为主体的对应活动原则,以理论知识、专业技能、教学技巧为中心的智能建构原则,发展个性、发展所长的创造性发展原则。

（2）带教安排：开始阶段重在"启发、诱导"，中间阶段重在"点拨、修正"，结束阶段重在"巩固、提高"。强调有个人的见解和思路，强调独立消化，有所创新。

（3）带教机制：强化老教师主导与青年教师主体相对应的"诱导——模仿式地学，提示——思考性地学，点拨——指向性地学，讲评——创造性地学"四个环节的功能；进行综合评估，把全面提高和因势利导、发挥特长结合起来，把培养教学技能和全面提高素质结合起来。

在当前深化教改的形势下，落实对策举措，师徒帮带将会取得更佳效果。

信念·感情·功底[①]

学校教育要办出质量来,有诸多因素,而最主要的是教师。教育质量说到底就是教师的质量。素质教育呼唤一流教师。老师们都有这种体会,上一堂课,尽心不尽心,在课堂上是不大看得出来的,但长此以往,是很有区别的。作为一个普通教师,我觉得下面几点是最为重要的。

信　念

古人说得好,人无志不立。人之所以为人,成为一个对国家有用的人,就必须有精神支柱,有魂。我们中华民族因为有中华魂,所以才能凝聚所有成员。教师也如此,必须有精神支柱,有指导自己思想言行的魂。教师在任何情况下,信念都是不可动摇的。居里夫人发现了镭,有人劝她申请专利,她的回答是那么平常:这是人类的财富。杨振宁博士是世界上非常有名的物理学家,人们把他和牛顿、爱因斯坦并称,说他是20世纪世界上最伟大的科学家之一。这样一个物理学家为什么那么爱自己的祖国?我曾感到十分不理解。有一次到香港开会,在香港图书馆见到一本书,书中介绍杨振宁之所以成才,是因为受到中国文化的孕育。初中时,杨振宁的数学天赋就显露出来了,但他的父亲不失时

[①] 本文是1997年作者应上海市市北中学之邀对该校全体教师所作的报告。

机地请家庭教师给他补《孟子》。杨振宁说,由此我就懂得了怎样做一个中国人,"富贵不能淫,贫贱不能移,威武不能屈"。东方文化给他的生命注入了中华民族的魂。后来他到西方求学,西方研究科学的精神又给他以滋养。因此,他说,他的成就是东西文化的结合,他的信念是以自己的行动帮助中国人来改变"中国人不行"的观念。我觉得这个信念对我们中国人是非常有作用的。闭关锁国的时候,视野狭窄,往往是夜郎自大;开放了,也不能走到另一个极端,认为外国的什么都比我们好,我们中国不行。事实并非如此。作为一个中国人,民族志气、民族自尊是至关重要的;但是有一条,必须是立足中国而放眼世界。贝聿铭跟吴健雄讲,我们是中国人,但我们是有世界眼光的。我想,我们教师是不是应该有这样的眼光,这样就能树立坚定不移的信念。为什么这么说呢?我们做老师的,往往只看到三尺讲台,看到课堂,看不到大千世界,也就是说在宏观上思考一些问题是不足的。在20世纪末,听到21世纪的脚步声,我们一定要放眼看世界;在这样宏观大背景下看我们的教育,看我们肩上的责任,就更有深刻而清醒的认识。

早在20世纪70年代,很多国家就开始研究21世纪教育的战略与对策,教育的全球性与全球性教育已经逐步地趋向认同。也就是说,不管是发达国家还是第三世界,都把教育放在十分重要的位置上。人们都认识到,未来世界的战略资源并不是具体的某个物,而是知识和人才。知识、信息、人才,是最重要的战略资源。布什竞选总统时就说他是"教育总统",他认为教育的政策和经济的政策、商务的计划一样重要。在未来竞争中,一个民族、一个国家能否在世界上有立足之地,能否掌握发展自己的主动权,很重要的一条就是能否把教育放在战略地位,培养大批人才。美国人说他们要培养21世纪的美国人,要把21世纪的100年囊括在美国人的手中。日本要培养世界通用的日本人,看到这一点,我们不能不引起警惕,日本扩张主义思想是根深蒂固的。从小学,日本就对孩子进行吃苦耐劳精神的培养。有一年年底,我们到日本几个小学去看,尽管下着大雪,男孩子仍然全都穿着短裤,我们非常惊讶。任何一个国家和民族对自己后代的教育都是非常重视的。看到这一点,我们就会觉得自己身上的担子有多重啊! 现在打一场没有硝烟的大战,那就是科技之争、教育之争、人才之争,丝毫也不比硝烟弥漫的战争来得轻松。它需要我们有更远的目光、更坚强的意志和高度的负责精神。小平同志在世的时候讲,教育一定要放在战略地位,哪一个领导不重视教育就是不称职的领导,就是这个道理。小平同志讲教育要面向现代化,面向世界,面向未来,如果我们办教育没有这种开阔的视野,就很难意识到自己身上有千钧重担! 面向现代化,这是我们办教育的立足点,要为祖国现代化建设培养人才;面向世界,这是我们的参照系数,世界是怎样一个走向,我们不能闭目塞听;面向未来,就是要有超前意识,教育是为未来培养人才的,教育的特点是超前意识和滞后效应的结合体。市北中学培养了很多人才,在当时不怎么看得出来,可是事隔多年,由于基础打好了,能力就发挥出来了。因此,我们搞教育的,要教在今天,想在明天,以明日建设者应有的标准来指导今日教育教学工作。我开始做老师时,也曾被分数、考试捆住过,随着不断实践和学习视野的开阔,我越来越觉得一定要解放思想。任何一张考卷是考不出学生的整体素质的,考试命题总是有一定局限性。培养人要有潜力,要有后劲,要素质良好。中学教育往往一辈子在这个人身上起作用。某市市长选用人才,不看是哪个大学毕业的,要看是哪个中学毕业的,这是很有道理的。

  信念的树立,就是要放眼看全国、看世界,这样,我们每个老师就能找到一个恰当的坐标,就会更清楚地认识到,自己在教育事业中应该起什么样的作用。

  我献身教育的理想是中学时萌发的,十几岁的时候就想一辈子做一个合格的中学教师。这颗理想的种子,应该说是中学老师撒播的。中学时代,我比较调皮,上课时,老师教得好就听,教得不好就看小说。同学们都叫我"小说迷"。有一位刚刚大学毕业的年轻老师深深影响了我。他上课,出神入化,我至今还记得他的眼神和手势。一次,他教鲁迅的《故乡》,讲少年闰土出场时的情景,描述细致传神,富有感情,同学全被吸引住了。他说在金黄的圆月下,一个少年跳出来了,用了"动态"一词。我从来没有听到过这个词,耳朵就竖起来,听入了迷。他讲闰土身上的银项圈和手握的钢叉,用了"交相辉映"这个词,也使我的眼前为之一亮。后来他讲着讲着,声音沉重,好像要哭了,我们都吓坏了,不敢看他了……他教得那么出神入化!此时此刻,在我幼小的心中油然生起对老师的敬意。心里想:这位老师真了不起啊!我们怎么没有看到那么多东西呢?从此,我就暗下决心,要做一个老师。老师使我们从无知到有知、从知之较少到知之较多,当老师非常有意义。后来,我非常幸运,读的高中就像市北中学一样,是省立高中,碰到很多好老师。比如,数学用外语教,老师逻辑思维清晰极了,讲题目一步一步地推导,听过以后就像刻在心里一样。语文教师是一位老教师,他教完了,我就背出来了,有一首李后主的词,以后没有教过,也没有读过,但至今一直刻在我的心里。我做了几十年老师,深深体会到:一直在起作用的,就是中学的底子。后来到大学,也碰到很多名师,如周予同、刘佛年等先生,他们都开阔了我的视野。但在工作中用的,都是中学学的。中学教的知识是知识的核,是不会变的,所以说中学教育非常重要。青少年时期是人生中最重要的阶段,虽然只有短短的几年,但能影响学生一辈子的生活道路,因此中学教育确实是有战略意义的,就好像盖房子,桩打得深,打得正,就能盖起高楼大厦。基础教育是给人从事基本建设的,培养良好的思想道德素质和科学文化素质是做人的根本。

我总觉得,没有教育,社会将一片黑暗,各行各业都无法发展。站在时代的高度、战略的高度和与资本主义国家竞争的高度来看我们的教育,就能站在制高点上,登高而望远,看到我们从事教师工作的价值和意义。我做了几十年老师,始终感到自己肩负着千钧重担,从来不敢有丝毫的懈怠。我还体会到,树立了崇高的信念,就有持久的内驱动力,一个人靠外因总还是不够的,外因是变化的条件,内因是变化的根据,当你树立了信念,把教育教学工作和我们十几亿人民的伟大事业紧密相连的时候,你就有无穷的动力,就有使不完的劲。新的世纪即将到来,教师的责任更加重大,谁能在 21 世纪主沉浮?谁能使我们的祖国立于不败之地?靠口号是喊不出来的,要靠教育,靠扎扎实实的教育。从这个高度看问题,历史的责任感和使命感就非常具体了。

感　　情

教育事业是爱的事业,师爱是超过亲子之爱的。这个道理不是写在纸上、说在嘴上的,真懂,要用自己的言行来实践。亲子,是一种本能,动物也如此。我们从事教育不是一个本能的问题,而是现代精神文明建设问题。国家把希望交给我们,家庭的希望也在孩子身上,因此,老师对学生要满腔热情满腔爱,做到师爱荡漾。感情的转变来不得半点虚假,开始我对此理解得并不透彻,经过长期实践,我觉得我爱学生起码过了三关。

第一关是"难"。做教师是很难很难的,自己懂,好像讲清楚了,其实学生不一定清楚。自己清楚和学生清楚是两码事。我曾经教过这样一个学生,他写作文,一个标点符号也没有。我请他到办公室,个别辅导,讲了逗号、句号、分号、冒号等,我问他"懂了吗?"他笑了一笑。我想该是懂了,会心的微笑嘛。可是下次交上作文,仍然没有标点符号,我再请他到办公室,问他上次讲了那么多,这次怎么还不用。他竟冲了我一句:"你讲那么多,我怎么能记得?"我想,对啊,我的教学是倾盆大雨,十几种标点符号一齐讲下去怎么行呢？于是我说："老师不对。今天只讲两种，一种是逗号，一种是句号。你的作文只要用了这两种，就算标点符号使用正确。"他点点头。再交上来，标点是有了，但很不规范，我继续跟他讲道理……这件事使我认识到，要教会学生是很不容易的。即使是教标点符号，涉及的问题也很多，有教师教学不得法的问题，有教师对学生了解不深的问题，有学生的认识问题和习惯问题，因此，教过不等于教会。教过，任何一堂课都算是教过了；而教会，教到学生心里去则是相当困难的。回头想一想，不难要我这个教师做什么呢？培养人，就是要不断克服困难，我逐渐地克服了一种畏难情绪。教好班上几个尖子不太费力，要教好班级所有学生，全面贯彻教育方针，全面提高教学质量，则要用心血来浇灌，不仅是尽力，而且要尽心啊！

第二关是"烦"。基础教育跟大学教育不一样，大学教授夹着讲义来上课，讲完就走（当然，许多好的大学教师也是管教管导的）。基础教育确实很忙，很烦，特别是教初中的教师，什么都要管，扫帚啦、畚箕啦、黑板擦啦，哪儿都得管，什么地方没有管到，什么地方就出问题。即使是扫地，也不简单。很多孩子是不会扫地的，还没有扫干净，屋子里却已是灰尘弥漫。你必须教他怎么扫，培养他讲卫生的习惯和科学态度以及为集体服务的精神。搞基础教育的教师，事情有千件万件，如果把它穿在育人这个总枢纽上，就"烦"得其所，乐在其中，就会觉得那些平凡的小事情是那么有意义，因为这是雕塑人的灵魂啊！

第三关就是"偏爱"。"文革"前，我教高二、高三，学生很懂事，我不要花那么多力气。到"文革"时，我这个老教师就专门带乱班乱年级。比如我带 69 届一个班，我是第九任班主任（前头八位班主任不是被气走，就是被学生赶走了）。时逢整党，大字报满天飞，心里很忧虑。尽管如此，我还是想把这个班带好，终于获得了成功。事后我认识到，要对全体学生丹心一片真是不容易。一般说来，教师往往喜欢两种学生，一种是很聪明的,你一讲他就懂;一种是长得很可爱的,一看就喜欢。但是,教育是无选择性的,所有的孩子都应教好。带75届一个班,更困难,男孩子打架,女孩子也打架,男女"混合双打",混乱不堪。有一个女生,不知道做了多少工作,家访就上百次。有一个男生,非常调皮,我一次次家访,他父亲说:"这个孩子给你吧,我不要了!"我说你的儿子,我的学生,大家一起来教育他,经过努力,这个孩子终于教育好了,每年春节都要来看我。我以为,在教育过程中,自己的感情是经常要接受检验。75届有一个女生缺点不少,也有优点,我经常表扬她,试图扶正压邪,但她每个星期还是要闯祸。你批评她,她起码两个星期不睬你,至多用眼角瞟你一眼,以表示对你的蔑视,我对此感到很难过。你去家访,她父亲说:"你把她送到派出所好了。"你到里弄去讲,里弄干部说这家人家是没有办法的。她的母亲跟人家吵架就在地上打滚。你要她交学费,她就给《文汇报》写信,说我"继续贯彻执行修正主义教育战线",给你上纲上线……我花了很多力气,简直黔驴技穷,一筹莫展了。一次做早操,她这里打一拳,那里踢一脚,我就叫她站站好。说了五六遍她仍不理睬我,我随口说了一句"你又不是十三点",话一出口,我就非常后悔,觉得有损教师的形象。写周记了,有五六个同学提意见,其中一个学生说:"你骂×××同学十三点,我们班级是没有十三点的,只有阶级姐妹。你的阶级感情哪里去了?你想想,你还像不像个教师!""文革"中,我经历了多次批斗,但心里非常实在,很坦然,而且觉得可笑;而这个学生的话一语中的,触动了我的灵魂。是呀,言为心声,我对学生可能萌发了一种厌恶的感情,这个学生的批评是对的。这件事使我认识到,我对学生的爱还没有做到无选择性。于是,我锤炼感情,倾注满腔热忱去爱学生。

爱学生,有时还要承担风险。我曾教过一个非常差的学生,他偷窃扒拿,什么事都做过,以至于哪个班级都不要他。我就把他带到自己的班上,当时班上同学都反对,说经过一年多的努力,班级好不容易好了起来，插进这样一个差生，说不定又把班级搞乱了。我想，你这个班级经不起一点风浪，好什么呢？这个学生确实难教育，每天把他请到学校来都很不容易，他还没有起床，我就让学生到他床边等着。我派六个同学，两个好的，两个中等的，两个比较后进的，目的是想教育一个，转化一批。花了两个月的时间，才把这个学生请到课堂上来。他上课，什么也不带，没有书本，没有文具，我就给他添置。通过努力，一学期下来，除了外语，其他科他都考及格了，真是费尽了心血！学生正在转变的时候，他的父亲为了一块三角板，打他，骂他，学生一气之下，离家出走了，旧的习气死灰复燃。怎么办？我想唯一的办法就是把他带到自己家里，当作自己的孩子来教育。这时有人劝我，他是惯偷了，你可要小心。我想，我对他真心一片，他能体会到，不会偷；不能体会，真的偷，我家除了书什么也没有。我想不会这样。于是，我和学生连拉带拖把他带到家里。好多个日日夜夜，我和我爱人一起来教育他，反反复复，苦口婆心，终于铁树开花，教育过来了。一次我卧病在医院，他知道了跑来看我，流着眼泪说："于老师，你会不会死啊？"话虽笨拙，但心是真诚的，我的热泪夺眶而出。

我深深体会到，对你最好的学生，也就是你下功夫最多的学生。他转变了之后，念念不忘老师的恩情。几十年来，我孩子生病，婆婆病危，母亲病故，从未因为私事请一天假，缺一节课。我总觉得，学生身上事就是教师心上事。无数革命先烈，为了我们今天的生活，抛头颅、洒热血，就是因为他们对我们的事业情深似海。我们爱国，爱党，爱民族，不是抽象的，它可以具体到我们本岗位的工作；爱学生，爱教学工作，爱学校，就是爱教育事业，就是爱伟大的祖国和伟大的民族！

功　　底

教师跟医生不一样，庸医杀人不用刀，但医疗事故，马上能看到；教育是滞后效应,当场看不出来,影响一辈子。唯其如此,当教师丝毫也不能松懈、马虎。敬业精神,爱学生的精神体现在一堂又一堂的课当中,体现在一个又一个的课外活动当中。我对那些所谓的素质教育搞许许多多活动是有看法的,搞活动是可以的,但是学生在学校的学习,主阵地是课堂。学生在校的大部分时间都是在课堂上度过的,年复一年,日复一日,每堂课的质量都关系到学生的素质。课堂教学不抓,另外抓许多活动,这是本末倒置。课堂是全面落实教育方针的主阵地,除了智育外,德育、审美教育等都能通过知识传授,能力培养,点点滴滴入心头。我们的教育要少一点形而上学,少一点形式主义,要多一点扎扎实实的功夫。

教过不等于教会。在课堂这个特定的空间里,在45分钟这个特定的时间里,课的质量是完全不一样的。如果课只教在课堂上,就会随着教师讲话声波的消逝而消逝;如果课教到学生心中,那就成为学生素质的一部分。青春是无价的财富啊!少年时学的东西永远不会忘记,我们应该把课教到学生的心坎上。

要教好课,教师的功底很重要。功底要锤炼。就我个人说,我的功底是非常浅的,先教心理学,然后到师范教历史,后来改教语文,隔行如隔山,太难了。一上课就碰到两大困难,一是师范要教普通话,而我是b,p,m,f不认识;二是教语法,我只懂英语语法,不懂汉语语法。另外,文章自己看,是懂的,怎么教,不会。不像现在的青年同志,现在校长书记恨不得青年教师快快成长,我那时想听一堂课也听不到。早上6点到校,从拖地板、倒痰盂做起。一上课,老组长来听课,肯定了几条,最后一句评价:"你还不知道语文教学的大门在哪里!"这句话,成了我一辈子钻研的动力!我要发愤,否则,我就没有发言权;业务上站不住,是没有资格讲话的。于是,我用了两年时间,把高中语文所涉及的知识,尤其是名家名篇深入地钻研了一遍,每晚开夜车到(第二天凌晨)1点。

那时,每周有三个晚上是要开学习会的,加上每周要批改一次作文,因此,我只有挤着时间钻研。当我把若干语法方面的权威著作读通了之后,恍然大悟,原来都是舶来品,《马氏文通》以来,我们的汉语语法都是引进的,对于语法,我终于清楚了。关于备课,当时是没有什么参考书的。没有,很好,逼着我自力更生。一个国家没有实力,就要被人欺,一个教师,业务上也一定要有实力。我备课,决不放过一个细节。记得一次备鲁迅的《药》,有这样一句:"秋天的后半夜,月亮下去了,太阳还没有出,只剩下一片乌蓝的天;除了夜游的东西,什么都睡着。"一个"着"字把我难住了,有四个读音,我不知道读哪一种音,读"zháo",吃不准,因为现代汉语有词尾,如"睡着了";读轻声,又刹不住;也不是"zhuó";查了好多资料,查不到,最后查到英译本,才确定是"zháo",因为20世纪20年代白话跟现代是有区别的。由此可见,备课是很苦的,一篇课文备三个小时,五个小时乃至十个小时是常有的事,有的甚至要备30多个小时。做教师不能"以其昏昏,使人昭昭",课堂上要讲自己的语言,自己的心得,不能照搬参考资料。教参是别人劳动的成果,不过是贴在窗户上的一朵纸花,没有生命力,参考而已;自己钻研出来的,不一样,虽没有惊人的地方,但毕竟是扎根于泥土的鲜花,是有生命力的。拿着自己钻研的东西上课,就能左右逢源,得心应手。由于不断地刻苦钻研教材,终于尝到了庖丁解牛的滋味,不管什么文章,一拿到手,作者的思路立即就能理清楚。不光是研究教材,对教学语言,我也是认真钻研的。我是教语文的,要带领学生学习课本上的规范语言,如果教学语言生动、流畅,教学效率就会提高一倍。为此,我下死功夫备课,把课堂上要说的每一句话都写下来,然后改,改好就背,背下来后再口语化,我对自己的要求是:出口成章,下笔成文。如此两年以死求活(花死功夫求得课堂教学的活泼生动),确有长进。"文革"中我什么也不伤心,抄家什么东西都没有,可我的教案被抄掉、烧掉,我心里很难受,后来出的

《教案选》仅是粉碎"四人帮"之后改教初中时写的。备课中,我还注意开拓知识面。我觉得,教师应该是一个知识渊博的人。在教师的字典里是没有一个"够"字,特别是现代,科技迅猛发展,新的知识层出不穷,教师更要注意学习,要有源头活水,正如朱熹的诗所写的:"半亩方塘一鉴开,天光云影共徘徊。问渠那得清如许,为有源头活水来。"德国教育家第斯多惠也说得好,教育的活泼泼的动力,最重要的就是教师的自我教育。我们年轻的同志,风华正茂,更要好好学习,用对教育事业的一片赤诚来抵御诱惑。长江后浪推前浪,青出于蓝胜于蓝,希望青年教师大有作为。

教育事业是系统工程,是魅力极强的交响乐。我们搞基础教育的是做地底下的工作,责任重大。我们有几千万学生,这几千万教好了,有益于提高我们民族的整体素质。因此,几十年来,我把青春、心血都献给了教育事业,三尺讲台,是我一辈子钟情的地方。有多少次要调离,但我舍不得学生,因为我的崇高理想就是做一名合格的中学教师。生命是有限的,事业是常青的,教师的生命是在学生身上延续的。教师把人类创造的精神财富通过自己创造性劳动在学生心中撒播知识的种子,使学生成长、成才,做一块铺路石,让自己的学生一届又一届地从自己身上踏过去,这就是生命的意义和价值所在。法国文学家罗曼·罗兰说:"累累的创伤,就是生命给你最好的东西。"每教一届学生,总是感到不足,便鼓起生命的风帆,奋勇向前。尽管我68岁了,但我仍然遵循过去立志的话:"路漫漫其修远兮,吾将上下而求索。"爱心,责任心,敬业精神,千言万语,汇成一句话:为了我们亲爱的祖国,为了灿烂的未来,上下而求索。愿意和同志们共勉。